本书为国家社科基金 2016 年教育学一般项目《基于混合学习的城市中心学校与乡村学校协同实施机制研究》（项目编号：BHA160088）课题成果。

城乡教育均衡发展新范式
——混合学习共同体策略研究

王淑莲 等 著

中国社会科学出版社

图书在版编目（CIP）数据

城乡教育均衡发展新范式：混合学习共同体策略研究/王淑莲等著.—北京：中国社会科学出版社，2022.12
 ISBN 978-7-5227-1106-5

Ⅰ.①城… Ⅱ.①王… Ⅲ.①教育事业—资源配置—研究—中国 Ⅳ.①G52

中国版本图书馆 CIP 数据核字（2022）第 232046 号

出 版 人	赵剑英
责任编辑	黄　山
责任校对	贾宇峰
责任印制	李寡寡
出　　版	中国社会科学出版社
社　　址	北京鼓楼西大街甲 158 号
邮　　编	100720
网　　址	http：//www.csspw.cn
发 行 部	010-84083685
门 市 部	010-84029450
经　　销	新华书店及其他书店
印　　刷	北京明恒达印务有限公司
装　　订	廊坊市广阳区广增装订厂
版　　次	2022 年 12 月第 1 版
印　　次	2022 年 12 月第 1 次印刷
开　　本	710×1000　1/16
印　　张	18.75
插　　页	2
字　　数	297 千字
定　　价	88.00 元

凡购买中国社会科学出版社图书，如有质量问题请与本社营销中心联系调换
电话：010-84083683
版权所有　侵权必究

序

　　教育公平是维系社会公平正义的坚实基石，是办好人民满意的教育的基本要求，城乡教育均衡发展是教育公平的首要体现。尽管党和政府高度重视农村教育发展，受历史惯性和市场机制的影响，乡村教育发展不充分问题成为新时代党和政府时时牵挂的重大问题。党的二十大报告认为"全面建设社会主义现代化国家，最艰巨最繁重的任务仍然在农村"，并强调要"全面推进乡村振兴"。各地积极尝试各种方法缩小城乡教育差距，为消除城乡教育不平衡做出了重要的贡献。尽管如此，城乡教育发展不均衡问题依旧是实现教育公平的痛点和难点，需要研究者持之以恒地探索。

　　王淑莲教授等的专著《城乡教育均衡发展新范式：混合学习共同体策略研究》是她所主持的国家社科基金教育学一般课题《基于混合学习的城市中心学校与乡村学校协同实施机制研究》的部分研究成果。著作以新时代乡村教育振兴为背景，以城乡教育均衡发展为主题，以混合学习和教育共同体建设为核心，把握教育信息技术前沿，研究乡村教育实践问题，从城乡教育协同发展出发探索地域城市中心学校与乡村学校协同混合学习的新路径、新范式，为乡村教育振兴发展提供了新的思路和路径，有一定的理论和实践创新性。本书的研究成果对落实《中国教育现代化2035》提出的"在实现县域内义务教育基本均衡基础上，进一步推进优质均衡"发展具有一定的实践意义。

　　本书回顾了"国家统筹城乡教育综合改革实验区"等探索的"强弱学校捆绑发展""学区制建设""教育网络联盟""校长教师轮岗交流"等模式，整理了混合学习、深度学习等理论和实践成果，形成了基于混合学习的城乡教育协同发展新路径，并选择浙江省丽水市的两所城区学校和四所乡村学校结成学习发展共同体开展行动研究，探索通过混合学习达致深度学习的模式、策略和方法，提出了许多新观点，诸如基于混合学习模式的城乡教育协同发展是时代的呼唤和有效的方式、具有中国特色的自上而下、自下而上的混合学习共同体建设组织策略、评价策略以及区域推动策略，认为虚实结合的共同体活动空间、有效的课程资源库和平台建设是保证城市中心学校与乡村学校混合学习共同体建设的基本条件和主要影响要素，探索了实施混合学习的城乡学校协同学习要采取"四合"对策，提出深度学习是撬动混合学习的城市中心学校与乡村学校协同发展新动能，从整体搭建到分类发展是城乡教师共同体的区域深化推进新策略等等，产生了一定的影响。我相信本书的出版对积极探索城乡教育公平的学者和实践者具有现实的借鉴价值，特向广大读者朋友推荐此书！

邬志辉

2022 年 11 月 30 日

于长春

自　序

　　教育公平是社会公平的重要基础，是维系社会公平正义的坚实基石[1]，城乡教育均衡和谐发展是教育公平的首要体现。党的二十大又明确提出要"促进教育公平，加快义务教育优质均衡发展和城乡一体化，优化区域教育资源配置"[2]。我国中西部以及城乡教育情况差异较大，各地开展的"国家统筹城乡教育综合改革实验区"等探索，以及"强弱学校捆绑发展""学区制建设""教育网络联盟""校长教师轮岗交流"等模式被认为是促进城乡教育均衡发展1.0版本。在此基础上，《基于混合学习的城市中心学校与乡村学校协同实施机制研究》课题组（以下简称"课题组"）提出了如何实现城乡学校高质量协同共进的问题，并积极从理论构建到实践探索等方面促进了城乡义务教育均衡发展2.0版本的形成。通过近4年的研究和实践，课题组在《教育研究》等期刊发表了相关论文7篇；在浙江省丽水市构建了实践学校联盟一个，该学校联盟以混合学习为基本策略，从制度、教师信息素养、共同体建设、深度学习、共同体评价等方面进行理论建构与实践探索，取得了一定的效果，共涵盖城市中心学校2所和乡村学校4所。

　　混合学习是指突破时空限制，以网络及网络资源为载体，将面对面的教学与远距离学习（通常是基于网络的）、同质化学习和异质化学习、不同媒介和环境混合的一种灵活的泛在学习方式，是现代学习方式

---

[1] 教育部课题组：《深入学习习近平关于教育的重要论述》，人民出版社2019年版第188页。

[2] 习近平：《高举中国特色社会主义伟大旗帜　为全面建设社会主义现代化国家而团结奋斗——在中国共产党第二十次全国代表大会上的报告》，人民出版社2022年版，第34页。

的新趋势，适合区域跨界、水平不同、动机不同、时间不同的城乡学校教师和学生为达成特定学习目的的学习。

区域内城乡教师学习最好的方式是形成当代意义的深度学习共同体。城乡教师深度学习共同体是以共同体概念为基础、以城乡教师为主体，以信息技术和学习理论为基础，以平行领导、知能共享为动力，以共同发展为目标而不断发展完善的理念愿景和实践模式。他继承了现代共同体"协商""异质""脱域""多重互嵌"的特征，又基于泛在学习、建构学习、深度学习等学习理念发展出"无处不在""和而不同""导向卓越"等新特质。

区域内城乡教师深度学习共同体的实施机制是协同。有效的协同是指基于协同学理论建构的包含各协同主体如城乡教师、政府、大学等的目标建构、责权分工、结构组成以及共同体系统运行动力、信息和资源反馈、运行流程、模式等的协同；另外，共同体系统的发展任务、课程资源建设与发展、共同体评价等运行程序、路径、反馈的开放体系等的制度建设和运行调节是实践的难点和要点。

在理论和实践研究中，课题组主要遇到如下难点：一是区域城乡学校之间既存的较大信息技术鸿沟，制约了基于混合学习的城乡学校教育共同体建设。二是区域城乡教师协同学习共同体建设机制失灵，限制了基于混合学习的城乡学校教育共同体建设深化发展。三是自上而下整体搭建的支持政策缺乏精准性，不利于各地多样化精准化推进基于混合学习的城乡学校教育共同体建设。通过理论与实践的探索，课题组认为破解上述问题的策略如下：

首先，在县域教育制度层面架构城乡共网、共资源、共师资、共活动、共经费的互共教研平台，夯实县域城乡信息一体化基础。城乡学校之间的信息技术鸿沟是制约基于混合学习的城乡学校教育共同体建设的首要因素。我们认为应按照城乡学校智慧教室标准化、一体化、同步化建设思路，加强宏观统筹力度，树立资源建设的系统观、整体观，逐步完善城乡学校信息化建设长效保障机制。具体来说，一是要加大对义务教育学校教育信息化建设经费的投入保障力度，并重点向乡村学校倾斜。建议中央和省、市地方政府的教育信息化建设专项资金主要用来解决新建或大规模设备更新换代时的资金投入问题；县级财政主要用于必要的教育信息化使用、资源的运营及维护、人员培训等费用。二是加大对乡村学校教师信息化素养的培训力度，建议以约束性规定要求每位乡村教师每年必须接受一定学时的教育信息化素养培训，将信息化素养培训作为教师年度必备考核内容，将教育信息化素养作为教师职称晋升的评定标准之一。为适应大数据、人工智能、5G等新一代信息技术的发展，建议根据培训需要在现有培训时长基础上，可适当延长培训时间、丰富培训内容，或可将城乡教师协同学习时间纳入教育信息化素养培训学时。三是摒弃城乡教育"二元化"区分思维的偏见，牢固树立"城市教育不一定完全是好的，乡村教育也不一定完全是不好的"的教育理念，抛弃"离土"的乡村教育，重塑乡村教育新形象，引导乡村学生了解乡土文化，热爱乡土、回归乡土。实施乡村游学计划，倡导城市学生利用假期到乡村开展游学活动。四是进一步完善乡村教师支持政策，建议在《乡村教师支持计划（2015—2020年）》的基础上，制定出台新一轮乡村教师特别支持计划。

其次，在县域评价层面着力打造城乡共维的教师深度协同学习共同体。城乡教师协同学习共同体是制约基于混合学习的城乡学校教育共同体建设的最关键最核心因素。教师协同学习共同体具有超越合作、协作等学习共同体的内涵和运行特征，是指基于提高教师专业知能目的、围绕真实教育教学实践问题，以协同原则为指导、整合学习中各种要素进行深度学习的自组织系统，是当代教师成长的主要范式，在理念、政策和实践层面都得到了较好的发展，具有多种实施模式。其理论特征呈现后现代主义色彩，主要表现为后现代主观知识论基础、自组织运行、教师教育性人格形成的价值取向、有效学习的情境性等特征，在具体模式向度上表现为共享领导、问题导向和混合学习的共同特点。城乡教师协同学习共同体从组成方式上看，具有多种外在形态，如基于虚拟社区的学习共同体、基于混合学习的虚实结合的共同体、基于县域行政主导的教研共同体、基于项目合作的行动研究共同体等。在学习共同体建立之初，课题组认为需要借助外部力量的推动，如城乡教育行政机构的协调、项目负责人撮合等。一旦学习任务明确，框架搭好，共同体成员的内在动机、共同价值观、共同信念、以及力求自我改进的愿望等内发力量就显得更加重要。从运行方式上看，具有多种驱动方式，有任务驱动的学习共同体、有核心成员驱动的学习共同体、有自我驱动的学习共同体等。需要注意的是：无论在技术层面搭建哪种城乡教师协同学习共同体，都需要认真遵循城乡教师共同体的本质特征：理想的学习共同体在学习方式上秉持设计学习、体验学习、分布式学习、真实情境学习和混合学习等深度学习方式；在内部治理上强调平行领导、自组织和虚拟性；在学习动力上强调场动力和职业锚动力；在学习性能上体现深度学习和智慧生成。尊重城乡教师共同体组织运行的内在规律，合理引导多种多样基于地域类、实体类、虚拟类、学科类、管理类、混合类的城乡教师学习共同体建设。

最后，在县域层面采取差异化分类支持政策予以动态保障。政策保障是确保基于混合学习的城乡学校教育共同体建设的必要条件。一是要尊重区域发展差距、文化差异、城乡差别，在制定推动城乡教育共同体建设政策时不应求全责备、整齐划一和一步到位，可以实际情况和发展阶段采取强制性变迁、诱致性变迁、渐进式突破、激进式改善、局部性完善与整体性优化等多种策略，将多样化、精准化和特色化作为推进城乡教育共同体建设政策制定的基本原则。二是在价值层面要明晰城乡教育共同体的内在价值逻辑。促进城乡教育一体化不是以城市教育特征同化乡村教育特征，而是以城市和乡村各自教育系统的专门化、差异化和独特化为前提，以城市和乡村教育发展价值的平等观为指导，在尊重城乡经济一体化、建设一体化的基础上，建构教育政策思路。三是在路径层面，要根据国家城市化进程中所形成的融入城市化、就地城镇化、乡村现代化三条路径，发展出各自的城乡教育共同体分类指导策略。对于融入城市化的区域，需要在学校内涵发展上对标城市教育发展的标准；就地城镇化的区域需要首先对标城市教育外在发展的标准，走朝向城市教育特征的共同体方向之路；对于乡村现代化的区域需要保留教育的乡土特色，走乡村教育特色的发展之路。四是在技术层面明晰城乡教育共同体建设不是城市教育领导乡村教育，也不是以城市学校校本课程接管乡村学校校本课程，而是要认可两类学校课程的各自独特价值，特别要凸显乡村学校教育的乡土实践价值。在目前的态势下，更应该强调通过城市反哺、经济刺激、专业帮扶、本土培养、特色课程与教学等内在制度积极促进乡村教育的特色化发展。五是要强化城乡教育共同体建设政策的执行力度。政策是利益博弈的结果，不同利益群体总有受益大小等问题，在执行中可能会受到资源、权力、联盟力量、背景条件等因素的制约，形成政策执行阻滞。因此，需要明晰政策描述的发展愿景，政策制定的初衷，努力使城乡教师共同体政策涉及到的相关人员都愿意积极主动地推进政策执行。

总之，在共富发展的愿景中，以往的城乡教育一体化建设路径存在较大落地问题。本书以《城乡教育均衡发展新范式——混合学习共同体策略》为书名，对上述问题和解决策略做了系统总结。本书分八章，分别是：第一章，混合学习模式的城乡教育协同发展：时代的呼唤和技术的力量；第二章，城乡教育协同发展：现有理论和实践支持；第三章，混合学习的城市中心学校与乡村学校协同实施机制研究；第四章，我国城乡教育一体化背景下实施混合学习的现状与问题研究、；第五章，城乡教育一体化背景下实施混合学习的实证研究；第六章，基于混合学习的城乡学校协同学习的策略研究；第七章，深度学习：基于混合学习的城市中心学校与乡村学校协同发展新路径；第八章，展望：从整体搭建到分类发展——城乡教师共同体的区域深化推进策略。

本书的总策划是王淑莲研究员，各章节写作分工是第一章王淑莲，第二章、第七章金建生，第三章、第四章、第六章杨军，第五章王淑莲、王小爱，第八章第一节陈玉玲、第二节王淑莲、徐正林、第三节王淑莲，王淑莲、金建生对全部章节进行统稿。

本书的写作参考了大量研究者的成果，感谢这些研究者的辛苦工作，我们尽量以脚注的形式体现。在本书的出版过程中，中国社会科学出版社给与我们极大的支持，黄山编辑认真细致审阅书稿；顾明远老先生亲自为本书写了书名；教育部长江学者、"万人计划"哲学社会科学领军人才、全国文化名家暨"四个一批"人才、国家"百千万人才工程"人选、国家有突出贡献的中青年专家邬志辉教授为本书作序；丽水市教育技术中心主任孙晓敏提供了一线实践成果；高树昱对部分章节提供了建设性意见；陈亦宣对注释部分和参考文献进行校对，付出了极大的劳动，在此我们表达衷心感谢。

著者

2022年12月

目　　录

第一章　混合学习模式的城乡教育协同发展：时代的呼唤和技术的力量 …… 1

　　第一节　现实的困境和时代的趋向 …………………………………… 1
　　　　一　协同发展主题下"乡村弱"的现实存在 ………………………… 2
　　　　二　混合学习技术促进协同发展的支点可能 ……………………… 9
　　第二节　先贤研究：经验与启示 ………………………………………… 11
　　　　一　混合学习：从理论到实践 …………………………………… 11
　　　　二　共同体发展：在地化到网络化 ………………………………… 12
　　　　三　研究进路：实践理论实践的循证 ……………………………… 14

第二章　城乡教育协同发展：现有理论和实践支持 ………………………… 16

　　第一节　城乡协同理论 …………………………………………………… 16
　　　　一　协同学理论 …………………………………………………… 17
　　　　二　中国特色城乡协同发展理论 ………………………………… 18
　　　　三　区域协同发展理论 …………………………………………… 18
　　　　四　共同体理论 …………………………………………………… 19
　　　　五　学习共同体理论 ……………………………………………… 20
　　第二节　教师学习共同体理论 …………………………………………… 21
　　　　一　教师学习共同体发展阶段理论 ……………………………… 21
　　　　二　教师学习共同体常用的学习形态理论 ……………………… 24
　　　　三　教师学习共同体实践模式理论 ……………………………… 29
　　第三节　城乡教育一体化理论 …………………………………………… 32

一　城乡教育统筹治理理论 ·· 32
　　二　城乡教育一体化理论 ·· 33
第四节　城乡教育共同体的理论与实践 ·· 33
　　一　城乡区域基础教育均衡发展共同体的整体架构 ········ 34
　　二　大数据支持的乡村教研共同体建构 ······················· 35

第三章　混合学习的城市中心学校与乡村学校协同实施机制研究 ··· 39

第一节　混合学习的城市中心学校与乡村学校协同理念 ········ 39
　　一　混合学习的特点 ·· 39
　　二　混合学习的意义 ·· 41
第二节　基于混合学习的城市中心学校与乡村学校协同模式及
　　　　运行机制 ·· 45
　　一　混合学习模式选择与设计的基本原则 ······················· 46
　　二　混合学习模式选择与设计的类型 ······························· 47
第三节　混合学习的城市中心学校与乡村学校协同评价机制 ··· 65
　　一　混合式学习评价的基本理念 ······································· 65
　　二　混合式学习评价的功能 ··· 66
　　三　混合式学习评价的原则 ··· 67
　　四　混合式学习评价的基本方式 ······································· 68
　　五　混合式学习评价的基础与前提 ··································· 69
　　六　不同理论导向下的混合式学习评价模式 ··················· 71

第四章　我国城乡教育一体化背景下实施混合学习的
　　　　现状与问题研究 ·· 79

第一节　我国基础教育信息化现状 ·· 79
　　一　我国信息技术教育的整体环境已初具规模 ··············· 80
　　二　我国基础教育信息化发展仍然面临着严峻的考验 ······ 83
第二节　我国城乡教育一体化背景下实施混合学习的
　　　　制约因素 ·· 86
　　一　新技术难以融入乡村教学 ··· 88
　　二　城乡文化差异影响农村学校信息技术教育教学 ········· 93

三 乡村教师的信息素质制约着信息技术教育的发展 …… 100

第五章 城乡教育一体化背景下实施混合学习的实证研究 …… 106

第一节 研究对象及问卷设计 …… 106
 一 研究对象 …… 106
 二 问卷设计 …… 107
第二节 研究过程 …… 107
第三节 结果分析 …… 139
 一 城乡学校学生和家长支持实施混合式学习 …… 139
 二 城乡学校教师和设备基本支持开展混合式学习 …… 140
 三 城乡学校的软硬件设施存在显著差异 …… 142

第六章 基于混合学习的城乡学校协同学习的策略研究 …… 144

第一节 政策与制度的契合 …… 144
 一 建立信息技术教育的长效投入机制 …… 145
 二 形成适应信息时代教师信息技术教育的培训长效机制 …… 146
第二节 线上与线下的结合 …… 153
 一 线上线下混合式教学模式对教师教学能力和素质的要求 …… 154
 二 线上与线下混合教学的基本实施过程 …… 155
第三节 软件与硬件的整合 …… 158
 一 当前中小学信息技术教育软件课程资源现状 …… 158
 二 中小学信息技术教育的硬件和软件融合策略 …… 163
第四节 城市与乡村的联合 …… 172
 一 城市与乡村教育联合的时代背景与必然趋势 …… 172
 二 信息技术支持下城乡教师共同体的构建策略 …… 175

第七章 深度学习：基于混合学习的城市中心学校与乡村学校协同发展新路径 …… 179

第一节 深度学习概述 …… 179

一　对深度学习内涵的解读……………………………………… 179
　　二　学校内深度学习的性质与特征……………………………… 181
　　三　深度学习的过程……………………………………………… 184
　　四　促进深度学习的策略………………………………………… 187
第二节　城乡协同发展新路径：基于深度学习的协同学习
　　　　共同体建设……………………………………………………… 188
　　一　教师协同学习共同体内涵理解……………………………… 189
　　二　教师协同学习共同体的理论特征…………………………… 191
　　三　教师协同学习共同体具体模式特征………………………… 194
第三节　城乡教师学习共同体运行中存在的问题与反思………… 197
　　一　教师学习共同体学习存在的问题…………………………… 197
　　二　教师学习共同体存在问题反思……………………………… 201
第四节　城乡教师学习共同体深度学习运行的特点和策略……… 202
　　一　城乡教师协同学习共同体深度学习的运行特点…………… 202
　　二　城乡教师协同学习共同体深度学习的运行策略…………… 205

第八章　展望：从整体搭建到分类发展
——城乡教师共同体的区域深化推进策略……………………… 209

第一节　城市中心学校与乡村学校协同实施的探索与反思：
　　　　来自全国的经验………………………………………………… 209
　　一　从办学模式上推进城乡学校协同…………………………… 209
　　二　从师资补充上推动城乡学校协同实施……………………… 217
　　三　从教育投入上促进城乡学校协同实施……………………… 223
　　四　乡村教师成长方面推动城乡学校实施协同………………… 228
　　五　总结与分析…………………………………………………… 231
第二节　城市中心学校与乡村学校协同实施的探索与反思：
　　　　来自浙江丽水的经验…………………………………………… 237
　　一　"互联网+教育"助力丽水城乡教育均衡发展的
　　　　政策背景………………………………………………………… 239
　　二　"互联网+教育"助力丽水城乡教育均衡发展的
　　　　实施过程………………………………………………………… 241

三 "互联网+教育"助力丽水城乡教育均衡发展的
　　实施效果……………………………………………… 244
四 "互联网+教育"助力丽水城乡教育均衡发展存在的
　　问题及反思…………………………………………… 246
第三节　反思与展望……………………………………………… 247
一 整体性政策平台搭建：城乡教师共同体建设的
　　成就与困局…………………………………………… 247
二 区域分类发展：城乡教师共同体推进的新方向……… 251
三 区域分类发展视野下，城乡教师共同体深化推进的
　　新举措………………………………………………… 254

参考文献…………………………………………………………… 259

图 目 录

图 1—1　1998—2017 年城镇与乡村普通小学学校数 ················· 2
图 1—2　1998—2017 年城镇与乡村普通小学在校学生数 ············· 3
图 1—3　1998—2017 年城镇与乡村普通初中学校数 ················· 4
图 1—4　1998—2017 年城镇与乡村普通初中在校学生数 ············· 4
图 1—5　本课题研究基本思路 ····································· 14
图 2—1　学习共同体的核心要义 ··································· 21
图 2—2　区域基础教育均衡发展共同体的基本架构 ··················· 35
图 2—3　城乡教学共同体的基本架构 ······························· 35
图 2—4　区域学校共同体的基本架构 ······························· 36
图 2—5　大数据支持的乡村区域教研共同体模型 ····················· 37
图 3—1　混合学习的八个环节模型 ································· 52
图 3—2　Khan 的混合式学习八边形结构 ···························· 53
图 4—1　应用的信息化资源分布情况 ······························· 103
图 5—1　城乡学生电脑水平统计图 ································· 107
图 5—2　城乡学生电脑水平比例图 ································· 108
图 5—3　城乡学生对信息技术课的态度比例图 ······················· 108
图 5—4　城乡学生对信息技术课的态度统计图 ······················· 109
图 5—5　城乡学生上网态度统计图 ································· 109
图 5—6　城乡学生上网态度比例图 ································· 110
图 5—7　上网目的统计图 ··· 110
图 5—8　上网目的比例图 ··· 111
图 5—9　家长对于上网有无监督和指导统计图 ······················· 111

图 5—10　家长对于上网有无监督和指导比例图 …………………… 112
图 5—11　对互联上信息的看法网统计图 ………………………… 112
图 5—12　对互联上信息的看法网比例图 ………………………… 113
图 5—13　网络对其影响方面统计图 ……………………………… 113
图 5—14　网络对其影响方面比例图 ……………………………… 114
图 5—15　影响学习成绩的因素统计图 …………………………… 114
图 5—16　影响学习成绩的因素比例图 …………………………… 115
图 5—17　学生对信息技术课程完成度的统计图 ………………… 115
图 5—18　学生对信息技术课程完成度的比例图 ………………… 116
图 5—19　学生对学习方式的倾向性统计图 ……………………… 116
图 5—20　学生对学习方式的倾向性比例图 ……………………… 117
图 5—21　学生对学业成绩评价方式态度统计图 ………………… 117
图 5—22　学生对学业成绩评价方式态度比例图 ………………… 118
图 5—23　学生获取计算机知识来源统计图 ……………………… 118
图 5—24　学生获取计算机知识来源比例图 ……………………… 119
图 5—25　城乡学生对教学媒体的态度统计图 …………………… 119
图 5—26　城乡学生对教学媒体的态度比例图 …………………… 120
图 5—27　城乡教师使用计算机教学的效果统计图 ……………… 120
图 5—28　城乡教师使用计算机教学的效果比例图 ……………… 121
图 5—29　使用信息技术教育的影响统计图 ……………………… 121
图 5—30　使用信息技术教育的影响比例图 ……………………… 122
图 5—31　父母对于孩子学习计算机的态度统计图 ……………… 122
图 5—32　父母对于计算机学习的态度比例图 …………………… 123
图 5—33　教师在教学中使用计算机的统计图 …………………… 123
图 5—34　教师在教学中使用计算机的比例图 …………………… 124
图 5—35　调查教师任教学校类型统计 …………………………… 127
图 5—36　所在学校信息化教学环境统计 ………………………… 128
图 5—37　学校对混合式教学重视程度统计 ……………………… 129
图 7—1　深度学习的过程模型 …………………………………… 185
图 7—2　深度学习的一般过程模型 ……………………………… 186
图 8—1　城乡教师学习共同体建设分类发展框架图 …………… 254

表 目 录

表 4—1 调查的乡村教师所在学校学生数与计算机数比 …………… 89
表 4—2 调查乡村教师所在学校教师数与计算机数比 ……………… 90
表 4—3 教师日常教学环境的信息化设备配备情况 ………………… 90
表 4—4 学校提供的信息技术应用设备的联网情况 ………………… 90
表 4—5 一般是出于何种原因应用多媒体教育资源 ………………… 97
表 4—6 学校对教师使用数字教育资源的引导和要求 ……………… 97
表 4—7 个人意愿，想通过数字教育资源提高教学质量 …………… 97
表 4—8 农村学校制定的教师信息技术应用保障政策 ……………… 99
表 4—9 信息技术应用水平的衡量标准 ……………………………… 101
表 4—10 乡村教师信息技术工具使用的熟悉情况 …………………… 103
表 4—11 乡村教师对现有网络教育资源的态度 ……………………… 104
表 4—12 希望接受的信息技术应用能力培训内容 …………………… 105
表 5—1 调查教师性别统计 …………………………………………… 124
表 5—2 调查教师教龄统计 …………………………………………… 125
表 5—3 调查教师学历统计 …………………………………………… 125
表 5—4 调查教师所教年级统计 ……………………………………… 125
表 5—5 调查教师年龄统计 …………………………………………… 126
表 5—6 调查教师职称统计 …………………………………………… 126
表 5—7 调查教师任教学科统计 ……………………………………… 127
表 5—8 混合式学习的认知程度统计 ………………………………… 128
表 5—9 对信息技术与教学融合设计的熟悉程度统计 ……………… 129
表 5—10 对基于信息技术辅导教学的教学效果看法统计 ………… 129

表5—11	提高教师混合式教学设计的整体能力因素统计	130
表5—12	教学中通过信息化技术提高学生的成绩认识统计	130
表5—13	课堂教学主要采取的方式统计	131
表5—14	应用信息技术教学中的困难统计	131
表5—15	是否参加过信息教学相关培训方面统计	132
表5—16	对于希望得到的培训内容统计	132
表5—17	是否愿意和外校教师一起研讨教育教学问题方面统计	133
表5—18	是否愿意得到对方学校教师的帮助方面统计	133
表5—19	城镇学校教师教育教学水平高于乡村学校的看法统计	134
表5—20	城乡学校对学习共同体促进教师和学校的发展的态度统计	134
表5—21	混合学习效果与教师讲授效果相比的看法统计	135
表5—22	城乡学校可否通过混合学习实现共同发展统计	135
表5—23	城市骨干教师帮助乡村教师在某些方面实现发展统计	135
表5—24	乡村骨干教师帮助城市教师在某些方面实现发展统计	136
表5—25	对于骨干教师可以在哪些方面帮助其他教师统计	136
表5—26	对于城市和乡村教师都有相互学习的必要看法	137
表5—27	对于当前政府促成城乡学校协同，促进教育公平的看法	137
表7—1	深度学习的特点	183
表7—2	深度学习和表浅学习特征比较	201
表8—1	"互联网+教育"助力丽水城乡教育均衡发展的相关政策文件	240
表8—2	丽水入选典型案例名单	244

第一章 混合学习模式的城乡教育协同发展：时代的呼唤和技术的力量

时间到了 21 世纪 20 年代，中国发生了奇迹般的变化，即我国如期完成了新时代脱贫攻坚目标任务，已经实现百年奋斗的第一个目标，全面建成小康社会，进入到高质量发展的新阶段，为开启全面建设社会主义现代化国家新征程奠定了坚实基础。但是，在成绩面前，相应的社会发展短板依旧存在，特别表现在教育领域，城乡教育质量差别在量与质上表现显著，协同发展的质量不高，乡村弱的现实不容忽视，表现在城镇与乡村的学校数量出现"双降"，城镇普通小学在校生与乡村普通小学在校生数量的变化趋势呈现出明显的"剪刀差"，城镇普通初中在校生数量与乡村普通初中在校生数量差距迅速扩大，城乡义务教育均衡发展的政策落实不到位，乡村教育在地化特色去魅。这些现实问题虽然是发展中的问题，需要在不断发展中改进，但找出其中内在的关键因素，并建立有效的改进策略是发展中的核心问题。

第一节 现实的困境和时代的趋向

在实现城乡教育共同发展的道路上，虽有有目共睹的成就，也存在着现实的困境。如当下教育领域"乡村弱"的现象不减反增，主要表现为乡村基础教育学校减少、生源数量和质量下降、教师总量减少，公众对乡村教育质量期望值降低等现实，极大地背离了共同实现教育现代化的教育目标。从时代发展的步伐看，我们不能坐等或者消极应对教育领域"乡村弱"的现象蔓延。实现城乡教育协同发展是国家立国之策，是这个新时代的强烈需要，是办好人民满意教育的需要。再次梳理发展问题中存在的问题，既是研究的基点，也是解决此问题的实践要求。

一 协同发展主题下"乡村弱"的现实存在

（一）城镇与乡村基础教育发展趋势差异显著

城镇化发展的一个显著结果就是乡村的空心化和适龄儿童大量在城镇入学，造成乡村基础教育生源出现整体下降，城镇与乡村基础教育发展趋势差异显著。调查显示，一方面乡村新增校舍面积仍在不断增加，一方面农村进一步呈现出空心化，就学人口快速向城市聚集，造成城镇就学人数快速增长，出现入学难的现象。

在小学阶段，城镇与乡村的学校数量出现"双降"，但变化趋势明显不同。如图1—1所示，城镇普通小学学校数量有相对缓和的波动，1998年共有11万所小学，随后缓慢下降；2010年小幅回升，此后基本保持在7万所。而乡村普通小学学校数量则持续下降，由1998年的49万所下降至2017年的9万所，减少了40万所。城镇普通小学学校总量在20年间减少了4万所，仅为乡村普通小学减少量的1/10，如图1—1所示。①

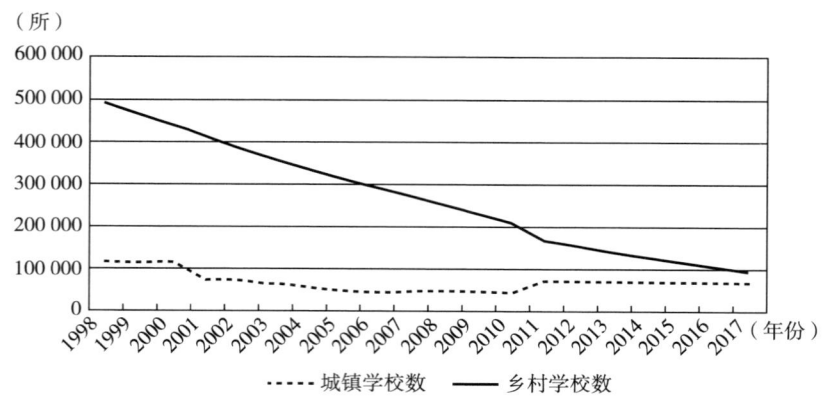

图1—1　1998—2017年城镇与乡村普通小学学校数

---

① 中国教育在线：《2018年基础教育发展报告》，https://www.eol.cn/e_html/zxx/report/wz.shtml，2021年7月24日。

城镇普通小学在校生与乡村普通小学在校生数量的变化趋势呈现出明显的"剪刀差"。2010 年后,二者差距越来越大,2017 年高达 4500 万,① 如图 1—2 所示。

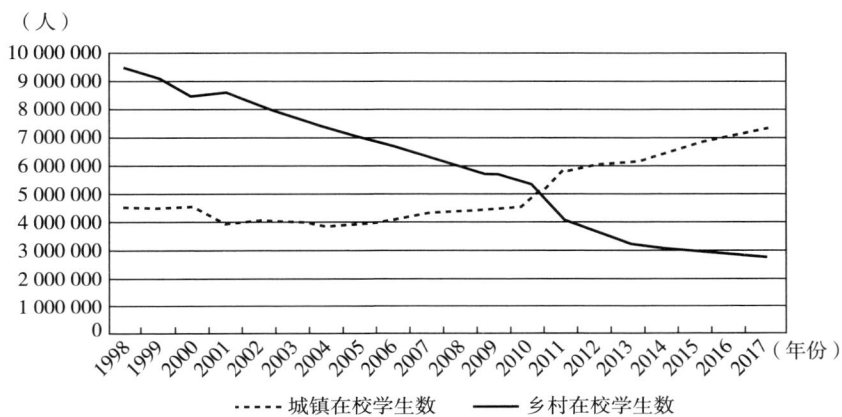

图 1—2　1998—2017 年城镇与乡村普通小学在校学生数

在初中阶段,城镇与乡村学校数量和在校生数量的变化趋势均呈现出明显的"剪刀"差。城镇普通初中数量在经历了一定起伏后,自 2010 年开始逐步上升,而乡村普通初中数量则持续下降,两者差距越来越明显。2017 年,城镇普通初中学校共 36606 所,乡村普通初中学校共 15288 所,② 如图 1—3 所示。

城镇普通初中在校生数量与乡村普通初中在校生数量的交叉点比学校数量的交叉点提前了近 10 年,且差距从 2005 年开始迅速扩大,到 2017 年差距已达 3155 万,③ 如图 1—4 所示。

从以上中国教育在线发布的 2018 年基础教育报告可以看出,随着

---

① 中国教育在线:《2018 年基础教育发展报告》,https://www.eol.cn/e_html/zxx/report/wz.shtml,2021 年 7 月 24 日。
② 中国教育在线:《2018 年基础教育发展报告》,https://www.eol.cn/e_html/zxx/report/wz.shtml,2021 年 7 月 24 日。
③ 中国教育在线:《2018 年基础教育发展报告》,https://www.eol.cn/e_html/zxx/report/wz.shtml,2021 年 7 月 24 日。

城镇化加剧，大量农民进城务工，大量务工子女涌入城市，乡村学生数在不断减少，而城镇学生数在不断增加。

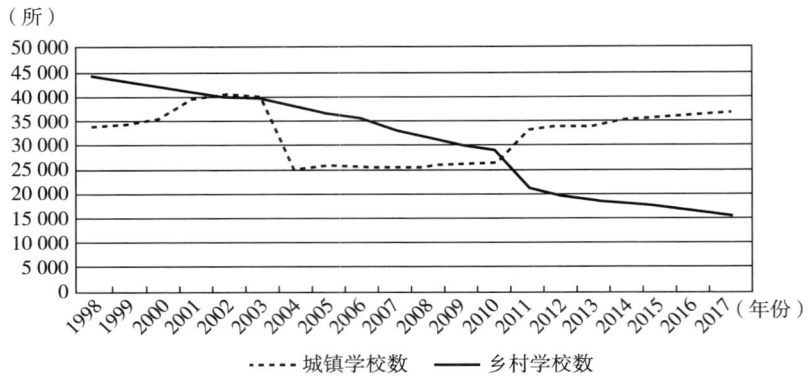

图1—3 1998—2017年城镇与乡村普通初中学校数

图1—4 1998—2017年城镇与乡村普通初中在校学生数

东北师大农村研究所的调查也显示，义务教育的学生数增加，学校数减少，学生继续向城镇集中。义务教育在校生数2019年比2015年增加了1385万人，增幅为9.89%，但乡村学校的在校生却在减少，2017年比2016年就减少了140万人，减幅达3.93%。与此同时，义务教育学校数也在减少，2017年比2016年就减少了6287所，减幅为1.92%。

为适应城镇化需要,城区、镇区的学校数却在增加,同年城区学校增加了 1092 所,增幅为 2.72%,镇区学校增加了 362 所,增幅为 0.46%";乡村学校减少了 7741 所,减幅达 3.70%。一方面,乡村学校数在减少;另一方面,乡村中小学标准化建设水平显著提升,2017 年乡村小学体育运动场馆,体育、音乐、美术等器械,教学实验仪器达标率达到 83%—88%,相比 2016 年增加了 12%—13%,但城区和镇区小学分别在 86%—95% 和 86%—93%,均高于乡村小学;城区和镇区普通初中办学条件达标率也高于乡村普通初中 3 个百分点,乡村小学和普通初中建立校园网率分别为 56.81% 和 68.37%,较 2016 年分别提高 10.16 个和 2.78 个百分点。①

(二) 城乡教育一体化要求提升乡村教育质量

从目前的研究和政策要求看,城乡教育一体化主要强调要构建城乡目标一致、资源共享与互补、动态均衡、双向沟通、良性互动的教育机制,从而缩小城乡之间的教育差距,推动城乡教育相互支持、相互促进,有效消除教育不公平、教育质量发展差距过大,实现城乡教育均衡发展、协调发展、共同发展的目标。

从教育政策看,从国家"特岗教师计划"到各地实施"乡村教师支持计划"说明国家高度重视城乡义务教育的均衡发展。2016 年 7 月 11 日,国务院又颁发了《关于统筹推进县域内城乡义务教育一体化改革发展的若干意见》,提出"努力办好乡村教育、统筹城乡师资配置、改革乡村教师待遇保障机制"等 10 项措施来统筹推进县域内城乡义务教育一体化改革发展。意见提出通过开展城乡对口帮扶和一体化办学、加强校长教师轮岗交流和乡村校长教师培训、利用信息技术共享优质资源、将优质高中招生分配指标向乡村初中倾斜等方式,推动城乡教师交流,补齐乡村教育短板。各地也积极在探索缓解"乡村弱"问题,如建立城乡学校联合体、集团化办学、教师轮岗等举措,为缩小城乡教育差距发挥了重要作用。但由于我国农村情况差异大,地理文化环境、经济发展程度各异,在经济条件相对落后,县级财政难以满足教育需要,

---

① 中国农村教育发展报告 2019,http://www.360doc.com/content/19/0113/12/61492514_808554255.shtml,2019 年 1 月 13 日。

城乡学校教师都不能很好满足的地区，校长、教师轮岗机制还不能有效解决乡村弱问题，择校现象还是呈上升趋势。

我们经常可以看到1个乡村教师在乡村学校执教几十年，包揽全部课程的报道：[①] 刘传德从1978年开始教书，不仅在自己居住的村庄任教，隔壁几个村镇的初中和小学也担任教师。刘老师在家乡从事教育事业已经40余年了，明年即将退休，他40年间已教过几千名学生。因为团碑村条件比较艰苦，师资比较匮乏，很少人愿意到乡村来教书，所以刘老师在教书过程中大多数时候一个人要教好多门课程。包括初中的数学、化学、物理、生物、地理、英语，小学的语文、数学、音乐、体育、自然等。

湖南省怀化市，一位21岁女老师秦缘为一乡村小学仅有的6名学生教授所有科目。教学之外，她还为学生们做饭，一个人撑起了这所小学[②]……这样的例子很多。我们在看到这些教师的崇高品德的同时是否看到了乡村教育的状况：1个教师，几个到几十个同学，复式上课，不管这位教师有多么全能，笔者认为教育质量肯定是不能和城镇的教育质量相提并论的，毕竟我们还没有全面开展这样的师资培养。

目前城乡教育一体化还出现了另外一种非常严重的误区，即乡村教育在地化特色失魅。从目前的一体化策略看，城市学校主导的一体化消灭了农村教育的优势与特色，使得城市教育好、乡村教育差的意识潜入人心，造成乡村教育人口流失，乡村教育失落。需要指出的是城乡教育一体化要充分肯定、增进、利用乡村在地化教育的优势和特色，实事求是地办好乡村教育。否则，政策要求中的"城乡教育资源共享、优势互补、相互支持、相互促进"等就只能流于形式，出现单方面驱力，单极化发展，所谓"构建良性互动的教育体系和机制"不可能实现。城乡教育一体化不是一个圆心的城市中心主义，而是两个圆心的城乡双中心。这就需要我们摆脱常规，警惕现在发展模式的弊端，不断探索新机制、新模式、新路径、新方法。

---

① 《湖北一乡村教师从教40余年1人教10门课大学生拍短视频火了》，https：//www.sohu.com/a/243179816_497382，2018年7月25日。

② 《21岁女教师一人撑起乡村小学》，《科教新报》2020年7月22日第15版。

(三) 以共享发展促进教育公平的要求[①]

教育公平是社会公平的重要基础，只有实现教育真正公平，才有真正意义上的社会公平。2016年全国教育工作会议为实现教育公平提供了实现路径，即通过共享发展来促进教育公平。意味着教育公平赋予了新的内涵，即教育公平不仅体现平等的受教育权利和机会上，更体现在教育获得成功的机会和效果上，也就是说要努力实现有质量的公平。提出通过共享发展来促进教育公平，实质上就是从教育公平的层面解决社会公平正义的问题。

首先，以共享发展促进教育公平，既是阐明教育公平的实现途径，也是阐明教育公平的实现目标。教育公平是一个逐步推进的过程。教育公平目标的实现包括教育起点的公平、教育过程的公平和教育结果的公平。从当前我国教育公平的发展现状来看，我国已经基本实现了教育的起点公平，也就是已经较好地解决了让每一个孩子"有学上"的问题。但是从教育公平深层次的目标和要求来看，还没有达到实质性的教育公平的目标。而衡量实质性教育公平的根本标准就是教育质量。以共享发展促进教育公平的要求就是在解决起点公平的基础上，在教育过程和教育结果层面上也要实现公平的教育，也就是要实现"上好学"的目标。这不仅是教育的最终目标，同时，也是教育公平的终极目标。

围绕这一目标，反观我国教育公平的发展，仍然是任重而道远，还存在着很多问题和阻碍。除了"择校热""重点班""重点校"等长期存在的有失公允的问题之外，比如，近年来随着社会的变革和发展，又催生出了一些新的教育不公平的现象和问题。比如随迁子女问题、留守儿童问题、"学区房"和"城镇大班额"等问题也都不同程度地拷问着教育公平的诉求，影响着教育公平目标的实现。这也为今后教育公平目标的推进提出了新的要求。

其次，以共享发展促进教育公平，关键在于优质教育资源的供给和配置。从上述存在的诸多问题，以及以共享发展促进教育公平目标的要求来看，关键在于优质教育资源供给和配置能否满足人民群众的需求。

---

① 《以共享发展促进教育公平——五论牢固树立新的教育发展理念》，《中国教育报》2016年1月22日第1版。

城乡教育均衡发展新范式

与以满足"有学上"为目标的教育基本需求不同,实现以"上好学"为目标的优质教育资源供给,其要求更高,难度也很大。在办学水平、师资结构、学校的布局调整、教育质量的评价指标体系等方面都提出了更新、更高的要求,要求提升教育品质,塑造教育的新生态。

最后,要真正实现共享发展来促进教育公平,关键是要建立强有力的制度保障体系。在经费投入制度、优质教师资源的配置制度、教育质量评价标准等方面都要不断改革,勇于创新,构建起与之相适应的制度体系,推动教育共享发展,并使之能够可持续性的发展。当前,从各地的实践来看,也探索出了许多有效的路径和模式,如"学区制建设""强弱学校捆绑发展""教育网络联盟""校长教师轮岗交流"等举措,为缩小区域之间、城乡之间和校际之间的教育差距发挥了重要作用。但是,也存在着一些问题,如缺乏系统性、表面化现象较为严重。这也说明,在今后以共享发展促进教育公平,实现高质量公平的目标仍然是我们今后努力的一个长远目标。

(四)基础教育优质均衡发展的要求

从教育均衡到优质均衡,已经成为新时期我国实现教育公平的目标追求。新修订通过的《中华人民共和国义务教育法(2006)》以法的形式确立了国家层面对于教育公平的价值追求,明确提出了"促进义务教育均衡发展"的正式表述。党的二十大报告又再次提出"办好人民满意的教育"加快义务教育优质均衡发展和城乡一体化。推进基础教育的均衡发展主要是为了消弭我国基础教育中长期存在城乡差异、地区差异、民族差异的问题,实现全社会教育的公平发展。因此基础教育均衡发展主要是一种追求起点意义上的公平,主要是解决让每一个孩子都"有学上"的问题。随着我国基础教育均衡发展战略的不断深化,让每一个孩子都"有学上"的目标基本上得以实现,那么,"上好学",也就是如何让每一个孩子都能享受优质的、高质量的教育就成为我国当前和今后基础教育发展的新的目标导向。2010年发布的《国家中长期教育改革和发展规划纲要(2010—2020年)》指出,到2020年我国教育要实现的战略目标为"提供更加丰富的优质教育。教育质量整体提升,教育现代化水平明显提高。优质教育资源总量不断扩大,更好满足人民群众接受高质量教育的需求"。2017年4月,教育部颁布了《县域义务教育优质均衡发展督导评估办法》，正式提出了这一表述。2019年2月，《中国教育现代化2035》提出要："建立学校标准化建设长效机制，推进城乡义务教育均衡发展。在实现县域内义务教育基本均衡基础上，进一步推进优质均衡。"可以说，基础教育优质均衡发展是一种标准更高的均衡发展，是在起点公平基础上，更多地追求教育过程的公平，从而最终实现教育结果的公平，即让每一个孩子都能得到最大化发展的教育。所以，"优质均衡"更多的指向教育过程和教育结果的均衡。重视教育质量是优质均衡发展的核心目标。

因此，在推进基础教育优质均衡发展的目标诉求之下，如何实现由起点公平到过程公平再到结果公平的重大转变就成为今后基础教育关注的新目标。要求在基础教育的理念、模式、方法等方面要不断改革，勇于创新。

二　混合学习技术促进协同发展的支点可能

世界已经进入以"互联网+"为代表的技术时代，基于混合学习的城市中心学校与乡村学校协同实施机制研究，有着较为深远的学术和应用价值。

（一）丰富了"互联网+"时代混合学习理论的内涵

世界进入"互联网+"时代，技术正逐渐成为影响教师、学生乃至整个教育发展的关键因素之一。目前混合理论的研究，多数是基于教育学、伦理学、教育系统学、教育传播学或教育社会学等广义教育学的研究视角，普遍把教师、学生、教与学的理论及教学内容等并视为混合学习的构成因素，而忽视了技术因素。本书在原有因素构成基础上，把技术添加为混合学习的关键因素之一，在混合学习模式的设计中，更加注重技术场景、技术平台、技术交互等的设计。

（二）教师共同体的实施拓宽了教师自主发展的路径

目前我国主流的教师专业发展模式在本质上都是一种外在于教师的、自上而下的发展模式[①]。这种模式主要是由地方政府以行政命令发

[①] 王继新，吴秀圆，翟亚娟：《共同体视域下的区域基础教育均衡发展模式研究》，《电化教育研究》2018年第3期。

起的、指令性的培训指标和由大学提供课程的发展模式。其优点是便于管理，行政驱动，外部形塑。其缺点是在一定程度上抹杀了教师自我发展的动力。因此，需要探索新的发展模式，基于网络的教师共同体拓宽了教师自我发展的途径，使得教师通过教学实践进行自由发展变成了可能。

（三）提升了乡村学校的教育教学发展质量

提升乡村学校教育质量的最有效方式之一是促进城乡学校协同发展。创新、协调、绿色、开放、共享是十八届五中全会提出的5大发展理念。① 在2021年3月发布的《十四五规划和2030年愿景目标纲要》中明确提出要"坚定不移贯彻创新、协调、绿色、开放、共享的新发展理念"，《中国教育现代化2035》提出推进教育现代的重要理念之一是要"更加注重共建共享"，这对在理念、资源、生源等软硬件设施都处在相对弱势的乡村学校来说，既是必须坚持的发展理念，它们也将因此迎来发展的机遇，要借助"互联网+"技术促进乡村薄弱学校与城市中心学校共建高质量发展的新时代教育共同体，使乡村学校质量提升找到绿色、生态发展的途径。

（四）提高了乡村中小学学生自主学习的能力

著名教育家叶圣陶说："教是为了不教"，不教的前提是学生具备较高的自主学习能力。相对于高校而言，中小学特别是乡村中小学学生以留守儿童居多，乡村优质教育资源匮乏，混合学习的理论及实践没能有效地在我国广大乡村地区进行推广，即便有的地区已在着手推动，其实施也存在很多不足之处。针对乡村中小学学生自主学习能力较差的现实，为提升乡村中小学学生自主学习能力，在课题组信息技术专家、学者们的指导和协助下，帮助乡村实验学校建设有助于学习提高自主学习能力的学习资源库，实验学校混合学习的教学实践效果会得到持久性的保障，因此，会大力提高中小学学生的自主学习能力。

---

① 李玲，黄宸，薛二勇：《新阶段城乡义务教育一体化发展评估研究》，《教育研究》2017年第3期。

第二节 先贤研究：经验与启示

一项研究和实践总是从汲取前人研究和实践经验的基础上做起。本书假设混合学习可以规避许多先前城乡协同发展的问题，是一项比较有效的城乡教师协同发展的新路子。因此，本书首先循着实地考察、文献梳理寻找存在的现实问题，然后在先贤研究文献中找寻问题解决的模式架构，接着理论建模与模式分析，然后再选择案例行动学校，进行模式循证，最后实践推广，经验总结。这就需要把本研究的核心概念再进行概念化解释：主要包括混合学习和共同体发展两个核心概念。

一 混合学习：从理论到实践

国外对于混合学习的研究起始于21世纪初期。早期的研究主要涉及混合学习的核心理论、教学实施模式、混合学习的影响因素及混合学习的学习内容等方面。如印度 NIIT 公司在 2002 年 *B-Learning* 中指出[①]，混合学习是一种包括面对面、实时的 B-Learning 和自定步调的一种全新的学习方式。其实对混合学习的实质看法也是在发展中的。早期 Jennifer Hofmann（2001）在其所写的 *B-Learning Case Study* 中指出：教师将一个学习过程按功能分成一些有机模块，然后再选用最好的媒体将这些模块呈现给学习者的学习的过程就是混合学习。美国培训与发展协会（英文简称：ASTD）的 Singh 和 Reed 则将混合学习描述为：根据学生"良好"的学习个性，采取"优化"的技术手段，在"合适"的时空将"最优"的知能传递给"适合"的人的学习方式。之后，Michael Orey 分别从学习者、教师以及教学管理者三者的因素对混合式学习的类型及模式进行了划分。后期的研究多数涉及混合学习的应用，主要是在学校教学尤其是高校教学、师资培训及企业培训等。如美国宾西法尼亚州立大学认为混合学习是教育领域今后必然的发展趋势；2005 年，韩国国立开放大学也采用了混合式教学的辅导方式，优化了教学效果。世界知名企业如 SONY、诺基亚、IBM 为了降低培训成本均采用混合式学习模式。

---

① 曹斌，鲍明丽，何松：《中学混合学习研究综述》，《教育参考》2019 年第 1 期。

祝智庭教授首次在 2003 年将混合学习引入国内。随后对混合学习的研究如雨后春笋，发展很快。如何克抗（2004）、李克东（2004）的积极探索。2010 年混合学习研究达到一个高潮，发文量大，研究焦点在于移动学习、分布式学习、混合式学习方式、学习资源环境建设、基于 MOODLE 的学习等。近年来，翻转课堂、MOOC、AR、VR 等研究及应用获得了较大的发展。

总之，目前关于混合学习的研究及应用是国内外教育领域研究的热点，随着互联网技术的不断发展，研究的内容及规模有愈演愈烈之势。但综合来看，目前的研究，仍然存在以下若干问题：

第一，在国内外关于混合学习的应用研究中，主要是关注混合学习模式的构建，而关于模式验证、实施效果的实证研究比较薄弱。

第二，研究理论及视角的局限性。在信息技术飞速发展的当今时代，媒体技术已经成为影响教育发展的关键因素，而多数有关混合式学习的研究在理论视角都局限于教育学、系统教育学、教育心理学、教育社会学等大教育学的范畴，忽视了当今以"互联网+"为代表的信息技术时代技术促进人的发展的技术哲学理念。

第三，研究的对象多数局限于高校范围内。无论是关于混合式学习的理论研究还是教学实践探索，有关对中小学混合式学习的应用研究与实践探索的文献较少，一个方面在于高校具有一定理论研究与资源优势；另一方面或许是因为中小学学生的认知水平及能力还不便于展开混合式学习。这其实是一种误解，中小学生有着强烈的好奇心和追求上进、用于探索的精神，在高年级小学及中学实施混合式学习的理论与实践研究，具有一定的可行性。

二 共同体发展：在地化到网络化

国外对弥补城市学校和乡村学校在师资、办学条件及教师待遇方面，主要采取乡村教师经费补助、城乡教师岗位轮换及定向政策支持等措施。如《美国复兴与再造法案（2009）》指出，[①] 国家或各州要为去

[①] 马庆辉：《信息技术课程中混合学习案例设计》，《中国教育技术装备》2012 年第 20 期。

乡村工作的教师提供租房补贴、定居补助、住房贷款优惠、代偿贷款或者收入税收减免等政策激励；法国政府则从 1981 年就对薄弱学校予以特别支持，设定了优先教育区制度。规定每年为在优先教育区工作的教师提供数额不低的特殊补贴；日本、韩国等国为平衡地区和学校间师资差距，也建立起了教师流动制度。

近十年来，我国有关城市学校和乡村学校建立学校共同体的相关研究及应用获得了很大发展。① 在理论研究方面，张爽等从组织模式的研究视角，研究和提出基于城乡学校一体化改革的不同组织和模式的理论观点；朱圆圆等从社会资本的视角，探讨了城乡学校共同体的建设途径；严开宏从伦理学角度研究了学校共同体的内涵及其理想化模型；宋红斌等基于中国传统"和文化"的视角研究对学校共同体建设的机制进行了研究。在教学应用方面，中国教育发展基金会于 2009 年 9 月 25 日启动了"互联创未来"项目。该项目有 54 所项目学校，遍及中国的上海市、北京市、吉林省（长春市）等 10 多个省市。其中城市、农村（郊区）学校各 25 所。2009 年扬州市邗江区义务教育学校共同体形成了以政府、学校、社会三个基础元素和学校共同体合作平台为核心，成立了由 6 所学校组成的 3 个学校共同体，现场混合学习平台，集成各学校的优质资源，协同支撑共同体开展教育教学实践活动，取得了预期的教学效果。尽管城乡学校共同体的研究及应用方面取得了较大进步，但仍存在一些问题，主要表现在：

第一，在宏观理论研究方面，多数研究以传统教育学、伦理学、文化及社会资本等理论或视角进行宏观层次的研究，缺乏技术层面的视角研究，对学校共同体及其当前的信息化教学只能提供一些间接的指导作用。

第二，在中观模式建构层面，多数还是行政命令、理想建构的共同体、联合体、集团化模式，缺少基于循证、行动研究的多轮验证、缺少多方要素合谋的建构方式，特别是缺少信息技术的支持建构。

第三，在微观的教学应用层面，一是城市学校自身的信息化教学能

---

① 王淑莲，金建生：《教师协同学习共同体：教师专业发展新范式》，《中国高教研究》2017 年第 1 期。

力尚存不足。二是高校参与共同体建构实践的范式较少。三是对于城乡基于混合学习的共同体运行机制、影响因素、有效策略的研究缺失。

三 研究进路：实践理论实践的循证

（一）本课题研究的基本思路

本课题循着实地和文献寻找问题——文献中找寻建模的启示——理论建模与模式分析——行动循证——实践推广——经验总结的基本思路，通过实践理论实践的循证组成系统性循环，具体如图1—5所示：

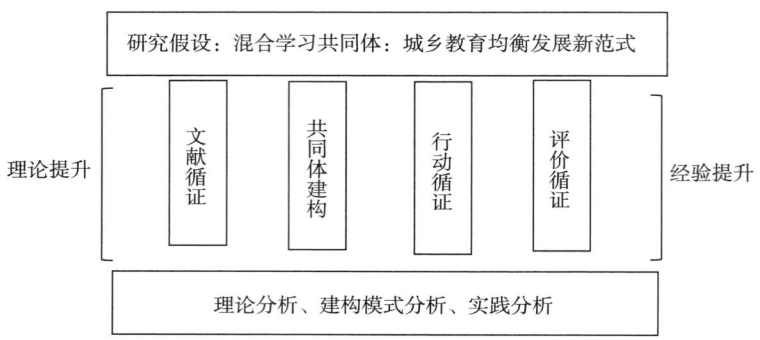

图1—5 本课题研究基本思路

（二）本课题研究的基本方法

根据本课题具有理论性与实践应用性相结合的特点，依据混合学习的相关理论，构建互联网时代的以学生学习为主体的学习方式。本着技术促进人的发展的理念，探索城乡共同体学校协同实施混合学习的机制和规律。本课题的研究主要运用田野研究、访谈调查、文献研究法、行动研究等教育研究方法。

1. 文献研究

主要梳理近20年混合学习、教师共同体、城乡一体化发展、均衡发展等理论热点研究，并对已有的研究成果进行理论整合，从点到面进行分析、归纳、建构本研究框架。

2. 田野研究

成立联盟学校，并到学校进行实际考察，跟踪观察教师、学生的学习情况，通过对相关教师和领导、学生、本地政府领导的访谈，分析城乡教育内外差别，为问卷调查的编制提供参考。

3. 问卷调查

基于实地考察和访谈调查的结果，设计调查问卷，调查分析学习者已有的认知水平及对于混合学习和现有教学模式等的态度，深入探究混合式教学模式的影响因素对学习者学习兴趣、专业知识学习、专业技能学习等产生的影响和作用。

4. 研究方案及实验程序的正式形成

根据问卷调研和实地访谈的情况，研究和制定具体的方案，包括发起子课题项目；建立和充实原有的课题团队；制定后期研究的序列项目和程序。

5. 发起子课题项目

充实原有的课题教学团队。面向各实验学校，成立若干具体的子课题项目；与课题实习基地学校联合组成课题教学团队，并培训团队教师成员有关混合学习的理论与技术知识。

6. 技术平台的搭建及混合式课程资源的设计与开发

为开展混合式学习提供技术平台，发动学科教师设计和开发相应的课程资源，如教学课件、在线课程、在线测试题、微视频等。

7. 教学实践的实证研究

将城乡混合式学习的模式运用到教学实践，在行动学校进行基于研究者参与的行动研究，按照拟定的教师学习共同体思路，对不同学科课程教师的混合学习进行课程设计。

8. 混合式学习的评价

借鉴和研究混合式学习的评价理论，制定评价方案，采取多元化和多样化的形成性评价和终结评价方式，通过自评和他评相结合促使教学效果不断在研究和实践中得到优化。

第二章 城乡教育协同发展：
现有理论和实践支持

城乡教育协同发展既是理论也是实践，既是在先贤理论光辉照耀下的实践，也是实践中对先贤理论的扬弃。其中协同学理论、共同体理论是整个理论和实践的两大来源，中国特色城乡协同发展，区域协同发展理论、城乡教育统筹治理理论重大发展；城乡教育一体化、城乡教育共同体、教师学习共同体等是主要实践。这些已有理论和实践是本书的主要理论和实践来源，检视相关已有理论和实践，并认真学习、梳理、反思上述现有研究对建构更加合理的，更符合实际的，更加有效的城乡混合学习共同体理论与实践起着关键作用。

第一节 城乡协同理论

造成目前我国城乡二元关系的结果，既是国家治理中的阶段，是历史发展的产物，同时也是一定阶段社会生产力发展和社会分工的产物。世界发展历史经验表明，城市和乡村分离是人类社会生产力发展到一定阶段引起的社会分工所导致的必然结果。这里既有城乡地缘、城乡发展功能定位的不同，也存在一定人为治理痕迹。随着社会发展、当人们开始有意识地纠正这种分工不合理性时，发现固有的模式具有一定的惯性，也存在着许多发展中蓄水池的作用。遇到社会发展问题时，乡村成为发展韧性和潜在力量的蓄水池，城市在发展中的相对经济、集约的结构成为发展的火车头，二元关系的互补性成为社会发展的合理性因素。但发展中的城乡的对立，阻碍了共同进步，与初心使命不符。在这样的背景下,随着国家治理的不断推进,我国在城乡关系上逐渐形成了一定的协同发展的理念。这些理念的发展对城乡教育协同发展具有很大的启发作用。

一 协同学理论

协同学（Syengreitcs）是 20 世纪 70 年代初联邦德国理论物理学家哈肯创立的。协同学以现代最新的科学理论（系统论、信息论、控制论、突变论等）为基础，采用统计学和动力学相结合的办法，探讨支配生物界和非生物界的结构或功能的自组织形成过程的某些普遍原理的科学。由于它抓住了系统从无序向有序转化的临界过程的共同特征，同时又结合具体对象给出的特殊规律，能够把一个学科的进展很快推广到其他学科的同类现象中去，具有广泛的适用性。[①] 协同学有两个基本概念：协同或协同作用。一个由许多子系统构成的系统，如果在子系统之间互相配合产生协同作用和合作效应，系统便处于自组织状态。在宏观上和整体上就表现为具有一定的结构或功能。虽然不同的系统性质不同，但是新结构代替旧结构的质变行为，在机理上却有相似甚至相同之处。

协同学内涵广阔，但有两个基本点——自组织和协同效应，其中协同效应（Synergy Effects）就是"1+1>2"的效应，主要指两种以及两种以上的成分相加或融合在一起产生的作用大于个别成分的作用。而自组织是指在没有外部指令条件下，系统内部各子系统之间能自行按照某种规则形成一定的结构或功能的自组织现象的一种理论。该理论认为产生自组织的系统必须是一个开放系统，系统由无序向有序扩展，必须要远离热平衡状态。系统内各系统间存在着非线性的互动关系，而失衡是有序之源。

协同学对城乡教育发展的启示如下：第一，城市系统和乡村系统需要协作，并且在协作的基础上实现合作效应。第二，城乡协作的前提条件是系统开放，因此，要建立城乡开放的教育体系，并不断进行物质、

---

① 李楼瑞，许典雄，董新年等：《协同学简介》，《黄石高等专科学校学报》1994 年第 1 期。

能量和信息的交换。第三，需要打破目前存在的城市和乡村各自平衡的状态。

二 中国特色城乡协同发展理论[①]

该理论从统筹的主体、导体、客体、载体四体论述，认为政府应该成为也最有资格成为城乡协同发展的统筹主体，市场则成为城乡协同发展的统筹导体，城市与农村是城乡协同发展的统筹客体，生产经营组织和产业是城乡协同发展的统筹载体。[②] 具体来讲，中央政府是决策性统筹主体，各级地方政府是执行性统筹主体；市场借助市场机制把政府意志传导到城市与乡村；生产经营组织是城乡协同发展的点状统筹载体，即企业和家庭（农场）分别是城市与农村的点状统筹载体；产业是城乡协同发展的线状统筹载体，第二次产业与第一次产业分别是城市与农村的主要线状统筹载体。当政府、市场、城乡与组织以及产业的发展定位明确以后，在生态平衡这一统筹前提存在的情况下，作为决策性统筹主体的中央政府，利用作为执行性统筹主体的地方政府和作为统筹导体的市场，借助于作为统筹载体的生产经营组织与产业，对统筹客体即城乡进行长期性的、整体性的、同步性的、战略性的与生态性的共同发展。这就是城乡协同发展理论的框架。[③]

三 区域协同发展理论

该理论多从经济学视角出发，认为区域协同发展是一个多维度、多层次的综合概念。区域协同发展研究远离平衡态的区域系统在与外界进行物质和能量交换过程中，区域内各部分能够实现相互配合、同频共振，促使区域在时间、空间和功能上形成由低级走向高级的过程。在协同的动力方面，该理论认为存在政府驱动、市场驱动以及政府和市场双轮驱动3个主要观点。因为，任何协同作用也是系统充分开放、远离平

[①] 刘美平：《论中国特色城乡协同发展理论——兼评刘易斯二元结构理论》，《马克思主义研究》2008年第12期。

[②] 刘美平：《论中国特色城乡协同发展理论——兼评刘易斯二元结构理论》，《马克思主义研究》2008年第12期。

[③] 刘美平：《论中国特色城乡协同发展理论——兼评刘易斯二元结构理论》，《马克思主义研究》2008年第12期。

衡态和系统非线性的发展原理，区域协同运行过程本质上是博弈、协同、突变、再博弈、再协同、再突变的非线性螺旋式上升过程，每一次博弈、协同、突变过程都将区域协同发展推向更高级的阶段。根据区域基础条件差异要选择相应的整合机制、协调机制、共享机制、联动机制、共赢机制、协作机制等主导运行机制以推动区域协同发展战略目标的实现。在区域发展的模式上，就会形成政府主导的区域协同模式，市场引导的区域协同模式等，在区域协同的治理方面也会形成科层式、市场机制、社群治理、网络治理等模式。①

四 共同体理论

"共同体"来源于德国古典社会学家斐迪南·滕尼斯（F. Tönnies）的著作《共同体与社会：纯粹社会学的基本概念》②，强调"因聚会在一起的共同行动"，是"个体""个人思想""意志"的"结合"，是为了某种目的的"联合体"，其建立的基础是"本能""习惯""共同思想""共同记忆"。在滕尼斯的体系中，"共同体"是传统的，具有古老习俗，而"社会"则是后发的，具有现代属性；"共同体"是水到渠成，自然形成的，是氏族本位的。"社会"则是世俗的，有目的的，即有目的人的联合。"共同体"范围小，"社会"范围大。③

涂尔干也对共同体与社会的关系进行总结，认为共同体是"机械关联"，社会则是"有机关联"。按涂尔干的理解，机械关联具有如下基本特征：第一，低度的分工以及根深蒂固的集体意识；第二，低度的个性，较低的相互依赖；第三，特殊的规范性模式以及共同体对越轨者进行惩罚。与此相反，有机关联的特征是：第一，高度的分工，高度的个性，属于乡村与农耕属性；第二，专门化的社会控制机构对越轨者进行惩罚，高度的相互依赖，属于城市与工业属性。④ 社会学家韦伯则从

---

① 王元亮：《区域协同发展研究综述与展望》，《开发研究》2021年第2期。
② ［德］斐迪南·滕尼斯：《共同体与社会：纯粹社会学的基本概念》，林荣远译，商务印书馆1999年版，第79页。
③ 秦晖：《共同体·社会·大共同体——评滕尼斯〈共同体与社会〉》，http://www.aisixiang.com/data/35582.html，2022年5月18日。
④ 周晓虹：《西方社会学历史与体系》（第一卷），上海人民出版社2002年版，第251页。

"社会关系"的角度区分了社会与共同体：在共同体中，人的社会关系是属于一个整体的感觉；在社会中，人的关系是利益平衡感觉。总之，不管是滕尼斯、涂尔干还是韦伯，其描述的共同体都是一群"相同身份"的人在"共同地域"、基于"共同思想"形成的"统一体"，"共同性"成为共同体的基本标识。①

五　学习共同体理论②

关于学习共同体研究成果丰富，有从班级教学视角出发论述的，如学习共同体是指在班级教育活动中，以共同愿景、价值和情感为基础，以真实任务为核心，师生、生生之间持续的、深层的合作和互动，共同成长、共同进步的学习组织与精神追求。③ 也有从教师学习视角提出学习共同体建设的文献，④如美国著名学者舒尔曼的六元素共同体：愿景、动机、理解、实践、反思、社群；⑤ 荷兰著名教师教育专家科瑟根六个层面共同体：环境、行为、能力、信念、专业认同、使命；⑥ 哈姆内斯等人出了一个教师共同学习的框架：愿景、教学理解、态度立场、实践、工具和资源⑦等。这些文献分别从构成主体、功能、系统等要素出发，结论具有如下特点，如图2—1所示。

实际上，当代学习共同体是以共同体概念为发展基础，它继承了现代共同体"脱域""协商""多重互嵌""异质"等特征，又添加了当代信息技术和学习理论的核心要素，如建构协商、平行学习、混合学习、深度学习等学习理念发展出"泛在""扬弃""高阶"等新特质。

---

① 赵健：《学习共同体》，博士学位论文，华东师范大学2005年，第13页。
② 纪河、朱燕菲：《继承与创新：由共同体走向学习共同体》，《中国远程教育》2019年第10期。
③ 潘洪建：《"学习共同体"相关概念辨析》，《教育科学研究》2013年第8期。
④ 朱利霞、董子啸：《一个"教师学习共同体"的效能研究》，《教师教育学报》2014年第5期。
⑤ Shulman L., Shulman J., "How and What Teacher Learn: a Shifting Perspective" *Journal of Education*, Vol. 36, No. 2, 2004, pp. 257-271.
⑥ Korthagen. F. A., CommentaryProfessionalLearningfromWithin., *Studying Teacher Education*, 2009, Vol. 5, pp. 195-199.
⑦ Hammerness K., Darling-Hammond L., Bransford J., Berliner D., Cochran-Smith M., Mcdonald M., Zeichner K., "Preparing Teachers for a Changing World: What Teachers Should Learn and Be Able to Do", *Jossey-Bass*, 2005, pp. 358-389.

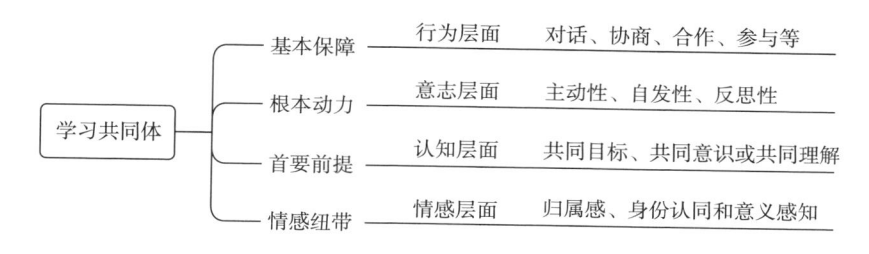

```
                  ┌─ 基本保障    行为层面    对话、协商、合作、参与等
                  │
                  ├─ 根本动力    意志层面    主动性、自发性、反思性
    学习共同体 ───┤
                  ├─ 首要前提    认知层面    共同目标、共同意识或共同理解
                  │
                  └─ 情感纽带    情感层面    归属感、身份认同和意义感知
```

图 2—1　学习共同体的核心要义

第二节　教师学习共同体理论

从教师发展的视角，教师学习共同体给我们带来了许多启示：教师发展的最大动力来源于内心的专业自尊，教学学习的方法要实用有效，教师共同体的构建要平等协商，教师学习共同体的功能要去评价化。

一　教师学习共同体发展阶段理论[①]

有研究认为，教师学习共同体经历了三个阶段。第一，"共同体与+共同体"阶段。共同体思想早已有之，从我国古代的"大同"思想到柏拉图的"理想国"，都洋溢着共同体的观念。当代杜威的《民主主义与教育》所倡导的共享的文化，联合国教科文组织所提出的合作学习等都是共同体观念的表达。但真正作为学说的共同体思想要从德国社会学家滕尼斯（Ferdinad Tonnies）的《共同体与社会》算起。在这本书里，滕尼斯阐释了血缘共同体、地缘共同体和精神共同体。这些共同体不仅仅是部分之和，也是有机浑然的整体。这可以算作是经典的共同体含义。到了吉登斯（Anthony Giddens）的《现代性的后果》和《第二条道路》中，共同体远离了密集的人群和共同的地域，走向了"脱域"具有现代性共同体含义时期。他说："现代性的一个特点是远距离发生的事件和行为不断影响我们的生活，这种影响正日益加剧。这就是我所说的脱域（dis-embdeding），即从生活的形式内'抽出'，通过时

[①] 金建生，王淑莲：《发达国家中小学教师协同学习共同体实践特征探究》，《外国中小学教育》2017 年第 3 期。

空重组,并重构其原来的情境。"①

由此,共同体思想步入发展快车道,出现了许多某某共同体的概念建构,形成了"+共同体"时代。如波兰尼(Michael Polanyi)的科学共同体(Scientific Community)概念以及库恩对此概念的深化:范式是科学家共同体成员们的共同信念,共同的做事模式和思维方式。再如,《情境认知:合法的边缘性参与》以及《实践共同体:学习、意义和身份》中提到的实践共同体,强调所有成员在长期追求相互理解中形成的共享的信念,并在此过程中持续不断地发展自己的知识和专长。② 现如今,某某共同体如雨后春笋,名目繁多。这些共同体要么以组成的人员命名,如教师共同体,学生共同体等;要么以从事任务命名,如学习共同体、研究共同体、互助共同体等;要么以联结的手段或形式命名,如网络共同体、虚拟共同体等。

第二,共同体概念发展与泛化阶段。随着共同体观念的深入人心,人们忘记了"共同体"原初的话语体系与立论原点,纷纷从字面的"感觉"入手,阐释自己理解的共同体内涵。比如,合作、共享、群体、社区、联合、依赖等。这样,共同体的概念无论在内涵还是外延上都得到了深化和扩展。人们开始把具有共享的目标、一致的身份认同和归属感等作为共同体的核心理念。随着信息技术的发展,网络成为人们联系的纽带,以分享信息、虚拟身份的共同体也纷至沓来。实际上,从目前国内外的文献看,共同体概念泛化现象十分普遍,人们混合使用共同体的核心内涵外加臆造的扩展外延。如波普林特(D. E. Poplin)将共同体定义为社区、群体以及在行动上、思想上遵守普遍接受的道德标准聚合在一起的团体。③ 米切尔·波兰尼也认为"由专业科学家构成的

---

① [英]安东尼·吉登斯:《现代性与自我认同:晚期现代中的自我与社会》,夏璐译,中国人民大学出版社2016年版,第17—21页。

② Wenger E., "Communities of Practice: Learning, Meaning and Identity", *Continuing Success in Knowledge Management Apqc International Benchmarking Clearinghouse*, Vol. 6, 1998, pp. 148-163.

③ R BMD Grimes, "Communities: A Survey of Theories and Methods of Research. by Dennis E. Poplin", *Contemporary Sociology*, Vol. 9, No. 4, 1980, pp. 526-527.

不同的科学家群体从事科学研究就是科学共同体"①。另外，圣吉的学习型组织也是共同体泛化的结果。圣吉描述的学习型组织无限美好："那里，人们为了创造自己真心渴望的成绩而持续拓展能力；那里，各种开阔的新思想得到培育；那里，集体的热望得到释放；那里，人们不断地学习如何共同学习。"② 随着共同体理论在学校教育领域的流行，注重学生学习的专业共同体概念得到发展。霍德强调专业学习共同体"是由具有共同理念的教师和管理者构成的团队，他们相互协作，共同探究，不断改进教学实践，共同致力于促进学生学习的事业"③。显然，不同领域的研究者都会根据自己的立场再概念共同体内涵。持社会学立场的研究者倾向于社团、群体的定向；持教育学立场的研究者倾向于共同的学习和发展。持学习心理学立场的研究者倾向于一种开放的学习环境的构建。持组织行为学研究的学者秉持共同体是一个学习型组织的理念。在政策和实践领域，各国早期都泛化地使用共同体概念，如英国的"教师教育中心运动"以及"教师伙伴学校"；美国的"教师专业发展学校标准运动"、德国的"师徒结对"活动、日本的"教育研修中心"项目等。

协同共同体，回归本体阶段。"协同"不是协作，也不是合作。协作强调有主次的相互配合、步调一致而共同完成目标任务。合作的外延更加广泛，在语境上也强调层次高、关系密、范围广，在意指上强调分工，各自完成一个任务的部分，从而完成整体，强调效率和经济。而协同则强调在一起就某一目标的实现而共同工作，实现整体大于部分之和的协同效应。"协同"概念的兴起要归功于哈肯教授的协同学，强调系统之间的关联性、系统由无序到有序的协同变化自组织性。④ 祝智庭教授认为，协同学习是各个学习要素，包括认知主体和客体及其交互形成

---

① Michael Polanyi, *The Logic of Liberty: Reflections and Rejoinders*, Chicago: University of Chicago Press, 1952, p. 53.

② [美] 彼得·圣吉：《第五项修炼：学习型组织的艺术与实践》，张成林译，中信出版社2009年版，第6页。

③ Hord S. M., "Professional Learning Communities: Communities of Continuous Inquiry and Improvement", *Change Strategies*, Vol. 71, 1997.

④ [德] 赫尔曼·哈肯：《协同学：大自然构成的奥秘》，凌复华译，上海译文出版社2005年版，第6页。

的学习场之间的协同关系与结构产生的增效活动。① 在共同体前面加上协同实际上是限定了共同体的内涵,回归到滕尼斯"不仅仅是部分之和,也是有机浑然的整体"这样的共同体意蕴:"通过统一地对内对外发挥作用而形成的积极群体。共同体形成的基本条件是由个体意志决定的、相互发生关系的群体;对内对外发挥作用是共同体的功能,现实有机的生命是共同体的本质。"② 如英国的"培养下一代卓越教师""教学与学习:专业发展战略""学习设计支持环境"(Learning Design Support Environment for Teachers and Lecturers)以及布里斯托尔大学(Bristol University)、巴斯大学(Bath University)、英国教育协会(The Institute of Education)、伦敦大学(University of London)等倡导的有效专业学习共同体项目(The Effective Professional Learning Communities),美国的"卓越教师专业标准""教育政策研究联盟"(The Consortium for Policy Research in Education)、德国的"卓越教师教育计划"以及澳大利亚的"政府优秀教师计划""智能教室"(smart classroom)"智能教研室"(smart teacher office)"教师发展与在线学习"(Faculty Development and Online Learning)。

二 教师学习共同体常用的学习形态理论③

教师学习共同体常用的学习形态很多,研究中主要集中在设计学习、体验学习、分布式、情境学习等学习方式的研究上。

设计学习(Design-Based Learning/Learning By Design)源于但超越了杜威做中学(learning by doing)思想,整合了动手做(Hands-on)、在制作中学习(Learning by Making)等模式,最早由佐治亚理工学院克罗德纳(Kolodner J. L.)在 1996 年提出。他说:"将我们所学的知识通过语言表达出来并运用到实践中之前是需要经过多次的循环设计才

---

① 祝智庭,王佑镁,顾小清:《协同学习:面向知识时代的学习技术系统框架》,《中国电化教育》2006 年第 4 期。

② [德]斐迪南·滕尼斯:《共同体与社会》,林荣远译,商务印书馆 1999 年版,第 48—76 页。

③ 金建生,王淑莲:《发达国家中小学教师协同学习共同体实践特征探究》,《外国中小学教育》2017 年第 3 期。

能实现。"①

其理论主要基于帕珀特（Papert）的建造主义思潮。建造主义与建构主义一脉相承，但强调在学习者有意识地参与到建构公共实体的情境时——无论它是沙滩上的一个沙堡，还是关于宇宙的理论，学习尤其容易发生。学习最容易发生在学习者通过对事物的操作，如操作电脑程序、积木等并进一步地拓展以及与人分享时。②

开放性是设计型学习有别于其他一些学习方式的明显特点：(1) 学习者的开放性。(2) 学习领域的开放性。(3) 学习资源的开放性。(4) 学习环境的开放性。同时，设计学习还具有多学科的整合性、迭代性、反思性等特点。如美国卡勒（Koehler）等开展的"教师发展与在线学习"（Faculty Development and Online Learning）项目，提出"通过设计学习技术"（Learning Technology by Design）来克服教师信息技术培训中存在有效性不高的问题。在培训中，教师们结合真实的教学任务，利用特定的信息技术设计教学产品，并形成可以实施的教学策略。③

再如英国学习设计支持环境（Learning Design Support Environment for Teachers and Lecturers，以下简称 LDSE）项目也是具有设计学习意味的在线教师发展探索项目。该项目旨在为教师营造学习设计的支持环境并最终促进教学效率提升和教师专业发展的重大教育课题和创新。利用 LDSE 项目所提供的网络系统就可以培育一个几乎包含全英国教师的学习设计合作共同体。④

毫无疑问，体验学习的观点也离不开杜威基于经验的学习。但与杜威强调的不同，体验学习的体验是人们对其经验的评判、思考及其与其他经验的联系活动。把学习看作是知识经过体验转化并创造知识的过程

---

① Kolodner J. L., Crismond D., Gray J. T., et al., "Learning by Design from theory to practice", Proc. Int. Conf. Learning Sci. (ICLS 98). 1998.

② Kafai, Yasmin B., *Constructionism in practice*, New York: Lawrence Erlbaum Associates, 1996.

③ Koehler M. J., Punya M., "Teachers learning technology by design", *Journal of Computing in Teacher Education*, Vol. 3, No. 12, 2005, pp. 96-102.

④ Wasko M., Fara J. S., "Why should I share? Examining social capital and knowledge contribution in electronic networks of practice", *Mis Quarterly*, Vol. 29, No. 1, March 2005, pp. 35-58.

就是体验学习。① 大卫·库伯（David A. Koll）是体验学习的集大成者。他认为体验学习是由具体体验，经反思观察、抽象概括与行动应用并再回到具体体验所组成的完整过程。按照库伯的说法，我们获取的体验有两种，一种是具体体验，另一种是领悟概括。在具体体验中，我们接触到周围的真实环境，获得感知；在领悟概括中，我们运用已有的认知通过抽象来获取经验。具体体验架起了社会知识向个人知识转化的桥梁，领悟概括实现了个体知识和技能的普遍原理。柯林等人强调学习建立并源自体验：不论刺激来源于教师、材料、有趣的机会还是别的什么，只有当学习者进行了体验，学习才会发生。只有通过转化学习者的体验，这些外部影响刺激才能起作用。显然，与联结学习、观察学习等不同，体验学习更强调学习具有情境性、行动性、感悟性、反思性、主体性、知识创造性和学习原点性特征，不仅适合于文字编码的良好结构学习，也适合于属于结构不良领域的高级学习。在具体的学习过程与策略研究中，柯尔保（Kolb）认为人类的学习不同于动物学习，一般可以描绘成一个四阶段的循环圈，即具体体验——观察与反思——形成抽象概念和普遍原理——在新情境中检验概念的意义。② 也有学者认为任何体验性学习都具有五个阶段，即专注、行动、挑战、支持/反馈、汇报。③《2016年美国国家教育技术计划》具有浓厚的体验学习特点，该计划共包含学习、教学、领导力、评价和基础设施五大部分。其内容框架的核心部分设立的目标是：赋予所有的学习者参与正式和非正式情境中的学习体验，帮助他们在全球化的互联社会中成为活跃的、创造性的、知识渊博的和符合伦理道德规范的参与者。④ 新加坡的专业学习共同体（Professional Learning Community，PLC）是当前新加坡教师专业

---

① Burnard P., "Experiential learning: Some theoretical Considerations", *Journal of Lifelong Education*, Vol. 7, No. 20, April 1988, pp. 127-133.

② D. Kolb, *Experiential Learning: Experience as the Source of Learning and Development*, Upper Sadle River: Prentice Hall, 1983, pp. 127-133.

③ L. Joplin, "On Defining Experiential Education", *Journal of Expcricntial Education*, Vol. 4, No. 1, 1981, pp. 17-20.

④ Peng X. U., Liu Y. H., Wang Y. N., "Future Ready Learning: Reimagining the Role of Technology inEducation——An Analysis of 2016 U. S. National Educational Technology Plan", *e-Education Research*, 2016.

发展的主要项目，它通过学习环（Learning Cycles）、教师领衔工作室（Teacher-led Workshop）、TN年度会议、幸福工程、TN网站、发表等活动让教师在体验中学习成长。[1]

从学习理论看，分布式学习来源于分布式认知。与认知学习秉持内部表征是个体认知活动的全部不同，分布式认知强调认知分布于个体内、个体间、媒介、环境、文化、社会和时间等之中。也就是说学习是在人和环境的系统中，通过与环境、与他人的交互作用来建构自己的知识。从认知工具看，分布性认知包括两个维度：物质和社会。物质维度即人在认知活动中所利用各种工具制品。社会维度指人在完成某种认知活动中借助的认知资源。

从认知模式看，其一"分布"强调认知不一定集中在某个地方，而是分布于多个影响认知的元素中；其二，"分布"也有分享之意，在人们的认知活动中分布于各处的认知元素在认知活动中分享任务，共同发挥作用从而达成共同目标；其三，分布式学习是以学习技术为基础的，既可以是同步的，也可以是异步的。[2]

Gardner及Hatch就教学提出了分布式认知的同心圆模型。同心圆模型中的三个圆表示三种力，最内层是个人力，即个人在认知中的作用，是分布式认知的核心。中间层是地域力，它强调认知活动发生的具体情境或环境，直接影响认知个体。最外层是超越特定情境的文化力，它间接影响个体的认知活动。总体看来，分布式学习具有如下特点：一是技术支持性，网络环境现在成为分布式学习的重要环境。二是交互性，人与人，人与社会，人与技术，人与知识相互协商，共创新的建构。三是开放性，学习主体、学习环境、学习资源、学习过程、学习结果、学习管理都具有不确定性和信息的交换性。四是学习者中心性，为了学习、在学习中、学习结果用于学习等是分布式学习的重要特征。如芬兰为在职教师制订了一项长期的发展计划（in servicers training for teachers projects）通过电子邮件列表、个人电子邮件讨论和聊天会话这

---

[1] Salleh H., "Action research in Singapore education: Constraints and sustainability", *Educational Action Research*, Vol. 14, No. 4, 2006, pp. 513-523.

[2] Patrick Pluscht, "Distributed Learning: The Wheels areTurning", http://www.unt.edu/UNT/department/CC/Benchmarks/jafbmr98/distlem.htm.

些方式开展远程分布式学习。分布式学习共同体中的教师在实际教学过程中或者学习中遇到问题时可以随时以电子邮件或者网上聊天会话的方式向指导教师以及同组成员咨询。[1]

再如澳大利亚的"智能教室"（smart classroom）项目，为师生学习创建了灵活的具有交互式电子白板、装有学习资源和软件的微型电脑、视频会议、摄像头、屏幕和投影系统以及桌上触摸屏等新型多功能教室，为教师和学生的分布式学习提供技术支持。

情境学习与传统知识观把知识看成是能打包的（package-able）、自给自足的实体，可由教育者传递给学习者观点不同，该理论强调知识的本质是人们通过行为的变化，去适应不断变化发展的环境的能力，这种能力的获得必须是人与情境之间动态相互作用的过程，是基于社会情境的一种活动。乔姆斯格瑞强调情境学习的认知旨趣是从有效的参与探究和对话的实践来看什么是有效学习的。[2] 雷斯尼切则从反思视角批评学校实践存在着知识与生活情境相脱离的缺憾，提出重视学习的具体性、合作性和情境性等特性。[3] 情境学习的集大成者莱夫从研究裁缝、产婆、航海家等日常学徒入手，出版了《实践中的认知：心理、数学和日常生活文化》《日常认知：社会情境中的发展》《理解实践：活动与情境的观点》《情境学习：合法的边缘性参与》等书籍。

随后，情境学习的观点蔓延开来，在实践领域，特别是教师教育领域获得广泛认同，基于情境学习的各种策略被开发和实验。其中海明顿等人提出了情境学习的九大要素最为有名：（1）提供真实的学习场景；（2）真实的学习活动；（3）提供接近专家及其工作过程的机会；（4）提供多元化的角色和视角；（5）通过协作构筑知识；（6）借助反思形成抽象思维；（7）借助表达令知识清晰化；（8）教师在关键时刻提供的

---

[1] Mestre, Jose P., "Implications of research on learning for the education of prospective science and physics teachers", *Physics Education*, Vol. 36, No. 1, 2001, p. 44.

[2] Greeno G., Collins M., Resnick B., Dc Berliner & Rc Calfee, "Cognition and learning", *Handbook of Educational Psychology*, 1996, pp. 15-46.

[3] [美] 戴维·H. 乔森纳：《学习环境的理论基础》，郑太年等译，华东师范大学出版社 2002 年版，第 78 页。

指导与支架；（9）在任务中整合对学习的真实性评估。[1] 在此基础上，许多实践研究取得成就，如美国的《贾斯珀系列——基于情境认知的美国数学学习案例》"地理儿童网络学习""基于 Blog 的教师专业发展共同体"等远程学徒项目、可视化协作等共同体项目取得很好的实践效果。

三　教师学习共同体实践模式理论[2]

第一，共享领导模式。教师学习共同体运行需要领导和管理，而共享领导是其典型特征。不管是佐藤学教授在日本的"学习共同体"实践模式，还是美国"西南教育发展实验室"主持的教师"专业学习共同体"、郝德等人推广的"持续探究及改善的共同体"、中小学的教师读书会形式、大学与中小学合作伙伴关系模式、英国的"学习设计支持环境项目"，澳大利亚的"智能教室"模式，新加坡的"教师专业学习共同体"项目等模式在运行管理中都秉持的是共享领导模式。共享领导强调不论是大学和中小学发起的共同体，还是基于项目结合的共同体以及校校联结的共同体，甚至行政维系的共同体都不具备单一的领导人和领导权。共享领导不是要排斥领导，也不是不要领导者，而是强调教师学习共同体全体人员的高素质、任务型、专业性以及教师知识和技能的不确定性都需要分享的领导模式组织和协调。一般说来，其运行机理是发起者组织起的一个较为松散的领导团队，提出学习愿景，其他参与者基于需要和兴趣参与其中，对愿景进行讨论和修正。在这个过程中会出现许多非正式领导，也就是专业领导，慢慢地团队的核心领导集团就会出现，他们凭借自己的专业智能和个人人格魅力维系着共同体的运行，并随时会产生新的领导集体，这种人人都可能和人人都需要的领导方式充分调动了团队成员的学习积极性，也最大限度地凝结了组织愿景和组织行动。当然这种领导模式也需要强烈的外部社会支持，

---

[1] Herrington J., Oliver R., "An instructional design framework for authentic learning environments", *Educational Technology Research&Development*, Vol. 48, No. 3, September 2000, pp. 23-48.

[2] 金建生、王淑莲：《发达国家中小学教师协同学习共同体实践特征探究》，《外国中小学教育》2017 年第 3 期。

特别是人力、物力和财力的支持。其核心理念是在一个学习专业共同体中,学习者都是具有专业知能的能动性较强的专业人员,一个人人参与的分布式领导机制能调动团队成员实现共享的愿景,达成人人自我实现的可能。

  第二,问题解决模式。由于教师学习共同体在价值观上提倡教师教育性人格养成,在知识观上倡导后现代主义的主观知识论,在团队组织上遵循开放、自为的组织原则,在领导方式上推崇共享,因此,问题导向学习(Problem-Based Learning,简称 PBL)就成为团队学习的重要载体。一般说来,教师学习共同体学习的问题主要来源与教师日常的教育教学实践活动,都是自己尝试解决而不得解决的棘手问题,具有真实的情境性、复杂性和可探究性。比如英国"教师继续发展中心"项目,其学习议题是中心任何成员都可以提出的,只要经过其他 4—6 个成员的附议就可以成为本期学习主题,形成大学教师、中小学教师间的联合学习。[1] 再如大家都熟悉的日本佐藤学教授发起的"基于协同学习的教学改革项目"通过来自一线教师的实践"课例"作为问题学习的切入口,让教师研究的问题最大化聚焦在课堂教学中,极大地提高了教师对课堂教学的微观认识。新加坡于 80 年代就致力于教师专业学习共同体项目(Professional Learning Community,PLC)的推广,其中 2000 年开始实施教师网络项目(Teachers' Network,TN)。其最具特色的是"学习环"(Learning Cycles)问题导向学习模式。学习环由四到十名教师组成,教师相互之间是共同学习者(Co-learners)、批判的朋友(Critical Friends)就课堂实际问题展开交流和讨论。问题解决和讨论围绕识别问题、改善计划、实施、结果观察和反思五个步骤进行,这样就让教师们在问题解决过程中重新找回学习者的身份。[2] 一般说来,问题导向的学习主要聚焦于一个真实的有价值的问题,具有开放性、劣构性、实践性、可操作性特征,通常通过 7 个步骤完成:一是提出问题(en-

---

[1] London: University and College Union, "UCU branch briefing on the FE White Paper, Further Education: raising standards, improving life chances", http://www.ucu.org.uk/media/pdf/6/o/ucu_fewhitepaper_branchbrief.pdf.

[2] Goddard B., "International Handbook on the Continuing Professional Development of Teachers", *Open University Press*, Vol. 30, No. 2, June 2004, pp. 325-352.

countering the problem）；二是使用临床推理方式进行问题解决（problem solving with clinical reasoning skills）；三是用互动讨论的方式厘定学习需求（identifying learning needs in an interactive process）；四是利用有效资源获得与问题相关的知识（applying related resources gained knowledge to the problem）；五是对于问题解决中所学到的知识和技能作总结（summarizing what has been learned）；六是学习者分析和评估信息和管理资源（evaluating the values of information resources and analyzing the management plans by students）；七是进行学习成果展示和反馈（feedback）。

第三，混合学习模式。混合学习成为发达国家教师学习共同体惯常采用的学习手段，特别是在互联网链接到所有教室、所有办公室以及互联网互动交互学习平台的大力开发和利用的现实背景下。便捷、松散、开放、共享、交互、匿名成为学习共同体最青睐的学习手段。新加坡的教师网络项目（Teachers' Network，简称：TN）学习通过教师网络、智慧教室建设组成互联互通的线上线下学习团队。澳大利亚中小学的"智能教室"（smart classroom）项目，为师生学习创建了灵活的具有交互式电子白板、装有学习资源和软件的微型电脑、视频会议、摄像头、屏幕和投影系统以及桌上触摸屏等的新型多功能教室，为教师和学生的协同学习提供便利。美国中小学的教师读书会模式的教师协同学习也采用网上交流，展示读书心得，相互支持鼓励，分享成果的混合学习方式。其中"书"是网上提供的，在线提供，"读"是个人行为，可以线上也可以线下阅读，"会"是共享行为，先是网上互动交流，然后线下聚会互动。英国学习设计支持环境（Learning Design Support Environment for Teachers and Lecturers，简称：LDSE）项目是在线教师发展探索的代表项目。LDSE项目具有明确的混合学习特征，首先是在目标设计上，主要针对一线教师关注的教学设计问题进行开放性学习，人人都可以参与。其次是开发用于教师和学生学习的在线学习工具。再次是探索有效的混合学习的理念、原则、学习框架和模式。最后是基于Web 2.0网络技术，搭建学习设计开发、共享、讨论、反思和创新的平台，创建在线教师专业发展共同体。

第三节 城乡教育一体化理论

城乡教育一体化理论包括了城乡教育统筹治理理论、城乡教育一体化治理理论两个理论。其中，城乡教育统筹治理理论从方法论视角强调城乡教育应该由权利主体运用统筹的方法进行资源管理，从而实现善治的目的。也就是需要政府为统筹主体，资源为统筹客体，运用可预测的科学统筹方法使受教育机会、教育过程、教育结果等方面达到城乡均衡和城乡一体化的结果。城乡教育一体化治理理论则更加激进一步，强调从治理的对象上视城乡为一体，在治理过程中一视同仁，在治理结果上实现城乡教育一体化。两种理论各有千秋，需要实事求是，因地制宜的创造性应用。

一 城乡教育统筹治理理论

教育统筹是指国家各级教育主体通过自上而下的谋划促使各个下级部门共同完成教育均衡发展任务的运作过程。统筹思想的核心是优化资源布置，协调资源使用，统一目标和任务，督促各方齐心协力。显然，在城乡教育一体化发展中，系统需要在更大系统内协调才可以完成任务。

城乡教育统筹治理是在统筹治理理念与方法论的指导下，在城与乡、城与城中乡两个空间维度，通过过程性手段的统筹治理，使受教育机会、教育过程、教育结果等方面达到城乡均衡和城乡一体化。[1]

城乡教育统筹治理理论的理论基础是社会学中的治理理论，管理学中的系统协调理论，目的是将城乡教育中的主体、资源、信息、治理目标等要素有机结合，形成了比较有效的新理论。从国家层面看，党的十六大提出了统筹城乡经济社会发展的重要战略思想，也提出了"五个统筹"的科学发展观；在地方实践层面，陆续出台了"国家统筹城乡教育综合改革实验区"就是很好的实验。例如教育部分别与成都市、湖南省共建"国家统筹城乡教育综合改革实验区"等。从历史

---

[1] 周晔，王晓燕：《城乡教育统筹治理：概念与理论架构》，《教育研究》2014年第8期。

发展看,农村教育综合改革有"明确'三教'协调发展的任务目标,建立'三教统筹'的管理体制,观照'教育短板'和重视'三教'资源统筹的'三教统筹'"典型经验。从这个典型经验出发,跳出农村,在更大的区域内,例如县域、市域的教育统筹就是更好的利用资源的发展。[①]

二 城乡教育一体化理论

"城乡教育一体化是指统筹城乡教育发展,整合城乡教育资源,打破城乡二元经济结构和社会结构的束缚,构建动态均衡、双向沟通、良性互动的教育体系和机制,促进城乡教育资源共享、优势互补,推动城乡教育相互支持、相互促进,缩小城乡之间的教育差距,有效消除地域、经济等原因导致的教育不均衡问题。"其核心要点就是在系统论的指导下,使区域城乡教育成为一个整体,实现互补互促、协调发展的目的。

目前学者们主要集中在教育公平理论、系统论与控制论、共同体理论、城市发展理论与和谐社会理论等研究上。就城乡教育一体化的主要模式,学者们检视了基于网络教学平台的城乡互动教学模式、教研推动型模式、面向市场的订单培训模式、集团式发展模式、链式发展模式、雪球发展模式、集群式发展模式、城乡学校互动发展联盟八种模式。

第四节 城乡教育共同体的理论与实践

城乡教育一体化理论的典型模式就是城乡教育共同体。一些学者的研究和地方实践表明,城乡教育共同体的构建与实践是实现城乡区域教育均衡发展的有效途径之一。毫无疑问,城乡教育共同体的理论基础是滕尼斯的共同体与社会以及韦伯(Max Weber)的共同体社会关系理论,包括中国的费孝通先生的乡村共同体理论。现代意义的共同体其实

---

① 周晔,王晓燕:《城乡教育统筹治理:概念与理论架构》,《教育研究》2014年第8期。

强调的是目标一致的社区、组织或团体,既有地域上的界限,也可以是跨地域或者是虚拟空间内的社区。无论共同体概念如何发展,今天的共同体都会在形式和内容上进行重构,如城乡共同体、教育共同体等。这些不同背景和情境下形成的共同体有着自己的内部属性,但同时也有共同体所共有的特点。首先,共同体成员必定是为共同的目的而集合的,这是共同体建构、运作和活动的关键。其次,共同体成员在共同的实践中获得了彼此身份认同,具有共同的归属感。最后,共同体的形式和空间不拘一格。对于一个共同体来说,其成员拥有共同的目标和追求,但这并不意味着他们一直会发出和谐一致的声音,没有任何矛盾和冲突。相反,共同体中需要多样化的存在,即在个体之间的矛盾与不同中找寻问题和出路,在冲突的解决与多样化的探索中达成共同的目标。①

一 城乡区域基础教育均衡发展共同体的整体架构

王继新等构建了城乡区域教育共同体整体架构,认为区域基础教育均衡发展共同体是通过互联网支持实现城乡互联,在城乡优质教育资源共享的基础上促进城乡教师和城乡学生的经验交流与隐性经验知识传递,进而推动城乡基础教育质量的整体提升。② 首先,利用互联网构建城市学校和乡村薄弱学校及教学点的学校共同体,使城市学校优质数字教育资源和师资通过互联网引入乡村。再进一步,由教育行政部门主导,将区域内教学共同体形成一个学校共同体。最后,在区域学校共同体建设的支持下,以城乡教学共同体为依托促进城乡教师和学生之间的交流,进而建立城乡教师共同体和城乡学生共同体,使他们在合作交流与实践探究中主动建构知识,并在这一过程中促进城乡教师的专业发展和城乡学生的共同成长,如图2—2、图2—3、图2—4所示。③

---

① 张康之,张乾友:《共同体的进化》,中国社会科学出版社2012年版,第10—14页。
② 王继新,吴秀圆,翟亚娟:《共同体视域下的区域基础教育均衡发展模式研究》,《电化教育研究》2018年第3期。
③ 王继新,吴秀圆,翟亚娟:《共同体视域下的区域基础教育均衡发展模式研究》,《电化教育研究》2018年第3期。

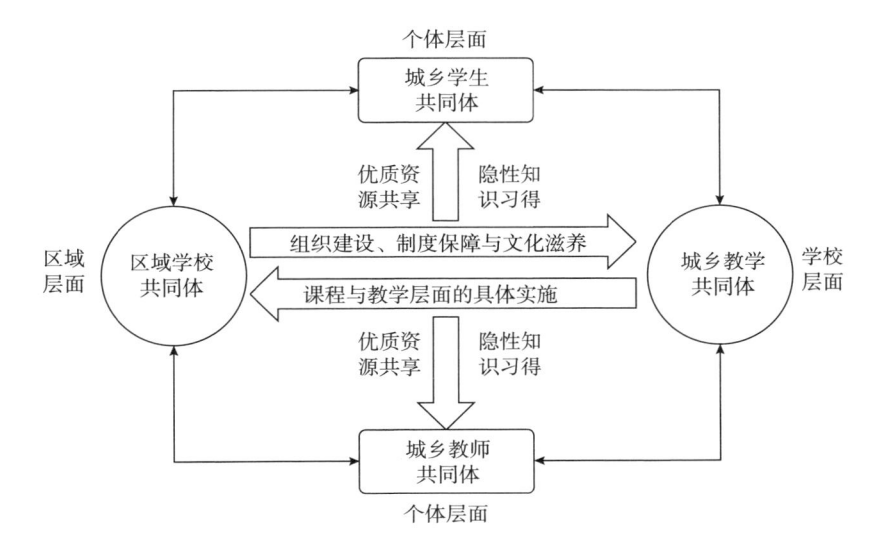

图 2—2　区域基础教育均衡发展共同体的基本架构

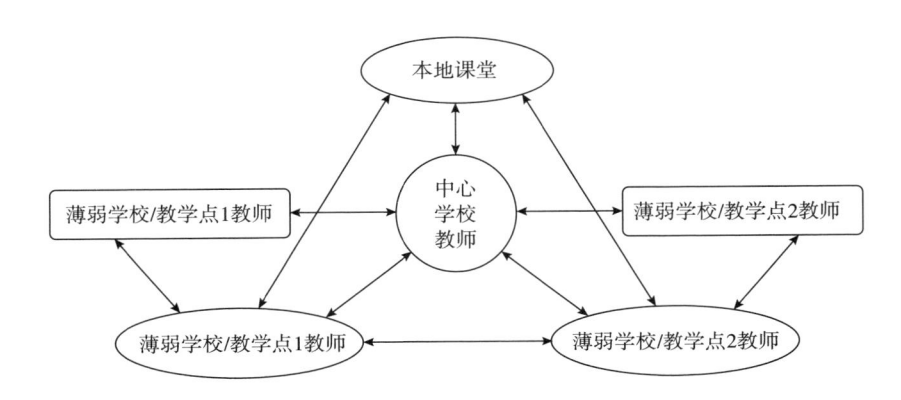

图 2—3　城乡教学共同体的基本架构

二　大数据支持的乡村教研共同体建构

张志国，金建生等从大数据角度建构了乡村教师区域教研共同体模式并展开了实践活动。①

---

① 张志国，金建生：《基于大数据支持的乡村教师区域教研共同体模式构建初探》，《软件导刊（教育技术）》2019 年第 11 期。

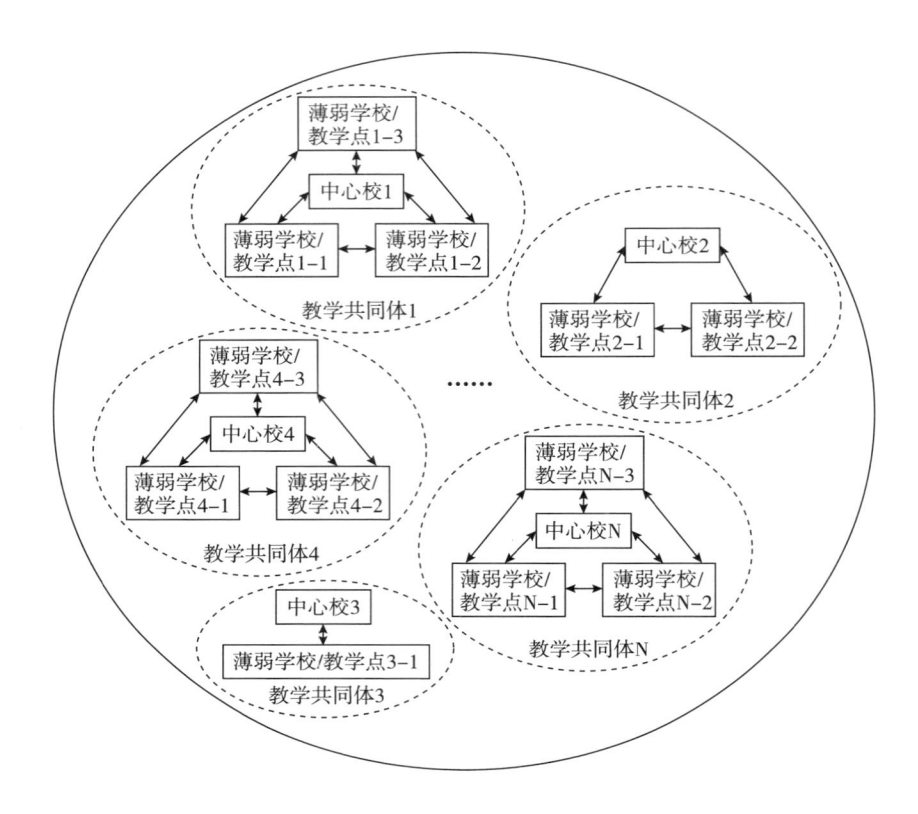

图 2—4　区域学校共同体的基本架构

从主体构成上讲，乡村区域教研共同体主要由基层教研组（数学教研组、语文教研组）、学校督研组、学区助研组构成。其基本运行机制是：基层教研组提出实际问题，自主学习；学校督研组设计学习计划，监管全程；学区助研组帮助基层教研组解决问题、提出导学建议，召开研学会议，总结经验。

从支持主体上讲，乡村区域教研共同体主要由基层教研组教师成长动力支持、学校领导评价支持、学区教研共同体专家支持等。

从支持体系上讲，乡村区域教研共同体主要由交互支持体系（学习交互、情感交互）、管理支持体系（教育、环境管理）、技能支持体系（一般技能、核心技能）、资源支持体系（课程资源、专家资源、信息资源）、反馈支持体系（信息收集、评价体系）

这样，我们可以利用现有资源，整合出一套大数据支持的乡村教师区域教研共同体支持模型,如图2—5所示。

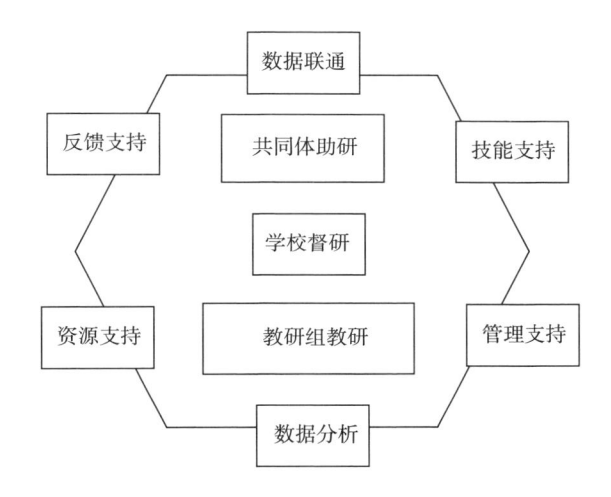

图 2—5 大数据支持的乡村区域教研共同体模型

大数据支持的乡村区域教研共同体模型运转机制如下:

第一,大数据联通,构筑虚实结合学习社区。所有关于学习的理论都认为,学习是主体和客体交互作用的结果,只不过对主体与客体的边界以及主客体交互方式理解不同。在大数据环境下,联通主义强调学习发生于主体内部神经元联结和基于分布式知识库的外部联结。主体的内部信息处理联结、外部信息可用性联结和内外部交互联结影响学习的结果。作为乡村教研共同体首先应该是信息连接的共同体,而不只限于面际连接共同体。因此,乡村教研共同体应该踏上大数据联通的快车,采取一定的措施,实现大学图书馆、教育局教科院教师进修学校的教研网络、中小学学校网络、学科教研专家、大学教研专家的数据联通。在联通的环境中,乡村教师可以自由上网、自主学习、社区学习等。当然,有组织的乡村区域教研联盟应该是成立网上社区,以一定的虚拟社区特征构成教研共同体。

第二,三主体分工,大数据驱动深度教研。所谓三主体分工,就是乡村教研共同体的组织方—中小学教研组、中小学教研室—教育局区域联盟(区域教研共同体)在大数据环境下,依旧要发挥组织优势,起到分工负责、平稳运行教研活动的作用。当然，大数据环境下，乡村教研共同体首先是一个虚拟共同体，一个网络社区，大家在网络空间里一起讨论基于真实教学的问题。这种学习的虚拟性可以消除学习者的心理压力，使得讨论的问题更加实际和深入。当然，学校教研组应该更加积极主动，把教学中存在的问题抛到网络社区中，当有问题引起共鸣时，学校教研室以及区域教研专家应该积极介入，匿名或公开地提出各种建议。这就需要二级组织教研室和一级组织区域共同体专家起到心理、知识、问题解决策略的引领。也就是说，把实体组织中的领导作用巧妙化解为网络组织中的影响作用。

所谓大数据驱动就是利用互联互通的数据分析，精准地进行学习分析。有研究认为，学习分析的技术可分为学伴关系分析、学习内容分析、学习行为分析、学习能力分析、学习情感态度分析等。利用学习分析技术，可以有效清洗数据，获得较为准确的数据判断，以便有效解决学习中的主题问题、兴趣问题，化解教师学习倦怠问题。利用学习分析，可以了解共同体中教师与教师之间的学习趋向、问题所在，解决真学习的问题；也可以让教研专家关注共同体学习过程，有效指导共同体学习开展，有的放矢，使教研活动深入到问题中，解决表层学习问题。

第三，闭环运行，大数据反馈，面际强化学校效果。在大数据联通的环境下，数据采集、数据分析、数据应用成为可能。同时这种环境也是一种能感知学习情景、识别学习者特征、提供合适的学习资源与便利的互动工具、自动记录学习过程和评测学习成果的智慧学习。智慧学习的特征是精准指导，需要教研专家、其他教师的精准反馈。我们可以采取闭环运行的思路，把数据分析结果运用到精确指导中。当然，在确定重大教研问题后，也需要及时采用面际开会的形式。这种做法发达国家已经开始，如英国的"教师教育中心运动""学习设计支持环境项目"、美国的"地理儿童网络学习项目""基于 BLOG 的教师专业发展共同体"等。

第三章　混合学习的城市中心学校与乡村学校协同实施机制研究

第一节　混合学习的城市中心学校与乡村学校协同理念

20世纪90年代以来，网络学习（E-Learning）在教育领域得到了迅猛的发展，由此催生了许多新的教育思想和理念。"混合学习"的概念即是在对网络学习的不断实践与反思的基础上应运而生的，在教育领域日益受到了普遍的关注，并对教育技术的发展产生了深远的影响。有学者认为[①]，作为一种新型的学习方式，混合学习的思想将有助于加深对建构主义、信息和通信技术在教育中的应用、信息技术课程的整合以及教学设计的理解。

一　混合学习的特点

（一）混合学习方式是传统课堂和网络课堂的融合

混合学习是传统课堂和网络课堂的结合，是线上平台和线下教学环境的结合，这些"结合"有效地贯穿于整个教学活动，可以在很大程度上降低教育教学成本，提高教育教学效率。随着我国教育事业的发展，混合学习受到了广泛的重视，并得到充分的发展。目前，关于混合

---

① 何克抗：《从Blended Learning看教育技术理论的新发展》，《电化教育研究》2004年第4期。

学习的内涵讨论好多，但主要观点都指向资源的混合，实际上，从运行环节来看，混合学习十分注重网络的技术和手段在教学中的应用，强调面授与线上教学相结合。从教师准备和教学过程看，混合学习是教学媒体混合、信息源混合、信息传递通道的混合，学习过程与教学过程的混合，强调的是在以学生为中心的前提下，教师对学习内容、资源、方法、环境进行整合，教师在充分运用网络技术和手段的前提下，需要更加关注教学互动和教学设计的变化，从而实现教学质量和学习效果的显著提升。

（二）混合学习的关键是教学媒体的重组

教学媒体是教学内容的载体，是教学内容的表现形式，是师生之间传递信息的工具，传统的教学媒体主要包括如印刷品、图片、黑板、教科书、挂图、标本、幻灯、投影等形式。随着现代信息技术的发展，教学媒体的种类也日益更新和丰富。目前，以现代信息技术为主要载体的教学媒体越来越多地在教学中应用，诸如多媒体计算机、视觉媒体，听觉媒体，视听媒体，交互多媒体（因特网）等形式。与传统的教学媒体比较重视课堂面授的方式相比，混合学习并不是否定传统的教学媒体，而是更注重通过选择"合适的媒体"，并对多种教学媒体，包括传统的教学媒体和各种现代化的教学媒体进行重组，优化组合，进而寻求解决教学问题的有效的、独特的方法，运用最适切在线学习途径，达成速度、规模和效果的协调解决。因此，混合学习的关键点是通过对媒体进行适当的重组，以最小成本获得最大的效益。

（三）混合学习研究的本质是对信息传递渠道的研究

从信息学视角看，混合学习研究主要关注教与学的信息传递渠道的优化问题，例如，哪些信息传递渠道更具代表性，什么样的信息传递渠道能够更好地促进学生的学习，保证学生的学习效果。[①] 在当前信息技术迅猛发展的时代背景下，信息传递渠道也日益多元化。在教育中，通过分析教与学的传播渠道，如课堂、视频、虚拟课堂、电子绩效支持系统（Electronic Performance Support System，简称：EPSS）、网络课程、软件模拟、光盘、电子邮件、电话、VR、教练和导师、在线协作等渠

---

① 李克东，赵建华：《混合学习的原理与应用模式》，《电化教育研究》2004年第7期。

道的特点和作用，防止信息在传播时的衰减和失真，信息传播速率最大化。同时，也研究如何因情境设置学习问题，因材施教，从而实现教与学最优化的效果。

（四）混合学习过程十分重视教师主导和学生主体的结合

从现有研究和实践看，混合学习的基本形式是师生面对面教学和学生在线学习的有机结合。与传统的教与学模式相比，混合学习更加强调教师主导作用和学生主体性发挥相结合。其核心理念是培养启发学生解决问题的主动性，引导学生进行自主探究、合作讨论的能力和素养。在课堂教学过程中，无论是面对面教学，还是在线学习，教师的主要任务是通过创设不同的问题情境和设计不同的任务群启发学生对新知识的了解以及发现问题、解决问题的自主性能力的养成。从教学方式看，混合学习的教学方式主要是以情境式设置、探究式过程、问题链驱动、小组式学习、任务完成式评价为主的双主体式教学，从而在很大程度上避免和克服了传统教学中普遍存在的"满堂灌""死记硬背"式教学模式的弊端。

二 混合学习的意义

（一）有助于加深对"信息技术在教育中的应用"的理解

自 20 世纪 60 年代以来，信息技术在教育中的应用经历了以下三个阶段：[①] 第一阶段是计算机辅助教学（Computer—Assisted Learning Instruction，英文简称：CAI），主要是借助计算机运算速度快、图形动画制作、模拟真实场景等功能，为教师在教学中提供了极大的便利。第二阶段是 80 年代中后期到 90 年代中后期流行的计算机辅助学习（Computer—Assisted Learning，英文简称：CAL）。这一阶段的发展主要是随着计算机技术的不断发展、功能也日益丰富而发展的，主要要点是信息技术教育开始由辅助教学向辅助学习转变，更加关注利用计算机辅助学生学习，从而意图实现教学方式的重大转变。第三阶段是信息技术与课程整合（Integrating IT into the Curriculum，英文简称：IITC）。90 年代

[①] 何克抗：《从 Blended Learning 看教育技术理论的新发展》，《电化教育研究》2004 年第 4 期。

中后期，信息技术的发展又导致信息技术教育出现了新的变化，其主要特点是不仅重视信息技术辅助教学或学习，同时强调通过信息技术营造和创设新型的学习情景及全新的教育方式，意图实现由传统的教学结构和教学模式向以学生学习为主的现代教学模式的转变。目前，信息技术在教育领域的应用主要是以第三个发展阶段为特征的。进入这一阶段后，教育界普遍认为信息技术不仅是辅助教学或学习的工具，而且更是关注通过信息技术与学科课程的有效融合，创设新型的学习情景及全新的学习方式，从而真正改变传统的教学结构和教学模式。但是，人们也应认识到无论是在国内还是国外，上述信息技术与课程整合的要求和目标都仍然任重而道远。这主要有以下两个方面的原因：一是在国际上关于对"信息技术与课程整合"的认识仍然没有形成一套科学、完整、系统的理论。由于缺乏科学的指导，教师们只能根据自身的理解去盲目性实践和探索。绝大部分教师对信息技术与课程整合还停留在只要用电脑、用课件或在线，就是"整合"的认识和行为上，缺乏系统地、完整地、科学地认识和理解，致使信息技术教育的效果和优势大打折扣，并未发挥其应有的作用。二是20世纪90年代中后期，随着互联网应用在西方的日益普及，出现了一种以鼓励学生独立探索和发现社会生活中的实际问题的WebQuest教学模式，类似当前应用较为普遍的研究性学习。这种模式关注培养解决问题、协作交流和共享资源的学习能力，有助于培养学生的创新精神和创新能力。这种模式在西方很受欢迎，以至于被看作是信息技术教育应用的主要模式或最佳模式。但是，从WebQuest教学模式的特征来看，这种强调跨学科学习，以课外活动为主，学习周期长，主要注重对生活具体问题解决的学习，与课堂教学相比，对学生掌握系统科学知识方面学习显得效率不高。因此，如果能把WebQuest作为课堂教学的有效的辅助手段，把系统科学知识的教学与创新精神和创造能力的培养结合起来，则这样的教学模式应该是对教育教学的有益的尝试和创新。目前来看，这种教学模式已经开始实践，但还并没有得到有关理论界和实践界的应有的重视，这也反映出当前信息技术教育在实际教与学中仍然存在着很多问题，比如硬件不达标、软件不会用、整合不起来等问题还是十分突出。

根据我国教育信息化发展的实际状况看，近年来，硬件设施虽然增加较快，中小学校园网的带宽和速度也大幅提升。但是信息技术的应用情况却不容乐观。据我们对某地市域学校统计表明，已建成校园网的中小学中约有80%以上学校仅用于开设信息技术必修课，几乎没有涉及其他学科和教学领域。剩余20%应用在信息技术的学校中，也主要应用于教务管理（如办公系统、财务报表、成绩统计等）。在课堂教学中使用信息技术的方式也主要是限于多媒体课件"+Powerpoint"。仅5%的学校能够在学科教学中运用信息技术与课程进行教学的创新等。很多学校的信息技术（尤其是网络环境）建设并没有从真正意义上推动中小学各科教学质量的提升，也没有成为促进教育的改革的主要动因。

随着混合式学习等新型的教学理念和教学方式的推进和深化，无论在教育理念的更新、教育内容的重塑、教育方法的选择、教育评价方式的转变等方面都对教师提出了全新的要求和挑战。教师了解、掌握并运用信息技术教育的手段已成为教师必须具备的一项基本能力和素养。如在当前中小学普遍推行的"4E"教学（E-learning、E-studying、E-teaching、E-reading）就是鼓励教师把信息技术和课程教学深度融合，通过互联网促进教师智力服务的流转，满足学生多样化、个性化的学习需求，在客观上推动教育工作者充分认识到现代信息技术教育的重要意义，积极主动地学习和掌握信息技术知识和技能，以及在教学中应用信息技术的需求。

（二）有助于信息技术教育应用与课程的整合

长期以来，我国的学校基本上是以传统的教学方法为主导。教师往往被看作是教育过程的中心，甚至是绝对权威，教师通过口头语言和书面语言向学生传授知识。学生是学习过程的接受者，主要是用耳朵听课，用手记笔记，处于被动接受状态。

随着信息技术在教育领域的广泛运用，信息技术教育已经成为当今世界教育改革与发展的重要方向。通过信息技术教育改革传统教育的不足与弊端，并赋予其新的内涵和实践业已成为现代教育发展的一个显著的趋势。目前国际教育技术领域普遍认为：学生的创新能力的培养，必须要与系统科学知识的教学和掌握结合起来。这就要求，在教学中不能仅仅强调知识的积累，而且要寻求一套科学的"整合"理论来代替传统的教学方式。要实现这样的认识，就必须以"信息技术与课程整合"

理论为指导。相关研究认为要实现信息技术与课程整合就必须要解决三个问题：① 为什么要整合，即整合的目标是什么？什么是整合，即整合的意义和性质是什么？如何有效地整合，即整合的步骤和方法有哪些？

信息技术与课程整合的主要目的在于通过将信息技术有效地整合到不同学科课程中以创造理想的教学环境。这种环境能够打破时间和空间的限制，有助于创设真实世界的学习情景，提供丰富多样的交互方式，从而灵活快捷地获取信息，促进自我发现的协作和交流，充分体现学生的主体地位。②

要实现信息技术与课程的融合，就是要求在素质教育的核心目标的导引下，不同学科的课程中充分融入信息技术的手段，创设能够支持独立探究的新型课程环境。最终达成一种全新的"独立、探索、协作"的学习方式。

总之，信息技术与课程融合的本质就是要从根本上改变"以教师为中心"的教学方式，构建"主导—主体—信息相结合"的三核型教学结构。这种对于信息技术的本质深刻的、科学的认识和理解有助于改变我国教育长期存在的忽视教学内容、教学方法、教学结构、信息技术融合教育的改革的现状。

（三）有助于整合优质教育资源，促进城乡教育优质均衡发展

促进教育资源合理、均衡配置，特别是优质教育资源的均等配置，是实现"有质量的教育公平"的关键。随着信息时代的来临，数字化资源在教育领域中的应用日益广泛。利用信息手段整合、共享优质教育资源，是时代赋予教育发展的重要使命，也是实现基础教育优质均衡发展，落实教育公平的重要举措。③ 2010年，国务院颁布的《国家中长期教育改革和发展规划纲要（2010—2020年）》把教育信息化纳入国家发展的整体发展战略体系。2019年2月，中共中央、国务院印发的《中国教育现代化2035》明确提出：加快信息化时代教育变革，推动教

---

① 牟智佳，张文兰：《对混合式学习文献研究的元分析——以我国教育技术核心期刊为样本》，《中国医学教育技术》2011年第5期。

② 何克抗：《从 Blended Learning 看教育技术理论的新发展》，《电化教育研究》2004年第4期。

③ 国家教育监督团：《国家教育监督报告2008（摘要）——关注义务教育教师》，《教育发展研究》2009年第1期。

育组织形式和管理模式的变革创新，以信息化推进教育现代化。这些政策和举措都把信息资源建设的作用和地位提升到了前所未有的高度。

受到自然环境、经济资源、历史文化等多种瓶颈因素的影响，我国农村中小学面临多方面的发展困难，特别是农村中小学教育受地域限制，城乡之间、农村学校之间的教育存在着显著的差距。而随着互联网技术的发展，农村中小学教育的地域限制被逐渐打破。借助"天网"、"地网"工程的建成，互联网技术的规范普及，城乡之间、地区之间、学校之间的交流日益频繁。农村学校可以分享城市学校优质的教育资源，城市学校也可以感受到农村学校的特色教育。这些变化为充分实现优质教育资源的功能和价值的共享，以及教育资源的最大化利用提供了外部便利条件。

当前，在以提高教育质量为重点的优质教育均衡发展的新阶段，借助信息技术整合教育资源必将成为缩小城乡差距的关键因素和有效途径。在切实改善学校办学基础条件的基础上，农村学校也要适时转变角色，从教育资源配置的对象转变为教育资源整合的主体执行者。学校校长要引导学校特色发展，以学校发展需要为基础，充分发挥信息化媒体作用，积极整合优质区域资源，扩大服务范围，逐步实现信息化覆盖。这对于促进城乡教育实现优质的均衡发展具有重要意义。

第二节　基于混合学习的城市中心学校与乡村学校协同模式及运行机制

进入 21 世纪，随着互联网的普及和发展，数字化或网络化学习（以下简称：E-Learning）作为一种借助互联网技术的新型的学习方式受到关注，并广为传播。在此基础上，国际教育技术界提出了混合学习（Blending Learning 或 Blended Learning，以下简称 Blending Learning）的概念，其核心的理念旨在把传统学习方式的优势和 E-Learning 的优势有机结合起来，把教师引导、启发的主导作用和体现学生作为学习过程主体的主动性、积极性与创造性有机地结合起来。在知识掌握上，混合学习模式在实践应用的过程中充分结合各学段的特点，淡化学习者对知识内容的纯记忆性的掌握程度，着重培养学生主动探究知识、解决实际问题的能力，突出自身知识体系的建构，① 以促使教师的教学和学生的学习获得最佳的学习效果。研究 Blending Learning 所赋予的新含义的背景也可以发现，这种新概念的提出，一方面反映了国际教育技术界对学习方式内涵理解的转变；另一方面也体现了教育技术领域关于教育思想与教学观念的巨大的转变。

一 混合学习模式选择与设计的基本原则

1. 启发性原则

混合学习作为现代教育的产物，其核心理念是培养启发学生解决问题的主动性，引导学生进行自主探究、合作讨论的能力和素养。因此，在整个混合式学习的全过程中，如何体现学生学习的主体性必然成为改革的主要目标。我们的实践表明，基于混合学习为手段的课堂教学过程中，教师的教学主要是应用情境式导引，问题链驱动、探究式推进，任务式评价为主要策略，要充分体现了"不愤不启，不悱不发"的孔子式启发性原则。

2. 循序渐进原则

混合学习是以全体学生的认知发展水平和知识接受水平为前提的，要体现循序渐进的学习原则。混合学习的教学方式以及混合方式的选择主要遵循了布鲁纳的"螺旋式"递进、布鲁姆"掌握式"前行的策略。如，教师在进行混合式教学时，首先要考虑线上线下教学次数混合的比率，其次还要考虑媒体、学习材料的混合比率，最后还要思考教师的教与学生的学的比率，要根据教学速度和教学进程，由浅入深，由易到难，循序渐进，层层深入。教师不要一味地追求混合的速度和难度，要时刻记住混合学习的本质是促进学生为主的学习方式的形成。

3. 针对性原则

在现实的教学中，由于学生们在学习基础、思维能力、家庭环境以及知识接受能力等方面都不可避免地存在着差异，因此在进行混合学习教学模式设计时，教师必须有针对性地根据不同学生的学习特点以及在

---

① 王竹立：《如何看待混合学习模式下学生学习负担增加》，《现代教育技术》2009年第5期。

学习过程中可能遇到的问题，尽可能地为学生提供多样化的学习材料，选择适合学生的学习途径，提供适宜的学习环境和混合方式，使学生能够根据自己的需求进行选择，以便能够更好地理解掌握知识。

4. 适度性原则

在教学实践中，学生学习内容的多少、任务难度的高低都会影响到学生的学习积极性和学习效果。繁重的学习任务，会使学生产生不必要的压力和焦虑，从而影响到学生对学习的兴趣和体验；反之，学习任务过于轻松，难度较低，则会使学生容易产生盲目乐观的心理，导致学习态度不够端正，放松对学习的要求。因此，把握好教学任务的"质"和"量"的关系是实现教学目标，体现教学效率的关键因素。所以教师在设计混合学习任务时，通过多元化的教学平台，对教学媒体进行重组，根据学生的实际情况对教学内容和学习内容进行合理的安排和个性化的设计，松紧适度、难易结合、循序渐进，较好地处理好教学任务的"质"和"量"的关系。

5. 注重过程性评价原则

传统的教学评价往往过于重视以学生成绩作为唯一的评价标准终结性评价方式。随着教育评价逐步转向以评价学生的学业成就为导向的发展性评价，关注学生在学习过程中的发展变化，以学生为主体的形成性评价方式正在越来越多地受到关注。作为一种新型的学习方式，混合学习在设计和选择教学模式时关注的是学生的完整的学习过程，关注的是整个学习活动的内容，关注的是学生在教学过程中的整体表现，因此需要从课前、课中到课后不同阶段，从多方面、多角度地对学生进行评价。我们的研究表明，注重过程性评价方式的新型评价方式，如新西兰学习故事评价、档案袋评价、表现性评价、自主评价、综合评价等是比较适用于混合学习教学模式方式的。

二　混合学习模式选择与设计的类型

混合学习作为一种新型的学习方式或学习理念，在教育教学领域日益受到广泛的关注，在实践中也不断涌现出许多模式。这些模式在教育教学的目标指向、内容选择、实施过程、评价标准等方面都各有特色。如何有效地发挥不同混合学习模式在教育教学的作用，实现教育效果的

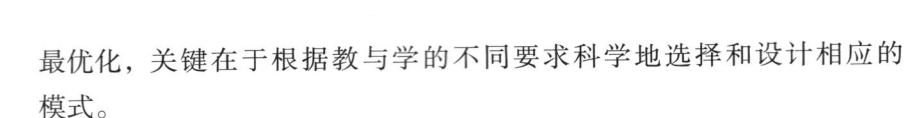

最优化，关键在于根据教与学的不同要求科学地选择和设计相应的模式。

（一）根据学习主体的不同选择模式

1. 以教师培训为主的混合学习模式

信息技术的飞速发展给教育产生了深远的影响，导致人们的学习环境和学习方式发生了质的变化。在教师培训领域，随着信息技术教育的不断引入和渗透，教师学习的途径和方式更加多样化，教师培训形式的日益灵活化、个性化。信息化的教师培训形式逐渐受到教师们的青睐。

《教育部关于深化中小学教师培训模式改革全面提升培训质量的指导意见》中提出："各地要积极推进教师网络研修社区建设，推动教师网下研修、虚拟学习和教学实践结合的混合学习；开展区域间教师网上协同研修，促进教师同行交流；培养网络研修骨干队伍，打造教师学习共同体，实现教师培训常态化。"[①]

在教师培训中，混合学习的应用在很大程度上弥补了以往单一面授培训和在线培训形式的不足，混合学习培训紧密结合了传统培训面对面培训和数字化培训中的所有要素，从而优化了培训效率，提高了教师培训的积极性，增加了培训的灵活性。

（1）培训准备阶段。首先是培训对象分析。对培训对象即参训教师进行全面深入的分析是实施混合学习在教师培训实践中的一个首要环节。培训机构会通过不同的手段和方式如问卷调查、访谈、调阅教师档案等收集参训教师的信息，然后分析各种变量，如年龄特点、职称结构、学科背景等，在此基础上分析教师的专业能力水平、信息技术水平、在线学习水平以及学习风格等信息，并以此设计与教师能力水平以及学习特点和需求相符的培训课程。

其次，制定培训目标。在分析相关教师信息的基础上，制定培训目标。为了使受训教师和培训教师各自明确了解和掌握培训的方向和对培训实施的具体安排工作，培训目标应细化到每一个具体的学习任务和知识点上。例如：在对教师教育技术能力培训的实施中，混合学习培训的

---

① 教育部：《教育部关于深化中小学教师培训模式改革 全面提升培训质量的指导意见》，《中小学教师培训》2013年第7期。

最终目的是提升和促进教师的信息技术应用能力和信息素养，在混合学习应用中可将其分解为教育技术基本理论的学习、基本技能的实际训练和典型教学案例的示范研讨等内容，使不同的教师可以根据自身的需求制订相应的计划，这样可以大大提高培训效果。

最后是定制学习环境。有效的教师培训需要选择并创设一个合理的培训环境。混合学习的培训主要包括了培训所需的物理环境和网络环境以及人力资源环境。而在其中网络环境的建设起到了举足轻重的作用，直接影响着培训的实施和效果。当前，从中央到地方都在投入大量的人力物力建设各级各类的网络平台，为教师培训提供丰富的资源，如，全国中小学教师继续教育网、各省市的教师教育网和一些专门以教师培训为主要职能的网络平台。通过这些平台提供的丰富多样的资源，教师和学员都可以在线进行讨论、交流，在线布置和批改作业，下载各种课程资源，在线答疑解惑等。这些教师培训在线学习平台，功能强大，简便易学，操作简单，各有特色，共同构成了支持混合学习的虚拟学习大环境。

（2）培训设计阶段。首先是选择培训内容。混合学习的最大优势就是借助于互联网实现海量信息的汇集。如何在信息的海洋里寻求到最有用的培训内容和信息是保证培训效果的关键。因此，选择有效的培训内容是影响混合学习培训的重要因素之一，也是整个培训活动的重要保障。混合学习教师培训内容的选择主要是根据培训目标以及对受训教师的具体情况，通过课程设置的方式来实现的。混合学习通过提供多样课程，供教师自由选择，从而支持教师个性化学习。

其次是开发培训资源。培训资源的开发是保障教师培训能否可持续发展的重要基础，在知识更新的速度不断加快的现代社会不断更新培训所需的各种资源，并且创设新的资源都是混合式培训的基本要求。开发培训资源是在充分了解培训需求和确定了培训内容的基础上，培训机构对培训内容进行资源再组织、再设计的过程。培训资源开发的主要形式包括各种培训所需的课件、网络学习的平台以及数字化、媒体化资源。在混合学习中，培训内容设计要充分体现培训个性化、内容多样化、形式多元化的特点，通过提供丰富资源和内容，为教师学习定制个性化的课程菜单，促进教师个性化学习。

最后是教学活动设计。设计科学的、有效的教学活动是对整个培训过程完整的控制过程。混合学习所具备的线上和线下有机结合的特点要求在进行教学活动设计时也必须要兼顾两种学习方式的不同功能。为确保培训的高效进行，在设计教学活动时要对培训目标、培训内容、人员参与、媒体选择、评价方式和教学组织形式等诸多因素进行科学合理的调配和优化，让各种要素相互配合，优化组合，形成整体的合力，实现培训效果的最大化的目的。

（3）培训实施阶段。培训的准备工作就绪之后，培训者就可以根据事先确定的培训方案实施培训。培训的实施是一个分工协作的过程，包括培训教师、辅导教师、培训组织、管理人员、受训教师需要共同参与。培训实施过程主要有如下环节。第一是课程导入。课程导入的过程是通过教师引导学员了解课程的学习目标和学习方法，教师和学生对教学目标、组织形式、学习方法与评价方法达成共识。通过课程导入，培训教师向参训教师讲解培训方案，发放资料，培训所需的资料包括培训课程、网络平台使用手册、培训流程、学习进度安排等。第二是培训过程的实施与展开。培训过程以面授课程与线上授课相结合的方式为主。以面授为主部分课程的主要特点是指导教师通过与受训教师在线专题研讨和交流来促进受训教师的认识和理解。这类课程的考核要求受训教师在线提交培训日志、教学案例、反思和学习心得体会等。在此过程中，指导教师应每日在线值班，随时解答学员的问题，管理班级和及时做出评价。培训结束后，进行现场汇报和交流、总结和反思，发布培训成果，为以后的培训提供参考依据。

混合学习的一个优势就是为参训教师提供培训后的及时跟进，在培训项目结束后参训教师仍然可以通过在线学习持续地与培训教师建立联系，解惑答疑，保证培训效果的持续性。

（4）培训评估阶段。在混合学习的教师培训中评价阶段尤为关键，发挥着承上启下的作用。混合学习的评价一般是运用多元评价的方式。包括传统的试卷考核，线上作业、在线测试等形式，同时也采取培训教师的评价、学员自评和小组评价相结合的方式，其目的就是为了全面地判断参训教师的学习成效。此外，在培训结束后，培训组织者和管理者为了更好地改进和完善后续的培训，也往往会通过问卷、访谈等方式了解参训教师对培训过程的满意度、培训目标的达成度等方面的情况。

2. 以学生学习为主的混合学习模式

关注学生的学习是混合学习的重要内容。与传统的学习方式不同，混合学习是在借助现代信息技术手段的基础上，对学生的学习活动进行的一种全方位的、系统的改造和设计，主要包括学习环节的设计、学习设计模型的建构、评价方式的选择等。

（1）混合式学习的设计环节。Josh Bersin 提出的混合式学习的设计过程主要有四个基本环节。①

①识别与定义学习需求。在混合式学习中要依据学生学习的不同需求，对学习需求进行相应识别与定义。

②依据学习者的特征，制订学习计划和测量策略。制订学习计划和测量策略必须考虑的因素主要包括不同的学习内容、学习风格、学生的智力水平以及已有知识、技能结构等。

③依据混合式学习的现有条件，确定开发或选择学习内容。保障混合式学习的基本条件主要包括带宽、硬件配置标准、学习管理系统（英文简称：LMS）、时间、度量标准等。

④执行计划，监控过程，对结果进行测量。这一环节主要包括测量、评价学习计划的执行，学习过程的实施以及学习效果的监测，通过上述活动确定是否达到预期的效果。

依据上述过程描述，有学者又提出了混合式学习的八个相互循环的环节。② 如图 3—1 所示：

环节一：确定混合式学习目标。

环节二：确定预期绩效（业绩）。

环节三：选择传递通道和媒体。包括两方面内容：一是传递手段的选择，包括学习方式与媒体，主要有在线课堂、技术支持、PDA、视频、教师指导、自我指导、组合、协商等；二是传递通道的效能和成本，包括信息存取方式、成本、教学模式和速度等。

环节四：学习设计。与课程专家、技术专家、教育专家共同协商制

---

① 李克东，赵建华：《混合学习的原理与应用模式》，《电化教育研究》2004 年第 7 期。
② 李克东，赵建华：《混合学习的原理与应用模式》，《电化教育研究》2004 年第 7 期。

订学习计划。

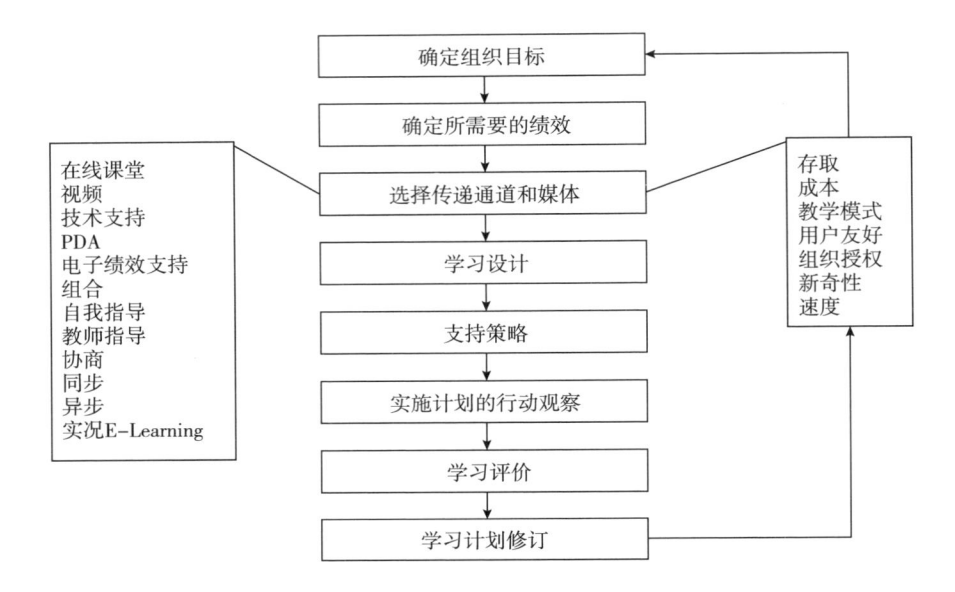

图 3—1　混合学习的八个环节模型

环节五：支持策略。确定实施混合式学习所需的支持策略。

环节六：实施计划的行动观察所需的项目，记录的项目。

环节七：评估学习的效果。主要是运用诊断性评价、形成性评价和总结性评价等方式。

环节八：依据评价结果改进学习。

（2）混合式学习设计模型。

Troha 提出的混合式学习设计防弹模型（the Buletproof Model for the Design of Blended Learning）是由十二个步骤组成的模型①。

步骤1：收集有关符合标准的培训需求的背景信息；

步骤2：模型有助于解决如下问题："希望通过培训了解什么？如何做？感受是什么？"

---

① 牟智佳，张文兰：《对混合式学习文献研究的元分析——以我国教育技术核心期刊为样本》，《中国医学教育技术》2011年第5期。

步骤3：依据确定的学习目标，描述主题；

步骤4：内容大纲清晰明了，能够让学习者便于掌握学习活动的类型；

步骤5：开发学习策略，有助于学习者运用；

步骤6：开发有效的评价策略；

步骤7：识别和编制有助于促进今后课程开发的文本；

步骤8：组织文本能够有助于内容的输出和设计；

步骤9：教学文本的设计能够有助于在线传递；

步骤10：向设计人员收集、反馈意见；

步骤11：与混合式学习的提供者积极沟通，了解提高学习效率，全面优化课堂时间和确保投资的最优化方案；

步骤12：和混合式学习的外部的提供者积极沟通，征询混合式学习设计信息，收集反馈意见以确定今后的实施步骤。

Badurl Khan 提出的混合式学习的结构被称为八边形结构①，如图3—2所示。

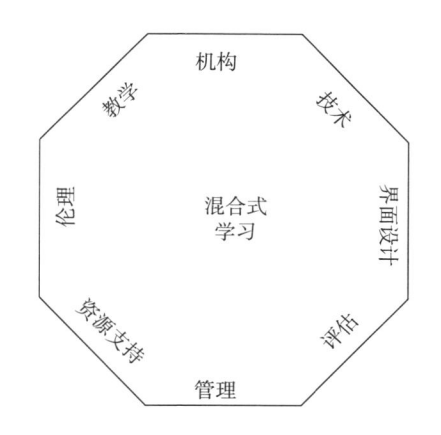

图3—2 Khan 的混合式学习八边形结构

这个模型的主要作用如下：一是有助于选择合适的内容去设计混合

---

① 牟智佳，张文兰：《对混合式学习文献研究的元分析——以我国教育技术核心期刊为样本》，《中国医学教育技术》2011年第5期。

式学习；二是在设计、开发、传送和管理以及评价混合式学习课程方面提供一些有效的指导原则。Khan 依据这些因素设计了一个八边形结构：教学、界面设计、技术、评估、资源支持、管理、伦理和机构。具体内容如下：

①教学。包括学习者、学习内容、学习目标以及混合式学习的设计与策略等。

②界面设计。包括混合式学习中各组成要素的用户界面要能够支持所有的组成要素，使用户易于在不同的学习要素之间进行转换。同时也要对内容结构、图表、导航以及帮助设计等内容进行周密的安排。

③技术。包括学习环境和学习内容的工具设计，主要是学习管理系统（英文简称：LMS）和一个学习内容管理系统（英文简称：LCMS）两个部分组成，用于管理各种学习内容传输方式。

④评估。指的是混合式学习课程的评估应具有对课程材料和每个学习者绩效的评估功能。

⑤资源支持。主要包括面对面、E-mail、实时聊天系统建立联系的咨询者或指导教师以及能够便于学习者随时使用管理的各种资源等。

⑥管理。主要是指实施混合式学习所需要的相关的活动管理以及注册、认证和各种混合元素的次序设计等。

⑦伦理。即开发混合式学习课程所涉及的伦理因素主要包括学习者机会的均等、多元文化、种族以及国籍等。

⑧机构。主要包括组织、管理、学校事务以及学生服务等服务机构。

（3）Barnum 和 Parmann 的混合式学习设计模型[①]

Barnum 和 Parmann（2002）提出一个关于混合式学习的模型，该模型分为四个阶段：

①基于 Web 的传输。学习者通过上传到 Web 的学习材料可以随时进入 Web 页浏览这些材料。界面上包括专家的联系信息，学习者可以随时与相关专家联系以便于解决遇到的问题。这种学习方式对学习者非

---

① 李晓，吴郑红：《基于智能代理的混合学习模式的设计》，《广东广播电视大学学报》2005 年第 1 期。

常有效，并且能够促进学习者独立性的发展和自我信心的提高。

②面对面加工。虽然 Web 有助于传递学习材料和学习内容，但缺少人与人之间的面对面交流。因为面际交流能够加强彼此间的深入理解，同时也是一个知识建构的过程。

③形成一定的产品。开发相应的产品可以分享知识，这一阶段通常包括三条途径。第一，在与教师进行面对面交流后，学习者应该把自己在学习中获得的学习心得、作业、练习等记录整理，形成文本，与教师、辅导者、学习伙伴通过电子邮件进行交流，有助于学习者后续能够充分思考所要解决的问题。第二，发布写作纲要，与小组成员和教师共享，并进行讨论。第三，提交正式的作业文本，并发布在网页上，发送给教师以及同学。

④协作扩展学习。主要是指组成不同的学习小组，一般每组以 2—3 人为宜。这些小组每个月集中一次，每次集中 1—2 个小时，以分享各自的感受心得体会。其他时间小组成员可以通过电子邮件、网络学习社区保持联系。

以上这些混合式学习设计模型虽然各有特点，但是，从中也可以发现一些共同点：就是它们都不约而同地把混合式学习看作是一种最优化的学习理念，旨在帮助学习者更好地学，帮助教师更好地教。以上混合学习模式都强调教师及教学管理人员要为学生创造大量的学习机会，学生可以根据现有的实际情况及环境，根据自身的需要以及自己的学习经验，选择符合自身知识水平的混合式学习模型进行学习。

（二）以信息技术平台为主的混合学习模式

1. 基于 MOODLE 的混合学习模式

Modular Object-Oriented Dynamic Learning Environment（英文简称：MOODLE，以下称 MOODLE 平台），其含义是面向对象的模块化动态学习环境。主要是用于创建基于网络的学习网站软件包，也称作课程管理平台，同时也是一种学习管理平台或虚拟学习环境。MOODLE 的特点在于安装简便、易于维护，基于 PHP 开发，配置简单，使用过程几乎全部通过图形化界面展示，操作用户经过简单培训即可快速掌握。

MOODLE 平台自 2006 年出现以来，目前已在企事业单位广泛使用。MOODLE 平台基于先进的网络教学理念，弥补了传统的以技术驱动为主的网络教学模式的不足，具有共享性、灵活性、开放性、互动性等优势，成为以教育和网络教学驱动为主的新一代网络教学工具。

MOODLE 平台以其简单易学的操作界面和广泛普及的网络环境在教育领域备受关注。其不仅可以帮助教师和学生建立一个高效的学习共同体，同时也可以为教师在教学活动中提供强大的课程管理功能以及实施教学活动的功能。只要学生登录网络，就可以随时与教师或其他学生进行学习和交流。

MOODLE 平台的主要功能包括[1]：

第一，广泛的兼容性。MOODLE 平台支持移动学习、基于问题的学习、自主学习、基于讨论的学习等常见的网络课程类型。

第二，强大的课程管理体系。首先，在 MOODLE 平台能够创建海量的课程信息、进行多级课程目录管理；其次，管理员可以根据教学的要求对所创建的课程随意修改、备份、还原、下载；最后，通过 MOODLE 平台可以设置课程的呈现方式，使不同用户可以快速查找所需的课程信息，有效地提高了教学管理效率。

第三，强大的日志管理和进度跟踪功能。MOODLE 平台能够及时跟踪和记录学员学习状况。只要学员登录平台，系统将自动记录学员的全部操作。教师可以随时检查学习进度，并通过系统提供的 Excel 表格下载功能以便于更精确详细地统计和分析数据，使教师能够更好地了解和掌握学生的学习情况，有利于教师及时地修改教学设计，完善教学环节。

第四，强大的用户分组功能。MOODLE 平台提供了分班、分组功能，是开展小组学习有效的管理工具，有助于教师通过小组教学，调动学生学习的积极性，促进学生交流并形成学习共同体。

第五，完善的教学资源管理。MOODLE 平台提供了种类繁多的教学资源，不仅支持文本、视频、音频、动画等常见的教学资源，还支持问卷、网页、资源库、课程包等资源。

第六，丰富的教学活动模块。MOODLE 平台不仅安装了讨论、笔

---

[1] 刘文东：《基于 Moodle 的混合学习的设计与实践》，硕士学位论文，哈尔滨师范大学，2015 年，第 5—20 页。

记、聊天、调查、练习、训练、作业等十多种常用的教学活动模块，还可以根据需要下载更多模块，为教师优化教学过程，开展不同类型的教学模式的教学实践提供了多元化选择。

第七，多样化的反馈和测试功能。MOODLE 平台自带一个反馈功能模块。该功能强大实用，提供单选、多选、文字填写等多种反馈类型。教师可以根据教学的需要，设计不同的反馈模式。此外，MOODLE 平台提供在线测试系统，支持多种题型；教师也可以自己编制题库，创建题库模板。系统提供的强大的在线考试分析系统和多种成绩统计方式，为教师提供过程性评价和总结性评价等多种评价方式。

2. 基于翻转课堂的混合学习模式

作为一种新型的教学理念和教学模式，翻转课堂利用信息技术手段，打破了传统课堂教学的时空界限，有效补充和完善了传统课堂教学的方式方法，为课堂教学注入了新的活力。翻转课堂与传统课堂教学相比，最根本的变化是将课堂教学顺序进行了颠倒重置，将课前预习、课堂学习及课后作业的次序调整为课前学习、课堂作业及课后矫正的过程。[①]

（1）翻转课堂的特点。第一，强调"时序重构"。翻转课堂主要是借助于现代信息技术手段，重构了课堂教学的时间和顺序，借助网络在线视频授课代替课堂授课，把课堂内与课堂外有机地连接在一起，从而最大限度地实现了个性化学习。翻转课堂实施的重要前提是对教学时间和教学过程顺序的重构，换言之，翻转课堂的实现只有在重构教学的时间和顺序的基础上，才有可能发生。

第二，重视"以学为主"。翻转课堂的实施主要依靠网络平台、学案、微课、终端设备四个要素，其中最核心的要素是学案和微课，它们决定着翻转课堂的成效。学案是教师设计的指导方案，主要作用是帮助学生在课前进行自主学习。学案的设计必须要解决三个问题：学什么？怎么学？学到什么程度？因此，就要求教师在编制学案的过程中认识到：学生自主学习需要解决哪些问题？运用什么样的方法能够更有效地

---

① 甘辉兵，张均东，曾鸿等：《基于翻转课堂的轮机自动化混合式教学模式设计简》，《航海教育研究》2017 年第 4 期。

帮助和促进学生进行自主学习？课堂教学的实施如何与学生课前的自主学习相衔接？

第三，重构教学结构。"以学生为中心"是翻转课堂之所以受到关注的一个焦点。在"以学生为中心"的理念指导下，翻转课堂不仅创新了教学的方式，而且重构了传统教学的结构，这种时序的变化从真正意义上实现了"以学生为中心"的教学理念。翻转课堂的实施对教师的"教"提出了更多的要求和挑战，促使教师要更新教学理念，适应新型的教学时序，引导学生深度参与、启发学生深度思考，最终走向深度学习。

（2）翻转课堂的功能。翻转课堂作为一种全新的基于现代信息技术的教育理念和模式，在教学资源、教学平台、教学内容和评价方式等方面都显现出其独特的功能。

第一，丰富的数字化教学资源。翻转课堂大大拓展了传统的教学资源类型的单一性，依托网络平台，把数字教学资源作为基础。通过媒体化、碎片化、颗粒化的加工与呈现方式使课程资源媒体类型多元化，比如采用文本、图片、视频、音频、动画等方式。数字教学资源生动、形象，内容丰富，对于提高学生学习兴趣，提高教学质量等方面都是传统教学所无法比拟的。

第二，功能强大的教学管理系统。实现基于翻转课堂的混合式教学模式必须要以教学管理系统作为载体。当前比较成熟、完善的教学平台有"清华教育在线"（THEOL）网络教学综合平台、Udemy学习平台、MOODLE学习平台、超星"学习通"、MOOC学习平台、"云课堂"在线学习平台等。这些互联网教学平台各有特色，具备了丰富的教学和学习资源。为不同的教师的教学和学生的学习提供了个性化的选择。教师和学生可以根据自己的需要自主选择。

第三，教学资源管理功能。教师和学生可以利用平台随时随地上传、发布、管理教学资源，并开展教学和学习活动。

第四，在线交流功能。网络教学综合平台最主要的一个特点就是在线交流。几乎所有的网络教学综合平台都提供用于在线交流的模块和方式，教师和学生、学生和学生之间可以设置留言板功能，在留言板上提出要求，发布问题并展开讨论。同时，网络教学综合平台也提供了课内邮件系统使教师或其他同学进行单独讨论。此外，学生还可以发布自己的学习总结、学习成果，教师进行审阅和指导。

第五，在线考核功能。目前，每一个网络教学综合平台都具备了在线测试、作业、调查以及成绩管理等功能。通过网络教学综合平台提供的强大的在线考核功能，教师可以对学生进行全面、综合的评价。

（3）翻转课堂教学模式设计的基本过程[①]。翻转课堂教学模式设计的基本过程一般包括：课前自主学习、课中学习和课后巩固三个阶段。在课前自主学习阶段，教师通过网络教学综合平台对学生分组，教师向学生提供教学资源，并进行课前测试。在课中学习阶段，教师向学生介绍课程的教学进程、教学内容等。教师依据课前测试的结果，发现问题，明确重点和难点，通过讲授、与学生的互动交流、分组研讨等方式解决问题。在课后巩固阶段，教师主要是通过测试或总结，对所学知识巩固和强化。所以，在翻转课堂的教学过程中，教师与学生的角色和地位发生了根本转变，教师不再仅仅是知识传授者，而转变为学生学习的促进者，学生也由以往的消极被动地学习转变为积极主动地学习。

3. 基于 MOOC 的混合学习模式

MOOC 是 Massive Open Online Course 的英文首字母缩写，其含义是指大规模的开放在线课程。MOOC 始于 2011 年，在当前业已成为教育改革领域中的又一关注的热点和焦点。很多国家都相继推出了自己的 MOOC 平台。在这样的背景下，我国也在积极探索开展大规模的开放在线教育在教学实践中应用。

与其他的网络教学平台一样，MOOC 在本质上是一种网络课程，是一种新型的在线学习的形式，MOOC 也是基于网络平台而建构和实施的。相较于传统的网络教学平台，MOOC 具有如下特点：

第一，具备完整的课程结构设计框架。MOOC 平台上的课程资源种类繁多，且可以随时随地地进行下载、保存，便于教师进行课程设计，大大减轻和降低了教师的工作负荷。学生也可以按照自己的需要合理安排学习计划，进行在线或线下的学习。同时，MOOC 平台也可以根据教

---

① 王博：《基于翻转课堂的混合式教学模式应用研究》，《船舶职业教育》2019 年第 4 期。

师的教学计划发布学习资源，以及测验、讨论话题、授课时间等内容。MOOC 的设计理念强调的是一种全程参与教学课程的模式，及时了解学习者的需求，从而有效地弥补了以往网络教育功能泛化、交互性功能不足等缺点。

第二，独特的视频资源设计。首先，MOOC 的视频资源主题突出、短小精悍，大部分视频都控制在 5—10 分钟，有助于学生学习效率的提高，从而很好地解决了传统视频课程知识点过于繁杂，内容冗长的缺陷。其次，MOOC 所采用的微视频模式是以相对独立的知识点为单元，开展单元教学。而这些微视频最终又存在着严密的内在逻辑，整体上构成一个完整的知识体系。[①]。最后，MOOC 的视频形式更加多样化。MOOC 的视频资源不仅包含了网络教学平台所有常用的文档、视频和图片等形式，也增添了自设的独特的播放模式，如动画与解说相结合、实验演示与现场讲授等多种形式，视频的录制风格生动形象，便于学生的观看和学习，有利于提高学生的学习兴趣，从而能够更好地提高学习的效果。

第三，强大的在线交互功能。MOOC 平台具有在线交互功能非常便于师生的沟通交流。首先是同伴互评功能。学习者根据教师发布的作业评分标准，将自己的作业在线提交，并对他人的作业进行评阅。这个功能不仅使学习者了解到了其他学习者对自己的作业的评价，同时也通过评价了解了其他学习者的思想和观点。这是一个相互学习、相互促进，共享知识的过程，一方面巩固了所学的知识；另一方面也开拓了视野，拓展了看问题的角度，有助于提高学生的批判性思维。其次是强大论坛交流功能。MOOC 平台为所有的在线用户提供了论坛交流的平台。学习者与教师、学习者之间可以自由地在论坛上发布和学习有关的任何信息，所有人都可以阅读并进行评论，如同在线上召开了一个会议，相互讨论、分享心得体会。

（三）基于 MOOC 的混合学习模式的设计

如前所述，MOOC 在课程结构设计框架的系统性，视频资源设计的

[①] 陈玉琨，田爱丽：《MOOC 与翻转课堂导论》，华东师范大学出版社 2014 年版，第 32 页。

独特性，以及在线交互性等方面都具有得天独厚的优势。那么，如何在混合学习中有效地发挥 MOOC 的这些特点和优势。构建基于 MOOC 的混合学习模式，需要考虑以下几个步骤和环节：

1. 前期分析

在基于 MOOC 的混合学习模式设计之前，需要对教学目标、教学内容、学习者以及学习资源等方面进行周密地分析。

（1）分析教学目标。教学目标是整个教学过程的出发点和归宿。对教学目标进行分析也是对整个教学活动的设计和规划。一个完整的教学目标应该是多角度、多层面的。多角度的教学目标主要是指根据培养目标在行为、情感、思维等方面的要求设计具体不同的执行目标。多层次的教学目标是指教师要根据教学的总体要求深化、细化教学目标。一个教学目标的实现是一个由微观层面到宏观层面螺旋式上升的过程。宏观层面就是教学总目标，而微观层面的教学目标通过单元、课时、知识点等低层次的目标体现出来。低层次的教学目标完成之后才能进入下一层次的教学目标，不能一蹴而就。教师在授课之前首要的任务就是分析教学目标，这是教学过程每一个环节实施的依据，也是教学活动完成后开展教学评价的重要参考依据。

（2）分析教学内容。分析教学内容是根据已经确定的教学目标，对其进行深化和细化的过程。由于教学内容不像教学目标那样宏观、简练，而是详细、全面地对教学目标进行具体化，所以分析教学内容首先就要求教师要对各个所要掌握的知识和技能有清晰地了解和掌控，以及掌握这些知识和技能所需的方法和过程，同时也要对知识和技能进行科学的分类。在进行细致的教学内容分析后实施教学，才可以有效地提高教学的效率，保证教学的质量。

（3）分析学习者。对学习者分析的依据是因材施教的原则在教学中的要求，即要充分了解学习者的特征。无论是什么样的教学方式，这都是一个必不可少的基本环节。在以网络教学为主的 MOOC 教学平台对学习者的分析更为重要。它与传统的课堂教学不同的是，对学习者的要求和内容更为广泛和全面。不仅要了解学生的一般特征、初始能力和学习风格等基本特征，还要了解学习者是否具备基本的网络知识和能力，以及网络教学的适应能力和运用能力等。

(4)分析学习资源。学习资源是进行教学的信息基础。在当今信息爆炸的时代,各种信息资源浩如烟海,尤其是互联网的出现,更是加剧了知识信息几何倍数地增长。由于特定的教学目标的要求,因此并不是所有的信息都有助于学习者学习。相反,如果不对教学资源进行科学的分析,选择无用的甚至是错误的学习资源反而会导致教学目标的偏差、教学任务的失败。所以,如何能够快速地、高效地在信息的海洋中提取有用的信息也是网络教学教师应该具备的一种非常主要的素养。一般来说,MOOC平台的教学信息资源主要包括两种类型:一类是现有的学习资源。这类资源主要是网络所提供现成的资源。教师和学生可以通过网络随时随地获取所需要的各种信息以供自己使用;另一类是开发的资源。这类资源是指教师根据教学的需要自己设计、开发资源以供教学使用。相比之下,对这类资源的分析要求较高,要求教师具备一定的知识综合分析能力。总之,无论是哪种类型的学习资源,都要求教师在使用前进行周密的分析,保证所使用的学习资源能够有助于自己的教学和学习目标的达成和学习效果的体现。[①]

2. 教学活动设计

教学活动设计是为教学过程的顺利实施制定一系列的执行方案的行为总和。教学活动的设计包括教师的教和学生的学两个方面。

在基于MOOC平台的混合学习中,教学设计要始终坚持学生是学习的主体,教师是主导的原则。教师教学活动设计要与学生学习活动的设计有机地结合起来。在教学设计中既要包含传统教学的方式和方法,又要体现网络教学的特征;既要有课前设计,又要有课中和课后的设计;既要有网上教与学活动的设计,也要有网下教与学活动的设计。总体来说,主要包括课堂讲授、阅读、讨论交流、反思、学习评价的设计。

(1)课堂讲授。虽然现代信息技术已经渗透到教学的方方面面,但是,课堂讲授至今仍然是教学活动中最为有效的方式之一,是其他教学形式无法替代的。与人机对话的网络教学相比其最大的优势就在于:

[①] 何克抗,郑永柏,谢幼如:《教学系统设计》,北京师范大学出版社2002年版,第25页。

课堂教学不仅是传递知识的过程，而且也是师生之间真实的情感交流的过程。在课堂上，师生间可以通过口头语言、眼神、面部表情、肢体语言等方式进行零距离交流，创设一种以情动人、有感而发的真实的学习氛围，达到持之以恒的学习效果。所以在基于 MOOC 的混合学习过程中，课堂讲授是不可或缺的最主要的一种教学方式。因为，混合学习本质上就是将传统的课堂教学与现代的网络教学有机混合而形成的一种新型的教学模式。

（2）阅读。阅读是教学活动的基本环节。在基于 MOOC 的混合学习活动中，阅读也被赋予了新的要求和作用。在课堂讲授环节，阅读主要是教师根据教学目标为学生提供相关的阅读材料，引导学习者了解和掌握相关的知识和信息，这是传统课堂中最为常见的一种方式。但是，在混合学习的在线学习环节中，阅读的功能得到了极大的拓展。首先，MOOC 平台上所提供的阅读资料非常丰富，是传统课堂教学所无法比拟的。学习者可以根据自己的需要各取所需，最大化地满足不同学习者的兴趣和爱好。其次，阅读资料形式多样，包括精心设计的微视频、与课程章节对应的 PPT、生动形象的图片等都可以供学生选择。这些种类繁多的阅读资料极大地调动了学生的积极性，也能够有效地提高阅读的效率。

（3）讨论交流。传统的课堂教学由于时间和空间的限制，讨论交流往往流于形式，效果并不明显，所以很多教师把讨论当作一种课堂教学的辅助形式，并没有有效地发挥其应有的作用。因此，传统的课堂教学往往存在着由满堂灌式的教学而导致学生对知识的掌握缺乏消化、巩固的不足与缺陷。在现代教学中，越来越关注和强调学生积极性的培养，讨论交流的方式也受到了高度的关注。而在基于 MOOC 平台上的混合式教学则为讨论方式的应用提供了良好的环境。除了在课堂教学中应用之外，在课后教师和学生之间、学生和学生之间可以不受时间和空间的限制进行随时随地的讨论。在 MOOC 平台上设有功能强大的讨论交流板块，包括教师答疑区、综合讨论区以及课堂交流区。参与讨论者可以畅所欲言、各抒己见。讨论的内容既可以是课堂教学的主题和内容，也可以是自己的心得体会，经验总结。甚至每个学生都可以自己设置主题，引发集体的关注和讨论。从而真正发挥出其独有的功能和作用。

（4）反思。重视和培养反思意识和反思能力是现代教学的一个显著特征。教育者和学习者经常性地进行自我反思，能够及时发现教学或学习中的优缺点，为以后的成长和发展提供借鉴和帮助。在基于 MOOC 平台混合学习中，也充分体现了反思能力和素养的要求，并且通过多种方式为教师和学生进行反思提供了支持。比如定期与不定期地提交个人总结，通过互评的方式等进行自我反思。

（5）学习评价。基于 MOOC 平台开展混合学习非常重视学习评价在教学过程中的重要作用。首先是具备多样化的评价方式。通过诊断性评价，在进行学习之前充分了解学习者的知识和能力的准备状况，以调整教学目标和教学过程。在教学活动展开后，伴随整个教学过程而施以形成性评价，及时了解和掌握学习者的学习状况。在整个教学活动完成后，通过终结性评价进行综合的评价，作为后续教学活动的依据。其次是具有客观，全面的评价结果。通过上述多种评价手段的有机结合可以较为全面深入地了解学生的情感、态度和价值等，充分体现评价对教学的激励、诊断与促进作用。最后是具有快捷简便的评价功能。基于 MOOC 的混合学习无论是进行线上评价，还是线下评价，都是借助于计算机技术进行统计和分析。评价的结果既准确又快捷，这不仅大大减轻了教师的负担，而且效率很高。MOOC 平台可以对学生的学习经常性地开展不同类型的评价，使教师可以更为及时和全面地了解和掌握学生的学习情况，从而更好地改进混合学习的各个环节，最大限度地提高学习效率。

（四）以不同学科为主的混合学习模式

随着信息技术的普及，混合学习理念在各级各类学校都广泛接受。教育工作者，特别是中小学教师从自己的学科教学实际出发，把信息技术与不同学科结合起来，把线上和线下课堂结合起来，致力于探索和研究混合学习在学科教学中的途径与方法，并总结出了很多具体的、有效的模式、方法，对于提高不同学科的教学质量和效益起到了积极的推动作用。这些探索和研究几乎涉及到各级各类学校的绝大部分学科，呈现出百花齐放、百家争鸣的繁荣景象。

混合学习的理论在不同学科中的应用，一方面，检验了混合学习这一新型的教学方式的科学性、可行性、有效性，积累了丰富的感性经验和理性认识，极大地丰富和完善了混合学习的理论内涵，有助于混合学习模式的深入发展；另一方面，通过在不同学科中具体应用和实践混合学习的理论、方法，也在很大程度上促进了基层教育工作者对现代信息技术的认识和理解，并在实际教学工作中积极主动地开展信息技术教育的尝试和探索，进而有助于从整体上提升教育工作者的信息技术教育的素养。

第三节　混合学习的城市中心学校与乡村学校协同评价机制

作为一种新型的、有效的教学模式，混合学习利用互联网技术和手段在改革传统的教学模式，以及在教学设计、教学过程的实施等方面对于促进学生的有效学习已经呈现出明显的优势和效果。那么，如何进一步完善混合式学习的评价功能，使之能够全面、客观、真实地反映和判断教师的教学和学生的学习效果，则是这一教学模式今后能否进一步深入发展的一个重要的因素。目前，许多研究者和教师从不同的角度都对此进行了深入的研究，并提出了一些基于现代信息技术的评价模式。这些理论对于探索和研究混合学习的评价机制，总结行之有效的评价模式、方法和手段，丰富和完善混合学习的体系，进而从整体上发挥其优势和效果都具有重要的指导和借鉴价值。

一　混合式学习评价的基本理念

（一）多元化的评价主体

混合学习不仅是多种教学方式的有机结合，而且也是多主体共同参与的教学活动。教师、学生及相关参与者作为不同的主体在教学过程中都能够作为评价主体来展开教学评价，可以分为教师评价、学生自评、学习者互评以及其他角色评价等形式。这些不同的评价方式贯穿于整个教学评价的全过程，在很大程度上改变了传统教学中只重视教师单一的评价方式。

（二）评价项目综合化

传统教学评价往往以学业成绩作为主要的评价项目，忽略或忽视了对学习者综合能力和素养的整体评价，其结果必然会导致或加剧"片面追求升学率"的现象。混合学习评价强调评价项目的多元化、综合化、过程化、自主化等，既反映学习者的外在可测的客观因素，也反映情感、态度、学习风格的内在因素。

（三）多样化的评价手段

混合式学习借鉴和吸收了现代教育评价的科学理念，倡导通过使用多样化的评价手段对学习者的学业成就进行全方位的综合性评价，不仅有传统的考试评价方式，也包括了基于信息技术的电子学档评定、概念图、量规评定等评价手段。

（四）评价融入到教学过程中

与传统评价过于倚重终结性评价不同，在混合学习中对学习者的评价贯穿于整个教学的过程，如在学习活动展开前的诊断性评价，伴随学习活动全过程的形成性评价，以及学习活动完成后进行的终结性评价等。不同阶段的评价方式发挥着不同的作用，实现了对学习者整个学习活动完整的、综合的评价。

二　混合式学习评价的功能

（一）反馈功能

在教学中，由于学习者的基础往往参差不齐、各不相同，所以，教学活动一直以来把因材施教作为指导性原则。这一原则无论是对传统的课堂教学，还是网络教学而言都是不可或缺的。教学中的反馈功能是体现因材施教的重要保障。混合式学习评价对反馈功能的要求更为迫切，不仅要求教师要与学生进行及时的反馈，而且也提供了强大的在线反馈的平台，即使是课堂教学结束后，教师和学生也可以通过互联网进行即时沟通和交流。

（二）矫正功能

教师根据反馈的信息对自己的教学和对学生的学习进行矫正是混合学习有效实施的必不可少的一个重要功能。为此，混合学习也为教师和学生及时修正和弥补存在的问题提供了很多有效的方式和途径。比如，计算机辅助教学（CAI）就是通过将学习内容编成程序，学习任务完成后自动进入下一个任务，如果失败，就进行反复的纠错，直到成功为止。这样可以使学习者不带任何问题地进入新的学习任务，从而保证了教学的效果。

（三）激励功能

混合式学习评价的激励功能不仅体现在传统的课堂教学中教师对学生的表扬、赞许等。借助互联网的强大的传播功能，能够更加充分地发挥评价的激励作用。教师可以将对学生的评价结果发布在网络上，每个人都可以了解自己在团队中的位置、名次以及相应的评价标准。这样可以使优秀的学生提高自我肯定度，增强自信心，激发学习的兴趣；也可以使落后者产生适度的焦虑感，知耻而后勇，从而激发其上进的动力。

三 混合式学习评价的原则

第一，导向性原则。作为一种新型的教学模式，混合式学习评价应该体现现代教学理念的内涵和要求，有助于引导教师和学生的思想和行为趋向于更为科学的要求和标准。这主要体现在两个方面：一是混合式学习评价的标准在充分体现传统课堂教学要求的基础上，还应当充分体现现代信息技术教育的发展趋势，积极引导教师和学生更新观念，不断地提高自己的信息技术素养，在教与学中充分地发挥信息技术的作用，提高教学与学习的效率。二是混合式学习评价标准也要始终坚持教育的基本要求，也即是要有利于促进学生的全面发展，要以学习者为中心，促进学习者的个性的充分发展，实现教书育人的教育目标。

第二，有效性原则。混合式学习评价借助现代信息技术的强大功能，采用多元化的评价手段，目的就在于能够更为有效地了解和掌握教师的教和学生的学。所以，开展混合式学习评价就必须在评价过程中体现网络教学的内在规律和网络教学的特点，充分发挥现代信息技术的独特功能，实现教与学的效果的最优化。

第三，开放性原则。信息技术的最主要的特点就是开放性，可以满足不同学习者的需要。所以，混合式学习评价必须坚持面向全体学习者的原则。使每一个学习者都能够通过现代信息技术手段进行自我评价。同时开放性原则也要求混合式学习的评价标准和内容要根据教育教学的变化以及学习者的需求不断地完善、丰富和改进,评价的手段要不断地更新和发展。

第四,可行性原则。在混合式学习评价过程中体现可行性原则一方面要求评价的标准必须符合当前教育改革的发展趋势,反映当前教育的现实状况;另一方面要求评价的手段要切实可行,具有可操作性,切忌由于盲目地追求过新、过难的技术和手段而脱离教学的实际。

四 混合式学习评价的基本方式

第一,网络实时评价。网络实时评价系统是在开展混合式学习评价过程中,评价活动打破了时间和空间的限制,学习者可以借助于各种互联网平台随时随地进行实时的交流。这种评价系统具有快捷、灵活、高效的特性,能够为学习提供最快捷和最优化的反馈信息服务,从而实现对学习活动有效地监控、管理,提高学习效率。

第二,网络考试系统评价。网络考试系统是网络教学平台必不可少的一个功能。主要具备两个特点:一是灵活多样的评价方式。学习者的评价活动可以在任何地点、任何时间进行,也可以根据自己的学习状况自主选择相应评价的试卷,同时支持自动阅卷功能。二是精准快捷的评价结果。借助于计算机技术的强大数据统计和计算功能,使学习者在最短的时间内获得精确的评价结果,大大节约了时间,这是传统课堂教学评价所无法比拟的。[1]

第三,网络答疑系统评价。所有的网络教学平台都设置了在线答疑功能。混合式学习评价过程通过在线讨论和互动交流两种形式,教师和学生可以及时交流、互动。从而为教师调整教学方法,改进教学策略提供了便利。

第四,网络多媒体考试系统评价。采用网络多媒体考试系统主要是充分利用了音频、视频、图形等多媒体技术和手段,使教学评价变得生动、形象、活泼,从而克服了传统评价单一的语言式评价的不足。

总之,多媒体技术与教学评价的结合极大地丰富了教学评价的手

---

[1] 李海龙:《网络学习影响因素及其评价模式研究》,硕士学位论文,河南师范大学2010年,第18—25页。

段，拓展了教学评价的功能，提高了评价的效率。

五 混合式学习评价的基础与前提

（一）系统应满足的基本要求

混合式学习评价系统是以信息技术为基础而建立的。学习评价的实施以及评价的结果都取决于计算机的硬件技术和软件水平。所以，要保证混合式学习评价的顺利开展，强大的计算机系统和网络系统是必不可少的。[①]

第一，多种媒体集成。混合式学习评价的手段必须依托多媒体技术才能实现，要充分发挥音频、视频等独特的功能为学习评价创设真实的情景和氛围，使学习者的整个身心都沉浸其中，从而达到情景交融、产生共鸣的效应。这样的评价结果往往能够真实、客观、全方位反映出学习者的状况。

第二，多向信息交流。通过系统提供的完善的交流功能能够最大化地实现多路视频和音频信号的实时传送，使师生之间、学生之间可以不受限制地进行信息的交换。

第三，同步异步通信。计算机系统和网络系统要具备同步通信和异步通信交流的功能。使教师与学生可以在任意时段、任意地点进行交流。

第四，资源信息获取。系统要提供网页浏览、资源库检索技术，以使教师和学生能够方便、快捷地获取所需要的资源信息。

（二）教师应满足的基本要求

首先，要求教师要全面、深刻地理解现代教育评价的内涵，树立科学的正确的评价观。现代教育评价的内涵概括起来主要有以下几个方面：第一，教育评价是为教育而进行的评价，最终是为了实现教育的发展。第二，教育评价的目的在于保证教育活动正常、有序地进行，最终促进人的发展。第三，"价值判断"是教育评价的核心。第四，价值判断必须以一定的事实为依据。混合学习评价虽然是运用现代信息技术而

---

① 王敏：《网络自主学习中自我监控能力的培养与自我评价体系的完善》，《科技资讯》2013年第13期。

实施的，但是如果没有科学的评价观作为指导，仍然可能沦为传统教育评价的"附庸"，出现"新瓶装旧酒"的现象。

其次，评价要面向全体学生，要具有公平性。评价要指向每一个学生，指向学生的每一个方面。把促进全体学生的发展、促进学生的全面发展作为教育评价的最终目的和归宿。

最后，混合学习评价要求教师能够充分了解和应用多媒体的技术和手段，根据学科特点及教学的需要来选择与之相适应的评价方式，能够有效地发挥互联网的评价功能，使教学评价的手段灵活多变，多角度、全方位地了解和掌握学生的学习状态，并对学生的学习提供合理的指导方案。

（三）教学内容应满足的基本要求

第一，参与性。在混合学习中，教学资源通过网页、资源库、网站等形式存储在服务器中。学生是否能够积极主动地根据自己的需要通过网络浏览、下载、在线交流是实现混合学习的重要保证。一个适合的教学内容应该是不同水平的学习者都能参与其中的。因此，教师所呈现的教学内容必须要考虑到好、中、差不同层次学生的学习需求。通过教学评价，也能够全面地了解学生的学习效果。

第二，全面性。混合学习所设计的教学内容要能够反映学习目标的全面性，不能只是侧重于某一方面知识和能力的评价。

第三，非线性。传统教学的内容往往都是按照知识的逻辑主线由易而难设计构成的。这种单一的线性方式往往会造成学习者在初期学习效果较好，随着难度的加大，越来越多的学习者不能适应知识的难度，跟不上学习的进度，导致学习任务的失败。所以，在混合学习中，教学内容的安排必须要打破单一的线性方式，突出其非线性特性，让学习者根据自己对知识的掌握程度进行自主学习，使线性方式与非线性方式有机结合起来。

（四）学习方式与教学方式应满足的基本要求

第一，学习方式自主性。以学习者为中心是混合学习始终要坚持的核心理念。所以如何调动学习者的学习兴趣、让学生成为学习过程的主体就成为教学设计的主要问题。这就要求教师要根据学生的学习特点、学习需求和学习时空要求，设计适合学生学习的教学方案。

第二，学习与教学资源的开放性。学习资源在基于混合学习的环境中具有核心意义，主要包括丰富的网络学习资源和便捷的线下学习资源。这些资源需要在获取方式、交流方式、反馈方式、建构方式、学习空间等方面具有开放性特征，克服资源孤岛现象，能为学习者提供一种全息的学习环境。

第三，学习时空的泛在性。混合学习方式突破了传统课堂在空间和时间上的限制，使学习活动可以无时不在、无处不在，处在移动和全息状态，成为一种泛在学习平台。同时，随着网络的普及与推广，学校教育与家庭教育、社会教育联系得更为紧密，也需要通过互联网的纽带形成了一种学校、家庭、社会三合一的学习环境。

第四，教学方式的准备性。与传统教学方式的现场感不同，混合学习方式的教学需要教师切实准备好混合学习资源，主要包括微视频、在线学习资源、反馈资源、检测资源等。这些资源的准备需要教师花费大量时间，这就颠覆了传统教学课堂现场的概念，需要教师时刻处在准备教学资源的过程中。

六 不同理论导向下的混合式学习评价模式

由于研究者持有的立场不同，导致评价理论众多，因此混合学习的评价模式也是百花齐放，百家争鸣。综合看，主要的评价模式有基于模糊理论的混合学习评价模式、基于建构主义学习理论的混合学习评价模式和基于多元智能理论的混合学习评价模式。这些评价模式各具特点，对我们理解和应用混合学习的评价方式具有重要启发意义。

（一）基于模糊理论的混合学习评价模式

与传统教学评价过于强调知识学习的量化标准不同的是，现代教学活动越来越重视对学生学习进行综合化的评价，在要求知识和技能掌握的熟练程度基础上，更加侧重学生学习的行为和信息素养的培养，如学习过程中的参与度、情感、态度培养等。但是这些涉及非智力和学习品质方面的评价很难以定量化的评价方式获得。针对于此，1965年，美国加利福尼亚大学的 Zadeh 教授提出了模糊评价理论。起初主要是用于在产品质量、企业管理人员的选拔上进行模糊综合评价。[1] 随着人们对

---

[1] 刘普寅，吴孟达：《模糊理论及其应用》，国防科技大学出版社1998年版，第84页。

模糊评价的合理性认识不断加深，模糊评价受到了教育界的广泛认可。

1. 模糊评价理论的基本思想

模糊评价是指利用模糊数学的方法，对受到多个因素影响的事物，按照一定的评判标准，对其可能性进行评判。将模糊评价方法用于信息系统效益评价，可以综合考虑影响信息系统的众多因素，根据各因素的重要程度和对它的评价结果，用模糊数学对受到多种因素制约的事物或对象做出一个总体的评价，较好地处理信息系统多因素、模糊性以及主观判断等问题。模糊评价的核心思想是将一些难以定量的指标模糊化，特别是对于学习来说，许多学习成效都是内在的、隐性的，因此不能简单地通过"是"与"否"的判断来进行评价。

2. 基于模糊理论的网络学习评价的特征

首先，评价标准的综合性。基于模糊理论的网络学习评价并不是完全排斥数据化的定量评价，而是要求借助于精准的数据对学习者的学习状态进行深度的质性评价如学习者的学习兴趣、学习风格等。目的就是最大限度地了解学习者的完整的状态。

其次，评价方式的多元化。基于模糊理论的网络学习评价通过采用不同的评价方式获取不同的信息。每一种评价方式都具有不同的功能，反映的是学习者的某一方面的变化。如学习开始前的诊断性评价就与学习过程中形成性评价的标准与要求是不一样的。通过不同评价方式的综合应用，就可以尽可能地掌握更多的信息，做出更为科学、合理的判断。

3. 基于模糊理论的网络学习评价的基本流程

第一，建立评判集合。评判集合是评价者对评判对象进行多角度、不同方面的评价结果的汇总。要求评价必须要尽可能地收集到所有的影响评价的因素，考虑到的因素越多，对评价对象的认知就越全面、越客观。在综合考虑所有影响因素的基础上，寻求一个最科学、合理和精确的评判结果。

第二，构建学习评价指标体系。任何评价活动的开展都必须依据相应的评价指标体系才能得出客观真实的评价结果。评价指标体系的制定因根据不同的学习内容而不同。在混合式学习中应用好模糊评价方式，一方面，评价指标体系要尽可能全面、综合地反映学习内容，不能挂一漏万；另一方面，评价指标体系也要体现学习内容的层次性。一个完善的评价指标体系往往有不同层级的指标组成。同时，在建立评价指标体系时要科学地确定指标权重。不同的指标权重决定了评价所要强调和侧重的方面。只有科学、完整的评价指标体系才能真实、全面、客观地反映学习者的学习状态。

第三，实施模糊综合评价。通过多种评价手段对学习者的学习活动进行评价后，对评价信息进行分析、处理，对照确定的评价指标体系得出相应的评价结论。模糊综合评价必须是定性评价与定量评价的有机结合。

（二）基于建构主义学习理论的混合式学习评价模式

建构主义学习是当代一种全新的学习理论。基本观点主要体现在三个方面。首先，建构主义认为，学习是学习者在原有知识经验的基础上，在一定的社会文化环境中，主动对新信息进行加工处理，建构知识的意义（或知识表征）的过程。学习是学习者主动地建构内部心理表征的过程。学习者不是被动地接受外来信息，而是主动地进行选择加工；学习者不是从同一背景出发，而是从不同背景、不同角度出发；不是由教师统一引导，完成同样的加工活动，而是在教师和他人的协助下，通过独特的信息加工活动，建构起对现实世界的意义。其次，建构主义认为，知识并不是对现实的准确表征，它只是一种解释、一种假设，它并不是问题的最终答案，相反，它会随着人类的进步而不断地被"革命"掉，并随之出现新的假设；而且知识并不能精确地概括世界的法则，在具体问题中需要针对具体情境进行再创造。最后，从学习者形成的知识结构的构成来看。建构主义认为，知识结构并不是线性结构或层次结构，而是围绕关键概念而建构起来的网络结构的知识，既包括结构性知识，也包括非结构性知识，学习结果应是建构结构性与非结构性知识的意义表征。

1. 基于建构主义学习理论的混合式学习评价要素

对学生的评价。评价学生是否具有主动运用信息技术探究、学习和研究的能力和素养；是否具有通过网络进行相互交流、沟通以及共享信息实现协作学习的能力和素养；是否具有团队合作的能力和素养；是否具备进行知识建构所需的情感取向，创造性解决问题以及知识外化的能力和素养。

对教师的评价。评价是否具备教师运用现代信息技术对学习进行监测、管理、指导的能力和素养；是否具备设计和制定适合学生的学习水平以及培养学生自主学习能力的能力和素养、教学方法；是否具备从事科学研究，课程开发的能力和素养。

对学习环境的评价。评价创设的学习情境是否与学习者的学习需要有效地结合；教学环境是否有助于学生的参与、交流、协作与互动；教学环境是否有助于促进学生学习兴趣的培养以及信息积极性的提升。

2. 基于建构主义学习理论开展混合式学习评价的策略

第一，开展对教学全过程的评价。建构主义学习理论十分重视对学生进行全面、综合的了解与判断的基础上，培养学生对知识自主的建构能力。因此通过对教学全过程展开多元化的评价方式获取学习者的真实的学习状态是其主要的特征。通过诊断性评价，在进行学习之前充分了解学习者的知识和能力的准备状况，以调整教学目标和教学过程。在教学活动展开后，伴随整个教学过程而施以形成性评价，及时了解和掌握学习者的学习状况。在整个教学活动完成后，通过终结性评价进行综合的评价，作为后续教学活动的依据。通过上述多种评价手段的有机结合可以较为全面深入地了解学生的情感、态度和价值等。

第二，以自我评价为主。建构主义学习理论的核心理念就是培养学习者自我学习、自主建构知识的能力，因此，评价的过程与方式的导向也是充分体现以学习者自我的发展为目标的。无论采取何种评价方式，都主张学习者自主学习，鼓励学生积极参与学习、探究。这与网络学习的目标高度契合。网络教学为学习者提供强大的自主学习和自我评价"硬件平台"，如集成化的学习环境，具有交互功能的学习资源等。使学生和教师、学生之间通过相互交流、协商、评价，更为客观、全面地认识自我。充分体现评价对学习者的激励、诊断与促进作用。

第三，对评价对象进行多维度、多层次的评价。建构主义学习理论旨在促进学习者的综合学习能力与素养的培养。所以通过对学习者进行多维度、多层次的评价，全面了解和掌握学习者的学习状况和发展趋向是开展建构性学习的基本要求。多维度的评价就是要从知识、能力、品质、态度等多项指标尽可能地对学习者的整体状态作出判断。从而有效地克服了传统教学评价参照标准比较单一，过于关注考试成绩的弊病。多层次的评价就是要根据学习者的身心发展的阶段性、顺序性的规律，循序渐进。同时，也要根据知识自身的逻辑顺序，由易到难、由浅入深地进行评价。

第四，构建科学的评价指标体系。建构主义学习理论所提出的综合性的、全面性的评价要求必须要通过一整套科学的评价指标体系才能得以实现。基于建构主义学习理论构建评价指标体系就需要解决"建构什么样的知识""如何建构""建构知识的有效性"等问题。这也对混合学习的开展提出了新的思路和要求。

（三）基于多元智能理论的混合式学习评价

1983年美国哈佛大学教育研究院的心理发展学家霍华德·加德纳（Howard Gardner）通过研究脑部受创伤的病人，观察到他们在学习能力上的变化和差异，由此提出多元智能理论。多元智能理论对于形成正确的智力观、教学观、学生观、发展观、评价观等方面都具有深远的意义。在当代教育领域广为应用。

1. 多元智能理论对学习评价的启示

多元智能理论认为，传统的智力测验过于关注对知识的死记硬背，强调语言测试的方式，最终目的仅仅是为了形成学习者的逻辑和线性思维而努力的，在很大程度上忽视了学习者的理解能力、动手能力、应用能力和创造能力，因而带有很大的片面性和局限性。人的智力是由多种能力构成的，学校的评价指标、评价方式也应多元化，注重对不同人的不同智能的培养。多元智能理论为网络学习评价的目的、内容、实施带来新的启示。

（1）评价的目的是发展学生的多元智能

多元智力理论认为，一个人的智能主要包括八种：言语—语言智能、逻辑—数理智能、视觉—空间智能、身体—动觉智能、节奏—音乐智能、交流—人际交往智能、自知—自省智能、自然智能。因此对人的智能的评价也应是一个多元化的过程，评价应基于不同智能所依存的相应的情景进行评估。由此多元智力理论也极大地扩展了学生学习评估的基础。[1]

---

[1] 冯义东：《基于多元智能理论的网络学习评价》，《现代远距离教育》2007年第2期。

（2）评价的内容应多元化

多元智力理论认为传统的智力定义过于狭窄，人类的智能至少可以分成七个范畴：语言、数理逻辑、空间、身体—运动、音乐、人际、内省。这是对一个个体进行完整性评价的基本内容。所以评价也必须反映出这些内容所要达到的程度。多元智力理论大大地拓展了我们对学习者的认识，从而丰富了教育评价的内涵。

（3）评价的实施应情境化

传统评价基本上是单一的考试或测验方式。这种评价方式过于考评学习者的理论知识的学习，而相对忽视了实践技能的掌握，同时也存在着知识与实际生活脱节，导致所学知识学非所用的现象。多元智能理论认为，智能的多元性决定了评价也应该是多元化的。评价的实施必须要根据智能的不同维度选择不同的场合和方式。多元智能理论尤其重视情景化的评价，主张评价必须在各种真实的情境中进行，评价要能够真实有效地反映学习者解决实际问题的能力，以便能够客观地评价学生的智能发展水平和学业进展水平。

（4）评价的主体应多元化

与传统评价强调教师是权威和唯一的评价主体地位不同的是，多元智能理论认为，[①] 要获得真实有效的评价信息，必须采用多元化的评价主体。有些内容是需要教师做出评价的。但是，从自我认识智能和人际交往智能的要求看，学生对自我的评价往往更具有说服性。所以对某一个学生的评价应该是包括教师、学生同伴、学生本人共同进行的，这样有助于提高评价的信度和效度。

2. 基于多元智能理论的混合式学习评价的实施原则

多元智能学习理论也为混合式学习的评价提供了主要的理论依据，丰富和拓展了混合式学习评价的内涵和外延。基于多元智能理论为指导的混合式学习评价也有必要遵循如下的原则：

（1）评价内容多元化原则

在网络学习评价中，应以促进和发展学生的多元智能为目的，把多元智能学习理论提出的七种智能纳入评价的内容当中。充分发挥网络资

---

① 张晓峰：《对传统教育评价的变革》，《教育科学研究》2004年第4期。

源丰富、学习方式灵活的优势，将学习内容以视频、音频、课件的形式呈现出来。从而引导学习者的学习活动向多维度、综合性的趋向转变。

（2）评价实施情境化原则

网络学习能够借助计算机多媒体技术模拟教学所需的各种情景，为学习者尽可能地提供真实、生动的学习环境，这是网络教学的巨大优势。所以依据多元智能学习理论的要求，混合式学习评价就应该充分利用多媒体技术，多开发设计音、视频课件。同时，也可以通过视频会议、网络论坛等方式开展交流与互动。努力为学习者创设更为真实、生动的学习环境。

（3）评价主体多元化原则

混合学习环境中，教学评价的主体有行政人员、学习者、学习内容本身等，其评价实施应该是一个多主体参与的过程。首先是教师的评价。这是最为普遍的一种方式。但是在混合学习中，教师的评价不能只限于成绩的评定，而是要体现多元化的评价角色，比如教师既是指导者、咨询者，也是朋友、父母的角色，不同的角色所发挥的作用不同，获取的信息也不同。这样可以使教师更为综合地了解学生的真实情况。其次是同伴评价。同伴之间的相互评价能够克服代沟、教师权威的影响。相仿的年龄特征、心理特征和学习经历更有助于同伴之间的沟通和交流。最后是学习者的自我评价。自我评价可以充分调动学习者的积极性、促进学习者的自我反思能力的培养。所以在混合学习环境的环境中应该提供多元化的评价平台和渠道，充分发挥每一个参与者的主观能动性，提高评价的可靠性。

（4）评价的方式应多样化

多元智力理论关注的是学习者智能的综合发展，所以对学习者评价的方式也必须是多样化的。在混合学习中实施评价也应该按照不同的要求采用灵活、多样的评价方式。根据学习者的学习过程，评价可以采用诊断性评价、形成性评价和终结性评价，使评价贯穿于学习活动的全过程。根据学习的内容的不同评价可以通过专题作业评价、学习记录评价以及项目研究评价三个方面进行。[①] 专题作业评价是对教学内容划分为

---

① 薛桂琴：《多元智能理论视野下的教育评价策略探析》，《现代教育科学》2008年第3期。

不同的专题，学生每完成一个专题就辅之以相应的评价，这样可以保证具体内容的掌握。学习记录是进行评价时教师要随时跟踪、记录学习者的学习情况，最后通过对学习者一个完整的学习活动进行综合分析的基础上，修改和调整策略。项目研究评价是教师根据学生的兴趣和特长，把教学内容设计成不同的项目，组成学习小组，通过学习者自主、合作的探究式学习去解决具体问题。学习任务完成后，通过教师评价、同伴互评、学习者自我评价汇总评价信息。

3. 基于多元智能理论的混合学习评价的结果分析

在混合学习中对学生的学习结果进行评价时，应正确处理多种评价方式以及多种评价主体在评价结果中所占的比重。无论是专题作业评价、学习记录评价还是项目研究评价，都应当实现评价主体的多元化，由教师、学生本人和同伴共同参与评价，这样有利于提高评价的信度和效度。教师与学生本人、同伴评价所占的比重是不同的，其中教师评价应占有重要地位。

教学评价方式的选择、评价内容的分析最终都是为了得出科学的、综合的评价结果。评价结果具有承上启下的作用，对上一个学习活动进行总结是为其后的学习活动提供依据，所以评价结果是对一个个相对独立的教学活动的联结纽带。在混合学习中，教学评价的结果在充分利用和发挥互联网技术的基础上必须注意以下几个方面：首先是评价主体的全员参与。不同的评价主体得出的结果是不同的，通过综合教师评价、同伴互评、学习者的自我评价信息的综合分析，就可以得出相对客观、真实的评价结果。其次是评价指标体系的构建。评价指标体系是对教学和学习活动所要达到的目标细化的过程，是进行评价的参照标准。通过对获得的原始信息与评价指标体系进行对比分析，发现其中的差异性和相关性，就可以获得客观的评价结果，为以后的教学与学习活动提供改进和调整的依据。最后要确定科学的评价权重系数。不同的权重系数体现的是对评价目标的侧重。科学的权重系数可以有效地确定教学与学习活动的主次、轻重、缓急，引导教师和学生今后明确未来的努力方向。可以大大提高教学评价的效率。

第四章　我国城乡教育一体化背景下实施混合学习的现状与问题研究

城乡教育一体化主要是针对我国教育中长期存在的城乡二元经济结构和社会结构所造成的城乡教育间存在的客观差距，旨在通过城乡教育的统筹、协调发展，缩小城乡之间的教育差距，促进城乡教育资源共享、优势互补。

2016年7月2日，国务院发布了《关于统筹推进县域内城乡义务教育一体化改革发展的若干意见》，为推动城乡基础教育的协调发展，促进教育公平提出了明确的指导思想、基本原则、工作目标和主要措施。

第一节　我国基础教育信息化现状

随着全球范围内互联网信息技术的兴起，信息技术在我国中小学阶段的普及和应用也成为一个必然的趋势。党和国家对此高度重视，习近平总书记就专门提出"通过教育信息化，逐步缩小区域、城乡数字差距，大力促进教育公平，让亿万孩子同在蓝天下共享优质教育、通过知识改变命运"[①]。党的二十大报告又明确提出推进教育数字化。

---

① 《习近平致国际教育信息化大会的贺信》，《人民日报》2015年5月24日第2版。

一　我国信息技术教育的整体环境已初具规模

改革开放40多年来,我国基础教育信息化建设取得了举世瞩目的成就。2021年4月25日国家网信办副主任盛荣华在第四届数字中国建设峰会主论坛上发布《数字中国发展报告（2020年）》。根据报告,截至2020年底,我国中小学（含教学点）互联网接入率从2016年底的79.37%上升到100%,98.35%的中小学已拥有多媒体教室,网络扶智持续激发贫困群众自我发展的内生动力。[①]

以上成就得益于我国政府的大力支持。为加快基础教育信息技术的发展,国家采取了一系列的重大举措,制定了一系列的重大政策为基础教育信息技术教育的发展提供了制度保障。

2000年,教育部出台《关于在中小学普及信息技术教育的通知》明确提出要在全国中小学普及信息技术教育。

2000年2月,教育部正式立项建设"国家基础教育资源网",将国内教育优势地区的名校名师资源集中起来,为全国师生提供个性化的空间和服务。促进"优质资源班班通"和"网络学习空间人人通",让优质资源和创新应用惠及人人。"国家基础教育资源网"是我国本世纪初确立的基础教育信息化领域重点建设项目之一。

2003年9月,全国农村教育工作会议下发了《国务院关于进一步加强农村教育工作的决定》。明确提出"实施农村中小学现代远程教育工程,促进城乡优质教育资源共享,提高农村教育质量和效益"。

2003年11月,教育部、国家发展和改革委员会、财政部联合发布《农村中小学现代远程教育工程试点工作方案》,开始在全国农村中小学实施"农村中小学现代远程教育工程"试点工作。

2005年3月,国务院批准三部委实施农村中小学现代远程教育工程的总体方案。从2003年开始,中央从本级财政和国债资金中安排了13.44亿元用于中西部农村中小学现代远程教育试点工作,采取地方负责、所需经费由中央根据不同区域经济社会发展情况予以适当补助的办

---

① 国家网信办：《数字中国发展报告（2020年）》,http：//www.gov.cn/xinwen/2021-07/03/content_5622668.htm,2021年7月3日。

法。尤其是西部试点地区以中央投入为主，地方投入为辅，中央专项资金占到了试点地区总经费的2/3。争取用五年左右的时间，在农村小学教学点基本配备教学光盘播放系统（约11万个），在农村小学基本建设卫星教学收视点（约38万所），在农村初中建设计算机教室（约4万所），以缓解西部地区农村中小学教育资源短缺和师资不足，促进师资水平和教学质量提高。[①] 至2007年底，历时五年，共计投资100亿元，农远工程在全国农村中小学全面实施完工。

2010年，党中央、国务院颁布《国家中长期教育改革和发展规划纲要（2010—2020年）》中提出"加快教育信息化进程"的发展战略。

2010年教育部、财政部联合实施"中小学教师国家级培训计划"。中央财政每年投入数十亿元对中小学教师进行"中小学教师示范性培训项目"和"中西部农村骨干教师培训项目"等方面的培训。共培训教师700多万人次，其中农村教师占96.4%，基本实现了对中西部农村义务教育学校和幼儿园的教师的全覆盖。通过这一普惠性工程，提高了中西部农村中小学老师的教学技能和信息化应用能力，也缩小了其与城镇教师在信息化技能方面的差距。

2016年，教育部印发的《教育信息化"十三五"规划》中提出，要在2020年基本形成具有国际先进水平、信息技术与教育融合创新发展的中国特色教育信息化发展道路。

2018年4月13日，教育部关于印发《教育信息化2.0行动计划》的通知。明确指出，到2022年要实现"教学应用覆盖全体教师、学习应用覆盖全体适龄学生，信息化应用水平普遍提高"。

2021年1月20日，教育部、国家发展改革委、工业和信息化部、财政部、国家广播电视总局等五部委联合印发了《关于大力加强中小学线上教育教学资源建设与应用的意见》（以下简称《意见》）。《意见》指出，用五年时间建立健全国家和省级中小学线上教育教学平台资源体系和运行机制。这是自2000年我国基础教育信息化正式启动以

---

① 冯艳玲：《城乡一体化背景下的现代远程教育改革创新对策》，《继续教育研究》2016年第6期。

来，第一个由教育部牵头、多部门联合印发的针对中小学线上教育教学资源建设与应用工作的规范性文件。①

《意见》本着坚持育人为本、坚持统筹规划、坚持集成创新、坚持应用导向的原则，着力解决三个问题：丰富优质的资源建设问题、网络平台运行保障问题、线上资源与教育教学融合应用问题。基本目标是到2025年构建三个体系：一是基本形成定位清晰、互联互通、共建共享的线上教育平台体系；二是覆盖各类专题教育和各教材版本的学科课程资源体系；三是涵盖建设运维、资源开发、教学应用、推进实施等方面的政策保障制度体系。

《意见》提出了五项重要举措：一是加强国家、省、市、县、校级平台体系建设，统筹利用网络和电视渠道，促进资源共享，渠道互补，覆盖全体学生，国家层面完善国家中小学网络云平台和中国教育电视台空中课堂。二是高质量开发资源，坚持把德智体美劳全面发展育人理念贯穿到资源建设中，重点开发两大类资源，广泛汇聚丰富的专题教育资源，以"四高"（即参与地区教育质量高，所在学校办学水平高，参与教师教学水平高，技术团队专业水平高）标准系统建设课程教学资源。三是充分发挥平台资源作用，服务学生自主学习、服务教师改进教学、服务农村提高质量、服务应对重大公共事件以及增强师生互动交流。四是提高师生应用能力，加大教师培养培训；提升学生信息素养，将信息素养培育有机融入各门学科教育教学。五是完善政策保障体系。设立重点建设项目，用五年时间建立健全国家和省级中小学线上教育教学平台资源体系和运行机制；加强基础条件保障，明确教育等各部门的职责，加强协作；推进资源开发应用，完善资源开发遴选、优质资源奖励、应用动力机制。

《意见》着眼教育现代化发展，为中小学线上教育教学资源建设与应用提供支持与服务，扩大优质教育资源有效供给，满足线上教育教学资源建设的现实需求，深化基础教育育人方式的改革，促进教育公平、提高教育质量，是支撑我国"十四五"期间构建高质量基础

---

① 教育部等五部门联合发布《关于大力加强中小学线上教育教学资源建设与应用的意见》，2021年2月8日，http://www.moe.gov.cn/jyb_xwfb/gzdt_gzdt/s5987/202102/t20210208_512956.html。

教育体系、推动教育现代化进程的重要举措。对于践行教育信息化2.0发展理念，推动基础教育信息化融合实践深层次发展具有重要意义。①

在这一系列的重大举措的支持下，全国各地也结合当地的实际积极创新，不断探索，总结出了许多促进信息技术教育发展的经验。可以说，我国信息技术教育的发展已经进入了一个全新的大发展时期。

二　我国基础教育信息化发展仍然面临着严峻的考验

尽管我国基础教育信息化整体上取得了十分显著的成就，但是从当前在全国范围内推进基础教育信息化过程中来看，由于我国区域间、城乡间的自然地理环境、社会发展环境和经济发展环境存在的客观的差异，不同地区、城乡间基础教育的发展水平也呈现出发展不均衡的状况。这种发展差距在互联网、信息化时代的背景下，有更为加剧之势，突出表现就是城乡间基础教育信息化的差异性更为显著。②

（一）信息网络化建设及软硬件等基础设施方面的差异

在当前，随着城镇化进程的加快，我国农村地区的发展水平得到了很大的提升，农村的基础教育也有了前所未有的发展，但是，从整体上看，我国农业大国的现状仍未得到根本性的改观。农村地区经济落后仍然是困扰着教育发展的主要问题。此外，在我国的边远山区和广大少数民族地区的社会、经济发展长期滞后也更加加剧了发展的不平衡，尤其是在基础教育信息化发展进程中，这种差距又有不断扩大的趋势。

众所周知，教育领域推进信息化发展对教育发展的方方面面都提出了更新、更高的要求，不仅在经费投入方面力度更大，而且在信息化基础设施的建设方面与以往的要求也截然不同，不仅仅满足于传统的"一无两有"（无危房，有课桌、有教材）的基本教育条件的具备，而

---

① 教育部等五部门联合发布《关于大力加强中小学线上教育教学资源建设与应用的意见》，2021年2月8日，http：//www.moe.gov.cn/jyb_xwfb/gzdt_gzdt/s5987/202102/t20210208_512956.html。

② 秦建平、张惠、李晓康：《现代化进程中的城乡教育一体化监测标准研究》，《上海教育科研》2014年第6期。

是要提供当前信息技术的各种先进的设备和技术手段。其中最基本的条件至少要包括一系列硬件设施，如电脑、投影仪、话筒、音响、多媒体操控平台等设备。同时，信息技术教育实施也离不开各种软件环境的建设，如多媒体课件、操作系统等软件。除此之外，影响和制约信息技术教育发展的最为关键的因素就是网络环境的建设。信息技术教育对网络系统的建设要求更高、投入力度更大。可以说，要实现信息技术教育的发展目标，以上条件缺一不可。但是，从当前我国信息技术教育推进过程中存在的主要问题来看，这些方面又是加剧城乡间、地区间基础教育发展差距的新的原因表现。农村地区学校信息技术设备拥有量的普遍不足，现代化的、精良的信息技术设备更是严重缺乏是当前基础教育发展不平衡的突出问题。

（二）信息意识，信息素养的差异

信息技术教育的发展的保障除了上述硬件设施条件的具备之外，还有一个关键性的要素，就是开展信息技术教育所需的师资力量要满足需要。这也是目前我国信息技术教育发展中存在的一个"瓶颈"问题，而农村信息技术教育师资严重不足、现有教师信息技术教育素养偏低又是"瓶颈"中的"瓶颈"。信息技术教育是一种全新的教育方式，与之相应，也需要树立全新的教育理念，培养和具备全新的教育素养，可以说对教师提出了全方位、变革式的要求。但是，目前在我国农村地区的许多教师仍然受到传统思想观念的影响，在教育中依然固守着"应试教育"的观念和做法，将升学作为教育的唯一目标，对实施信息技术教育的重要性认识不足，也很少主动去学习和提高自身的信息技术教育素养。很多农村地区学校的信息技术教育工作仅仅停留在表面的、形式的层面上，导致信息技术教育的优势和作用在农村地区教育的发展中收效甚微，直接影响到农村地区学校信息技术教育的顺利开展。

（三）师资队伍信息化水平的差异

信息化时代对教育提出的全新的要求之一主要是表现在教师的信息化水平的变化方面。教师掌握现代信息技术的熟练程度，直接影响教学的质量和学生的学习效果，这已是不争的事实。从我国目前城乡基础教育师资信息化水平的发展程度的差异性来看,主要体现在如下几个方面:[1] 一是教师队伍的学历水平存在差异。由于师范类大学毕业生大多数往往不愿去边远的农村地区,农村教师的学历水平与城市学校相比仍然有一定的差距。这种状况也直接制约和影响了农村教师对现代信息技术教育的接受和掌握的能力。二是教师信息化教学能力存在差异。从当前我国基础教育师资的信息化整体水平来看,还不能满足课程改革背景下教育教学的需要。农村教师队伍的信息化水平则十分令人堪忧,需要提升的空间更大。三是城乡中小学教师信息技术培训存在差异。虽然目前从中央到地方都把中小学教师信息技术培训作为重要的内容,但是由于受制于农村教师对信息技术教育的需求和能力的现实状况,以及开展信息技术培训的硬件和软件条件的差距,导致农村中小学信息技术教育的培训的实际效果与城市中小学相差甚远。也在某种程度上加剧了城乡基础教育信息技术教育的发展差距。

(四)课程信息化建设的差异

基础教育信息化课程建设是实现信息技术教育目标的重要途径。在这方面,城乡中小学也存在着较大的差异性。[2] 一是信息技术类课程的开课率。城市中小学由于信息技术教育的设施相对完善,从事信息技术教育的师资较为充足,所以信息技术开课率普遍都能达到要求,满足教学的需要。相比之下,农村中小学信息技术开课率仍然较低,尤其是偏远地区的中小学校甚至连基本的信息技术教育的设施都不具备,教育信息化课程的开设也就无从谈起。二是课程数字资源库的建设存在差异。城市学校由于地处社会经济发展的中心,普遍具有较好的信息化环境。在硬件设备的更新、软件开发与应用以及信息技术专业人才保障方面都具有得天独厚的优势。城市中小学校在数字资源开发与建设以及应用的状况要远比农村地区的的中小学好得多。一些有条件的城市中小学甚至全部课程资源实现网络化。在此次新冠肺炎疫情背景下,城市中小学基本上都实现了"停课不停学"的目标就是一个很好的例证。相比而言,

---

[1] 戴珍明:《现代远程教育促进城乡教育一体化时代教育》,《时代教育(教育教学)》2011年第3期。

[2] 关学增,许素梅:《县域城乡义务教育一体化实施路径探讨》,《许昌学院学报》2013年第6期。

农村的中小学在这方面则显得十分滞后。

（五）信息技术教育经费投入渠道存在着差异

农村中小学的教育经费投入除了政府财政拨款外，基本上再无其他来源渠道，远远不能满足信息技术教育发展的需要。而城市中小学除了政府财政拨款外，许多学校还能够经常性地受到当地企业的支持和资助，提供较好的设备和一定经费，以及专业技术人员的指导可以在很大程度上改善学校的信息技术的条件。这种状况也在无形中加剧了农村与城市学校信息技术教育发展的差距。

（六）信息技术教育专业人才的差异

有研究表明，[①] 从我国当前中小学教师学历专业结构来看，拥有计算机专业硕士学位的教师占0.5%、全日制本科学历占43%、专科学历占43.7%、高中、中专及以下学历占12.8%。中小学教师中高层次的信息技术教育专业人员比例偏低，其中高层次人才都集中在大中城市的中小学中，农村中小学信息技术教育人才的学历普遍偏低。许多农村学校现有的计算机任课教师也往往是半路出家，没有经过正规、系统的计算机专业的学习，从而导致整个农村学校计算机教学教师队伍专业水平有限。

第二节 我国城乡教育一体化背景下实施混合学习的制约因素

从上述对我国信息技术教育的现状分析，我们可以发现这样一种状况，从国家和各级地方政府层面来看，对信息技术教育的认识已然形成了"大有可为，大有作为"基本的共识，并且采取了一系列政策、措施大力推进和建设信息技术教育的环境，也取得了举世瞩目的成就。但是作为信息技术教育的具体实施者和受益者的基层学校和广大教育工作者，尤其是农村教育工作者却对信息技术教育的认识和理解以及应用存在着很多的不确定性，致使信息技术教育的效益大打折扣，并没有充分

---

① 陈静漪，宋晓华：《从城乡分立到城乡一体化：中国农村义务教育供给机制演进路径分析》，《西南大学学报》（社会科学版）2012年第9期。

体现出其应有的作用和价值。这也说明，要大力推进我国信息技术教育"落地生根"，充分发挥其效益，当前的重点是要全面深入地了解和掌握基层学校和教育工作在接受和应用信息技术教育过程中存在的客观现实问题。而农村中小学校和广大农村教师则又是其重中之重。有鉴于此，就有必要澄清以下三个方面的问题：

第一，信息技术教育为乡村教师的"教"带来了什么？在当今互联网日益普及的时代背景下，信息技术已经渗透到社会发展的各个层面，并带来了深刻的变化。教育领域更是如此，教育与信息技术和网络技术的深度融合已然是当前和未来教育发展的一个不可阻挡的趋势。但是，作为一个新生事物，信息技术教育的普及与推广也必然会受到来自不同的客观实际环境的影响与制约。如果不对这些问题进行科学合理的分析，盲目搞"一刀切"的做法是不利于信息技术教育的发展的。

那么，针对我国农村地区基础教育的客观现状，就必须要明确：信息技术教育能够为乡村教师的"教"带来了什么？发挥怎样的作用？农村学校与城市学校存在的发展差距，就要求农村学校在普及和推广信息技术教育过程中一定要符合农村学校的实际，不能盲目追求"高大上"的目标，而是要更多地关注农村教师对信息技术教育的"应用实践"层面上。也就是首先要让农村学校的教师学习和了解信息技术教育的基础知识，形成基本的能力素养，并在教学中逐步应用所掌握的信息技术教育的知识和方法，从中体会到信息技术教育对教学带来的各种变化，最终形成积极主动地利用信息技术教育手段解决教学实际问题的意识和能力。

第二，乡村教师"深度应用"信息技术教育的阻力是什么？当前，农村教师在满足了对信息技术教育的基本需求后，实现从"低端使用"到"有效应用"到"高效掌控"的过程，这也是未来乡村教师信息技术教育能力与素养提升的一个必然的要求。[1] 这个过程的达成需要解决两个问题：一是要不断更新与改造农村学校的信息技术教育硬件设施的建设，逐步把各种信息技术发展的最新技术和设备投放到农村学校中去，使农村教师也能够充分享受到信息技术教育最新成果对教育教学带

---

[1] 王飞军：《农村义务教育投入机制存在的问题与对策》，《农业考古》2006年第6期。

来的真实的效果。二是要持续不断地加强对农村学校教师信息技术教育的培训力度。通过培训不断更新与改造农村学校教师的信息技术教育的观念，让农村学校的教师也能够掌握最新的信息技术教育的知识和技能，实现同步发展。

第三，信息技术教育背景下乡村教师的角色定位。信息技术对教育带来的变化是革命性的，对教师的"教"和学生的"学"都产生了深刻的影响。与信息技术相应的各种新型的教学方式，如合作学习、自主学习、翻转课堂等也在客观上影响和改变着传统意义上对教师角色的认识和定位。在当前信息技术教育普及的时代背景下，教师更多是充当"指导者""合作者"等角色。

农村学校的教师往往受制于传统教育观念的影响较深，难于适应这种转变。但是，从教育长远的发展趋势来看，这种转变是不以教师的个人意志为转移的。否则就会与现代的信息技术教育理念背道而驰，也必然会阻碍信息技术教育在广大农村学校的推广和发展。

在明确了上述问题后，针对当前农村学校和教师在信息技术教育应用的实际，从技术、文化与素养层面就农村学校和教师在信息技术教育中存在的主要问题进行归因分析。

一 新技术难以融入乡村教学

以"互联网+"为代表的现代信息技术本质上是多种高精尖新技术集成，具有开放性、包容性、交互性等特点，在各个层面改变，甚至重塑着人类的生活方式和发展方式。但是需要注意的是，无论何种技术手段，首先只有与相应的应用场域有机的融合才能发挥其已有的作用和价值。同时，各种新技术也只有通过人的使用才能发挥其最优化的效用，在教育领域亦是如此。[1] 但是，从农村中小学信息技术教育实施的现实状况来看，目前在乡村教师应用互联网和信息技术方面存在的问题主要包括两个：其一，各种信息教育的技术手段和技术设备不能满足乡村教师的正常需要；其二，各种信息教育的技术手段和技术设备与乡村教师

---

[1] 王皓磊，丁邡：《推进农村"互联网+教育"平台建设的政策思考》，《中国经贸导刊》2015年第27期。

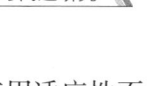

的需求脱节，导致各种信息教育的技术手段和技术设备的应用适应性不佳，并没有发挥出最优化的效益。① 产生这样的原因主要体现在如下几个方面：

（一）支持课堂教学的技术设备不能满足正常需要

针对农村学校的实际状况，我国在信息技术教育的推进过程中也制定了一系列特殊政策和举措，如国务院批准三部委实施农村中小学现代远程教育工程就是其中的一个主要体现。通过实施农村中小学现代远程教育工程，为全国约 11 万个农村小学教学点配备教学光盘播放设备和成套教学光盘，极大缓解了农村学校在信息技术教育方面的不足。

但是，由于受制于农村地区相对滞后的经济和社会发展的水平，这些措施自然不能满足广大农村学校从整体上普及和推广信息技术教育的需要。

1. 可用设备不足

表 4—1 所反映的是乡村学校学生数与计算机数比（简称：生机比），可以看到，生机比为 20 以上：1 的学校占到了 41.9%；表 4—2 所反映的是乡村学校乡村教师数与计算机数比（简称：师机比）。师机比为 0—5：1 的仅占 35.7%。可以说，对农村学校来说就连开展信息技术教育所需的最为基本的计算机设备都十分匮乏，如表 4—1 与表 4—2 所示。

表 4—1　　调查的乡村教师所在学校学生数与计算机数比

比例	频率（次）	百分比（%）	有效百分比（%）	累积百分比（%）
0—10：1	34	15.7	15.7	15.7
10—15：1	28	12.8	12.8	29.5
15—20：1	7	3.7	3.7	32.3
20 以上：1	89	41.9	41.9	77.1
不清楚	47	21.9	21.9	100.0
合计	205	100.0	100.0	

① 余胜泉，陈莉：《构建和谐"信息生态"突围教育信息化困境》，《中国远程教育》2006 年第 5 期。

表4—2　　　　调查乡村教师所在学校教师数与计算机数比

比例	频率（次）	百分比（%）	有效百分比（%）	累积百分比（%）
0—5∶1	76	35.7	35.7	35.7
5—10∶1	46	21.4	21.4	58.0
10—15∶1	22	10.0	10.0	69.0
15以上∶1	29	13.3	13.3	83.3
不清楚	32	14.6	14.6	100.0
合计	205	100.0	100.0	

表4—3是教师日常教学环境的信息化设备情况，统计显示只有58.2%的多媒体教室配备有电子白板，尚有15.2%的乡村教室没有配备任何信息化设备。

表4—3　　　　教师日常教学环境的信息化设备配备情况

类别	频率（次）	百分比（%）	有效百分比（%）	累积百分比（%）
其他	2	1.0	1.0	2.0
功能教室	6	3.3	3.3	4.2
普通多媒体教室	46	22.3	22.3	26.6
无信息化设备的传统教室	31	15.2	15.2	41.8
有电子白板的多媒体教室	121	58.2	58.2	100.0
合计	206	100.0	100.0	

表4—4为学校提供的信息技术应用设备的联网情况，统计显示尚未配备任何计算机设备的学校占4.2%，配备计算机设备但使用不便的占21.8%，能够使用计算机但不能上网的仍占13.6%。

表4—4　　　　学校提供的信息技术应用设备的联网情况

类别	频率（次）	百分比（%）	有效百分比（%）	累积百分比（%）
能够使用计算机，但不能上网	27	13.6	13.6	13.7
能够使用计算机并上网	126	60.4	60.4	73.7
没有计算机	8	4.2	4.2	78.2
配备计算机但使用不便	45	21.8	21.8	100.0
合计	206	100.0	100.0	

可以说，信息技术教育设施严重不足目前仍是困扰农村学校开展信息技术教育的关键因素。

2. 信息技术教育设备的更新和维护不能跟进

信息技术教育设备的不断更新和改造是开展信息技术教育的重要保障，也是影响信息技术教育效益和质量的重要因素。目前，农村学校在信息技术教育推进中也存在着设备陈旧、落后，维护不能跟进，维护人员数量不足，售后服务不到位等诸多问题。有相当一部分农村学校的信息技术教育设备要么是陈旧的产品，要么是被淘汰的产品。由于经费不足，更新换代难以保障，普遍存在着"老牛拉破车"的现象。即使是现有的信息技术设备，由于缺乏专业的维护人员，很多信息技术设备也都年久失修，很难发挥作用。此外，有很多农村地区由于地处山大沟深、交通不便的偏远地区，信息技术设备售后服务不到位，故障设备维修周期较长也影响着使用效率。

（二）偏颇的信息技术教育观念观阻碍了信息技术的深度应用

信息技术的迅猛发展不仅带来的是技术手段的更新和变革，更是观念和意识的革命，这种变化在教育领域体现得更为突出。信息技术教育为核心的教育改革，关系到从教育的目的、教育的过程、教育的手段到师生关系的转变等，反映在教育领域的方方面面。对于广大农村学校的教师来说，是一个巨大的挑战。

信息技术教育对教育的变革首先体现在教育目的的重塑。信息技术教育是基于建构主义学习理论等现代教育理论而发展起来的，在培养目标上注重学生的全面发展，通过多媒体技术和手段激发他们在原有的认知和经验水平上建构新的经验。其次，在教学过程中，信息技术教育把课堂视为一个由人、技术、环境共同作用的生态系统，注重通过发挥学生的主观能动性，培养学生对知识与实际生活相结合的应用能力。再次，在教学方法上，伴随信息技术教育应用而生的诸多新型的教学模式，如MOOC教学、翻转课堂等都倡导通过小组合作学习，形成学生自主探究的主动学习的能力、充分发挥学生的主体性。最后，在师生关系的建构方面，适应信息技术教育环境下的师生关系应该是更加和谐、融洽、平等的关系，强调的是通过师生的教学互动、相互合作实现双边共同发展。

然而，信息技术带来的这种巨变却也使很多农村教师很难适应，从而望而却步，产生消极抵触心理，极大地阻碍了信息技术设备在广大农村学校的推广和使用。可以说，比起信息技术设备等有形的不足与缺憾，农村教师保守、陈旧的信息技术教育观念影响更为深远。[1]

究其原因，很多乡村教师在面对信息技术教育所带来的挑战时，普遍存在着"技术恐怖"的现象。而造成所谓"技术恐怖"的原因主要表现为以下几个方面：首先，依据 Katzman N. 的信息沟通理论，个体原有的信息水平往往会制约和影响对新技术的适应和接收程度，呈现"低者恒低，高者恒高"的现象。[2] 对于很多农村教师而言，普遍存在着学历水平低、技术素养低、教育理论水平低的现象。面对信息技术教育这一新生事物，现有的能力和水平很难使他们适应新的要求和变化，必然会产生抵触、消极应对的负面心理。其次，依据社会学家布迪厄的惯习理论，[3] 长期形成的各种行为习惯往往会对变化和改造产生抵制。很多农村教师长期以来在相对封闭的环境中已经形成了某种教学的惯性思维。在教学态度上，他们更习惯于按部就班地按照要求完成教科书规定的教学内容。从教学行为上，他们更习惯于传统的课堂教学方式。新的教育观念、新的教学行为方式，无疑对他们来说是困难重重。因此，很多教师往往将现代信息技术视为"洪水猛兽"；有些对其坚决地抵制排斥，视而不见。有些教师虽然勉强接受，但也往往是消极应付，得过且过。

由此可见，信息技术教育所带来的变革不仅是技术手段的革新，还是对广大乡村教师在教育观念上的改造和重塑。通过信息技术教育的普及和推广，使得农村教师深刻地认识到信息技术教育对教育教学带来的巨大变化，从而真正把信息技术教育由"要我用"转变为"我要用"，从"被动用"转变为"主动用"，这是在农村学校信息技术教育深化发展中一个不容忽视的问题。

---

[1] 高莉，李刚：《城乡教育一体化背景下的办学体制改革研究》，《教育科学研究》2011年第6期。

[2] Katzman N., "The Impact of Communication Technology: Promise and Prospects", *Journal of Communication*, Vol. 24, No. 4, 1974, pp. 47-58.

[3] 袁涤非，郑燕洪，余剑波：《信息技术环境下课堂文化区隔的惯习分析——兼论"黑板搬家"的原因》，《湖南社会科学》2016年第4期。

二 城乡文化差异影响农村学校信息技术教育教学

"农业立国"一直是我国自古以来秉持的治国政策,农业文化在中国传统文化中居于核心的统治地位。农业文化的主要特点就是在经济模式上是以自给自足的自然经济状态为标志,强调小富即安。在观念意识方面逐步形成保守封闭、安于现状、缺乏创新的观念形态,几千年来,深刻地影响着人们的生活方式。新中国成立以来,由于当时客观的社会经济环境的制约,我国长期实行的城乡"二元经济"发展体制使城市和农村的发展水平产生了巨大的差距。这种差距不仅仅是物质方面的,更是观念和意识方面的。城市各方面条件优越,往往是先进、文明的象征,而农村则是愚昧落后、封闭保守的代名词。城市和农村的教育发展水平在这种模式下也表现出巨大的差距。近年来,虽然我国大力推进城镇一体化发展的进程,并取得了巨大的成就,农村和城市的发展差距不断缩小,但是,几千年来形成的农业文化传统观念以及长期形成的城乡"二元经济"发展体制造成的固有的发展差距并非短期内可以消弭。尤其是在信息技术教育迅猛发展的背景下,农村地区固有的传统观念与现代信息技术教育格格不入,严重阻碍着现代新思想、新技术的渗透。从某种意义上来说,信息时代的到来从客观上造成了城市与农村之间新的数字鸿沟。如果任其存在,不去弥补,所造成的发展差距将远远超过以往任何时代的水平[①]。基于这一迫切的形势需要,近年来党和政府相继采取了一系列政策措施,大力推进农村地区的信息化建设。在教育领域,专门针对农村学校全方位推进"农远工程",使农村学校的信息化建设从无到有,从小到大,基本覆盖到了整个农村地区。

随着信息技术教育设施的基本具备和逐步的完善,虽然我国广大农村学校开展信息技术教育的条件有了巨大提升,但是与之不相协调的是,长期积累的农业文化中的传统的、保守的观念意识却并没有得到相应的改造。很多农村教师和学生传统的教育理念依然在很大程度上束缚和制约着他们对信息技术教育这一新生事物的认可和接受。

---

① 韩清林,秦俊巧:《中国城乡教育一体化现代化研究》,《教育研究》2012年第8期。

（一）城乡文化差异影响乡村学生的"学"

农村地区的学生是一个特殊的群体，他们生长在受传统文化氛围影响的环境中，所处的社会、文化环境与城市学生截然不同。

首先在认知方式方面，由于农村地区相对封闭、保守的地理环境和社会环境的制约，农村学生获得信息的渠道相对有限，对于各种新观念、新技术、新事物相较城市学生来说接受和理解起来更为困难一些，因而整体知识体系的建构水平普遍较低。

其次在对知识的需求方面，由于农村地区落后的经济环境，农村的学生普遍存在着"跳农门"的形态，把升学作为离开农村的重要途径，所以对知识的学习和掌握仅仅是为了满足升学的需要，与"应试"、升学无关的知识往往是不重视，导致知识结构单一、创新能力不足。

再次在信息素养方面，虽然当前绝大部分农村地区都覆盖了互联网，计算机、智能手机等信息设备也都逐渐地进入农村的千家万户。但是这并不能说明农村地区已经进入了信息时代，实现了信息化发展。充其量也只是达到了信息化的初级阶段。相比于城市的信息化发展水平来说仍然存在着较大的差距。对于农村学生而言，农村学校信息技术教育设施和条件相对薄弱，农村教师应用信息技术教育的整体水平和素养偏低的客观现实依然是影响和制约着农村学生的信息素养有效提升的主要因素。城乡学校之间的"数字鸿沟"认为从根本上得以消弭。

（二）城乡文化差异影响乡村教师的"教"

1. 保守的乡土文化影响教师的教学文化

费孝通先生在其《乡土中国》中指出，中国是乡土性的[①]，乡村人靠"土"生活、安身立命，"乡土"特征是乡土社会的根基，影响着乡村人的理念和行为。这种乡土文化渗透在农村的教育中，也深刻地影响着农村教师的教育活动。农村教师长期受到来自乡村特定自然环境、经济环境、社会文化环境的浸润与包围，久而久之在自身的教育活动中也自觉不自觉地体现出鲜明的乡土文化的特性。

首先，保守封闭的自然环境影响着乡村教师的教学文化。我国的大

---

① 费孝通：《乡土中国·生育制度·乡土重建》，商务印书馆2011年版，第12页。

部分农村地区都处于地理位置偏远，山大沟深，交通不便的地区，与外界的联系不畅通。这种相对封闭的自然地理环境也逐渐地形成了保守封闭的传统乡村文化。故步自封、安于现状、不思进取、缺乏创新往往都是乡村文化的基本特征。乡村教师在这样封闭环境的影响之下，在心理和行为上也会或多或少地表现出一定的自我封闭性。他们不善于接受新生事物，缺乏创新意识，往往习惯于在教学中按部就班，中规中矩，根据自己的经验教学，很少愿意变革课堂教学的内容和方法，更不愿意主动地学习和使用信息化教学工具。[1] 同时，很多农村教师也缺乏与外界和他人交流和沟通的意识和能力，久而久之，也逐渐形成了思想僵化、视野狭窄的普遍性特征。与城市教师比较而言，农村教师在教育观念的开放性、创新性等方面都有着显著的差距。这也是现代信息技术在农村学校难以深度普及和推广的一个主要原因。

其次，落后的经济环境影响教师的教学文化。经济发展的差距是农村和城市间最为突出的体现方式。目前，这种差距仍然没有从根本上得到消除。这就必然影响着农村教师的教育行为。由于经济环境的制约，农村教师的流失普遍较为严重。许多农村学校的优秀的骨干教师受到城市发达的经济环境和收入待遇的吸引，离开农村，奔赴都市。另一方面，年轻教师往往又忌惮于农村的落后和封闭，不愿到农村学校教书。虽然，国家采取了一系列优惠倾斜政策如农村特岗教师计划、三支一扶、西部志愿者计划等鼓励和吸引大学生到农村从教，但是许多青年教师还是很难长期扎根农村学校。所以农村学校教师队伍普遍存在着"老"（教师年龄偏大）、"弱"（教师素养弱）、"低"（教师的教学水平低）、"短"（教师留不住）等现象。

同时，农村地区落后的经济环境也影响着农村学校的持续发展。目前从总体上看，我国现有对农村学校的经费投入仍然不能满足需求。由此造成的农村学校办学条件差，信息技术教育设施陈旧落后。很多农村教师即使愿意接受和使用现代信息技术手段，但受制于现有的条件，也只能"望洋兴叹"。农村教师的信息技术教育素养很难得到有效的提升。这也在很大程度上制约了农村教师对现代信息技术教育的主动性和

---

[1] 王克勤：《论城乡教育一体化》，《普教研究》1995年第1期。

积极性。

最后，保守的社会文化环境影响教师的教学文化。我国教育领域自古以来就形成了特有的教育价值观。"学而优则仕""仕而优则学""书中自有黄金屋""书中自有颜如玉"等传统的教育价值观念在农村根深蒂固。再加之目前的"应试教育"观念的影响。农村教师也很难从根本上摆脱传统教育观念的束缚。在教育目的上追求"及第登科"的升学目标，在教学中秉持"师道尊严"，教师权威，在方法上机械教条、强调死记硬背，在教学评价中，注重分数，忽视过程。这些传统的教育观念驱使下的教育行为与现代新信息技术所倡导的理念格格不入。

2. "跳农门"的教学理念影响教师的技术应用观

在城乡二元经济体制的长期影响之下，曾几何时，考上大学，告别"面朝黄土背朝天"的生活环境，捧上"金饭碗"是几乎所有农村年轻人的期许。在这样的目标引导下，农村教育的功能和价值也就被赋予了"应试""升学"的含义。许多农村教师对教育的认识和理解也普遍定位于此，教师的教育行为也几乎全部为此服务。为了满足"应试"的需要，与考试无关的知识和能力都被忽略。当前，虽然，城乡一体化发展取得了很大的成就，农村的社会环境、教育环境也有了很大的改观。但是"跳农门"的传统观念并没有发生根本性的变化，通过"升学"离开农村仍然是众多年轻人的目标。绝大多数大学毕业的农村学生也仍然不愿意返回农村。

在这样的背景之下，现代信息技术教育很难全面地渗透到农村教师的观念体系当中去。一些长期从事农村教学的教师即使也希望通过现代信息技术的应用来改善教学、提升自我，但受到农村教育中应试环境和落后的信息技术教育的双重制约，也很难实现自己的愿望。表4—5、表4—6、表4—7反映了所调查教师应用多媒体资源进行授课的原因。统计结果显示：超过半数以上的乡村教师选择应用多媒体资源进行教学的目的是为了参加各类公开课评比；31%的教师是因为学校对教师应用数字教育资源的要求而选择应用多媒体资源；仅有27.4%的教师是为了提高教学质量而选择应用多媒体教育资源。

表4—5　　　　一般是出于何种原因应用多媒体教育资源

类别	频率（次）	百分比（%）	有效百分比（%）	累积百分比（%）
不认同	106	52.2	52.2	52.4
认同	102	49.8	49.8	100.0
合计	208	100.0	100.0	

表4—6　　　　学校对教师使用数字教育资源的引导和要求

类别	频率（次）	百分比（%）	有效百分比（%）	累积百分比（%）
不认同	144	68.0	68.0	69.0
认同	64	32.0	32.0	100.0
合计	208	100.0	100.0	

表4—7　　　　个人意愿，想通过数字教育资源提高教学质量

类别	频率（次）	百分比（%）	有效百分比（%）	累积百分比（%）
不认同	152	72.9	72.9	100.0
认同	56	27.4	27.4	27.3
合计	208	100.0	100.0	

3. 城乡教师文化和心理上的疏离

城乡文化在地域、文化、身份方面差异也使乡村教师在心理上往往处于处境不利的状态。首先，在普遍的认知当中，农村就是落后、封闭的代名词。农村教师大都被看作是"低素质者"。再加之农村教师的工作、生活环境、待遇等方面都与城市教师存在着较大的差距，导致乡村教师内心滋生出不满和抱怨等负面情绪，无形中也都加剧了农村教师的自卑心理。[1]

其次，在教育改革过程中不断提出的各种新的要求和标准对农村教师也产生了很大的压力。许多农村教师由于长期处于相对封闭、保守的环境中，在现代教育观念的认知和理解以及现代教育教学手段方法的应

---

[1] 张玉林：《关于当代中国乡村教师的边缘化问题》，《华南师范大学学报》（社会科学版）2006年第1期。

用上与城市教师相比客观上存在着差距,难以适应和胜任教改的要求,使他们也产生了不同程度的焦虑情绪。这些负面心理和情绪抑或会让很多农村教师被"边缘化"缺乏自信心,甚至会产生自暴自弃的心理,抑或产生逆反心理,对新生事物排斥、抵制。有学者的研究也表明,目前乡村教师的心理健康情况不容乐观,乡村教师中有忧郁倾向的教师占51%—55%;[①] 农村青年教师在总体压力上有35%的人达到中等压力水平,有39.5%的青年教师有轻度或中度的压力感。[②]

最后,乡村教师与城市教师在专业发展和能力提升的机会和支持程度方面也存在着明显的不对称。农村相对封闭的环境使农村教师很少有走出大山与同行交流、学习和合作的机会。即使有一些外出学习、教研、培训的机会,也往往由于观念、素养、能力的不对称使得农村教师在相互交流中处于被动的地位。许多农村教师由于不善于沟通和交流,大都是参与者和"聆听者"。久而久之,很多农村教师也就不愿意主动地参与交流与学习。这种状态也会影响着农村教师积极性、开放性、创新性意识的建构。客观上也降低了乡村教师对自身职业和专业的认同度和自我效能感。

4. 农村学校管理者信息化领导力不足

学校管理者,特别是校长对于学校信息化建设起着至关重要的作用。在这方面,农村学校和城市学校也存在着一定的差距。城市学校往往受益于发达的社会文化的整体环境,学校管理者普遍对信息化建设较为重视。而农村学校的管理者对信息化建设工作则存在着比较突出的问题。以农村学校制定的教师信息技术应用保障政策为例,表4—8的调查数据显示:48.0%的农村学校在制定信息技术应用的相关保障政策方面几乎是空白,仅有36.1%的农村学校建立了人员定期信息化培训制度。仅有5.6%的农村学校制定了人员信息化工作水平考核办法。

[①] 邓莎莎,兰亚佳,罗艳等:《农村教师职业紧张与抑郁之间的关系研究》,《现代预防医学》2010年第1期。

[②] 刘敏岚,刘经优,甘霖:《农村教师职业生涯发展初期的压力问题探讨》,《继续教育研究》2010年第3期。

表4—8　　　　农村学校制定的教师信息技术应用保障政策

类别	频率（次）	百分比（%）	有效百分比（%）	累积百分比（%）
无	102	48.0	48.0	48.0
人员定期信息化培训制度	77	36.1	36.1	85.2
人员信息化技能聘任要求	89	4.2	4.2	90.4
人员信息化工作水平考核办法	11	5.6	5.6	96.1
其他	9	3.7	3.7	100.0
合计	288	100.0	100.0	

5. 网络资源城市化倾向与农村学校的需求相剥离

乡村社会特定的发展模式所形成的独特的乡村文化也需要相应的、适切的传播方式和途径才能得以更好地被接受和理解。但是，在现代化的进程中，城市化和工业化的发展趋势使农村特有的文化属性逐渐被边缘化。在教育领域，学校的教材内容也带有明显的城市化倾向。城市化倾向的主要特征是：首先是内容的表达方式多采用的是现代信息语言；其次是内容脱离乡村的社会和生活，所反映的内容与乡村特有的环境相距甚远；最后是内容表达的多是带有体现城市优越性的内容，是乡村教育主体所陌生的符号系统。①

造成这种现象的主要原因：一是在当代社会，以工业文明为核心内容的城市文化逐步居于主流地位，而恪守传统，相对封闭的乡村文化日益被边缘化。人们尤其是年轻一代更愿意接受现代的、开放的、时尚的城市文化。二是目前我国基础教育阶段使用的是依据统一的课程标准编写的教材，其内容导向主要是以现代工业社会以及城市化需求为主，教材中虽然也包含有反映农村文化的内容，但是也过于宏观和表象化，很难深刻地表达出农村文化的内涵。三是现有的教材和课程的开发和编订者基本都是由城市和发达地区的课改和教研专家完成，他们也往往会自觉不自觉地在教材内容中流露出城市文化的倾向。长此以往，与乡村社会生活、经济生活、文化生活发展需求脱节、背离的状况也会耳濡目染地渗透在乡村儿童的认知、情感与心理上，以至于使他们产生对城市的

---

① 王正惠：《城乡义务教育一体化发展研究综述》，《上海教育研究》2015年第9期。

高楼大厦、五颜六色的城市生活的无限向往，相反则会越来越加剧对生于斯、长于斯乡村社会的陌生感、疏离感甚至强烈的挣脱感。

互联网技术作为人类文明的最新成果之一，其普及和推广从某种程度上又更加加剧了城市化的倾向。毫无疑问，互联网技术对于广大农村地区带来深刻而又巨大的变革，也引领和改造着千百年来在固有的农村发展模式。但是，却也在各个层面逐步地消磨着农村文化的特质。在我国，当前农村人口仍占全国人口总数55%以上的这个现实面前，快速的现代化的文明进程与农村地区发展相对缓慢的不协调状态也会加剧农村与城市间的矛盾。表现在教育领域，就是信息技术教育在农村学校的实施过程中也出现了较为明显的城市化倾向。一是在信息技术教育硬件建设方面，过于高精尖的设备和技术要求和标准使农村学校难以实现；二是在信息技术教育软件建设方面，与之配套的互联网教学资源课程难以兼顾各个地方乡土特色。乡村课堂上使用的学习资源从城市直接"拿来"，缺少立足于乡村环境下的学习资源。三是农村教师的信息技术教育素养远远达不到城市教师的水平。但是却又相对缺乏适合农村教师信息技术教育素养提升的培训机制。[①]

基于此，要更为深度地推广现代信息技术教育进入农村学校和课堂，就有必要打破"一刀切"的城市标准评价取向。从农村地区、农村学校、农村学生的实际需求出发，因地制宜、因人而宜，在课堂教学过程中能都适当导入乡村文化，在课程资源的挖掘中体现出乡村文化的特质与内涵，使乡村的教育不仅能够培养具有现代文明素养的开拓者，也能造就出具有充满乡村情怀的建设者。

三 乡村教师的信息素质制约着信息技术教育的发展

（一）乡村学校的信息技术教育环境影响着乡村教师信息素养的有效提升

教师信息素养的提升离不开良好的信息技术的环境建设。目前对农村教育的经费投入仍然存在着较大的缺口。而农村信息技术教育发展又需要更多地投入，在这样的矛盾下，整个农村学校的信息技术教育环境

---

① 邹敏：《农村教育现代化》，西南交通大学出版社2011年版，第52页。

建设不容乐观。首先是信息网络化建设及硬件等基础设施不能满足需求。很多农村学校连基本的硬件设施如电脑、投影仪、话筒、音响、多媒体操控平台等设备都难以配备齐全,现代化的、先进的信息技术设备更是严重缺乏。其次是农村学校的课程信息化建设不能满足需求。信息化时代要求课程实现网络化、数字化,需要借助多媒体、网络等辅助教学来激发、引导学生关注信息化,同时教师也能够通过对信息技术的不断应用来提升自己的信息技术教育能力。但是一些偏远地区的农村中小学校的学生甚至还未接触到互联网、电脑等,信息化课程的开设几乎是空白,教育信息化无从谈起。再次是农村学校信息技术教育专业人才匮乏。很多农村学校从事信息技术教育的老师往往都是"半路出家","自学成才"。尚能应付基本的需要。但是涉及设备的维护、升级换代、信息课程的开发与设计等高端的信息技术教育工作就显得捉襟见肘,望而兴叹了。信息技术教育专业人才的缺乏使得农村学校的信息技术教育水平始终停留在低层次的水平。在这样的环境中,农村教师的信息技术教育很难得到有效的提升。

(二) 乡村教师信息技术应用能力低下制约着信息技术的"深度应用"

随着信息技术教育在教育领域的推广,教师的信息素质也成为考量教师综合素质的不可或缺的标准。但是,作为一种新生事物,信息素养的内涵和外延是什么?表4—9列举了一些学术界对教师信息技术应用水平的衡量标准:

表 4—9　　　　　　　　信息技术应用水平的衡量标准

标准	界定
教师的信息素养	教师的信息素养应该包括以下两个层面的内涵:一是在认识、态度层面上的内容,即对信息、信息社会、教育信息化的认识和态度方面,这是每一个教育工作者所必须具备的素养。二是信息能力——即实际操作层面的素养,是对各种信息技术的理解和活用的能力,即对信息的获取、理解、分析、加工、处理、创造、传递的理解和活用能力。[①]

---

① 杨磊,朱德全:《教师信息化学习力测评模型的构建与应用》,《现代远距离教育》2019年第6期。

续表

标准	界定
教师的教育技术能力	指在有合适技术支持的教学环境下进行教学设计并有效地组织与实施教学活动的能力。教师的教育技术能力结构主要包括：1. 信息检索技术。2. 表达展示技 PowerPoint。3. 实践反思技术。4. 探究教学技术。5. 教学评价技术。6. 思维汇聚技术。7. 网络教学技术。8. 资源管理技术。①
教师信息技术应用能力	焦建利认为"指教师运用信息与通信技术进行日常教育教学活动及自身专业发展的意识、能力和伦理"②。祝智庭认为，中小学教师信息技术应用能力是"中小学教师运用信息技术改进其工作效能、促进学生学习成效与能力发展，以及支持其自身持续发展的专业能力"，将它作为"教师专业能力"子集的范畴。③

通过上述观点的比较来看，学者们对教师信息化素养的培养主要集中在三个维度：一是教师基本的信息素养。主要是教师开展和运用信息技术教育所具备的基础知识和技能。二是教师的教育技术能力。主要是教师在从事信息化教学设计与实施的专业知识和专业能力。三是教师信息技术应用能力。主要是教师在具体教学中应用信息技术的能力。

此外，有学者还着重研究了信息技术应用的不同层次及相应的要求。认为信息技术应用由浅度到深度可以分为三个层级：起始层级主要是通过操作和应用简单的谜题设备和手段进行教学，如使用投影仪、多媒体课件等。这个阶段的信息技术应用能对传统教学产生增强作用，但不能对课堂教学产生实质性的影响。中间层级是要求教师把信息技术作为教学的主要手段，借助于更为丰富的、高级的信息技术，如翻转课堂、MOOC 等主要以信息技术为主的教学模式展开教学。在这一阶段，通过多元化的信息技术的应用改变学生被动地接受知识的状况，实现"积极的情感体验、广泛的认知范围、深层次的认知投入"的沉浸式的学习，培养学生的创新精神与实践能力。深度层面是要求教师能够自主性的设计、开发适合自身教学风格的信息技术教育的方案或模式，从而能够将信息技术与教育、教学的全面融合。

---

① 张倩苇：《信息素养与信息素养教育》，《电化教育研究》2001 年第 2 期。

② 梅英：《教育技术存在问题另解》，《南京师范大学学报》（社会科学版）2011 年第 11 期。

③ 祝智庭，闫寒冰：《〈中小学教师信息技术应用能力标准（试行）〉解读》，《电化教育研究》2015 年第 9 期。

可以说，信息技术在教育中的应用对教师提出了不同的要求和全新的挑战。但是，就目前乡村教师所具备的信息素养来看，还远远不能达到信息技术的深度应用。以下图表反映的是乡村教师在信息技术应用不同层级的状况。

图4—1所反映的是乡村教师在教学中应用信息技术的使用情况。

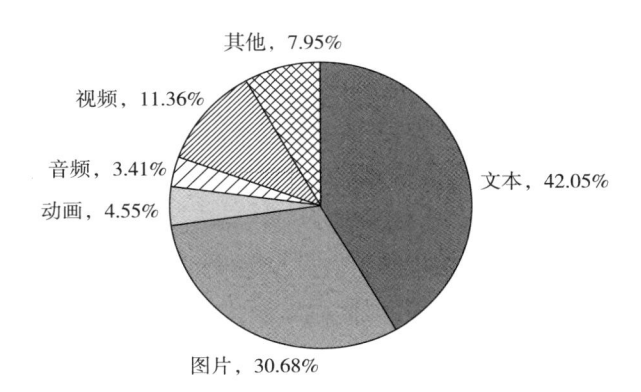

图4—1 应用的信息化资源分布情况

表4—10反映的是乡村教师对各类信息技术工具的熟悉程度，可以看出，对于信息技术教育最为基础性的工具，如网页工具、文字处理工具、搜索引擎工具、课件制作工具而言，很多农村教师尚能了解和熟悉。但是对于一些具有技术含量的工具，如图像处理、音频处理、视频处理、动画软件、网页制作软件等的了解和使用情况就不容乐观了。

表4—10   乡村教师信息技术工具使用的熟悉情况表

工具	非常熟悉	比较熟悉	一般	比较不熟悉	非常不熟悉
网页工具	35.22%	26.13%	28.42%	6.83%	3.42%
文字处理工具	21.58%	36.37%	34.08%	3.42%	4.56%
图像处理工具	5.69%	7.96%	44.33%	30.69%	11.37%
音频处理工具	3.42%	10.22%	31.83%	30.69%	23.87%
视频处理工具	3.42%	5.68%	30.69%	28.42%	31.83%
动画软件	2.28%	5.69%	19.35%	37.64%	35.24%
网页制作软件	3.42%	3.48%	14.78%	28.42%	50.00%
搜索引擎工具	32.96%	23.87%	29.56%	9.08%	4.56%

续表

工具	非常熟悉	比较熟悉	一般	比较不熟悉	非常不熟悉
交互式电子白板的教学应用	12.54%	18.17%	45.46%	15.92%	7.96%
课件制作工具	15.92%	26.15%	40.92%	10.24%	6.83%

表4—11所反映的是,当乡村教师应用信息技术去优化课堂教学方面对使用现有网络教育资源的态度。从调查中可以发现,有很多乡村教师也会积极主动地借助网络资源改善教学,但是真正能够达到信息技术教育的深度应用的比例仍然很低。

表4—11　　乡村教师对现有网络教育资源的态度

类别	频率（次）	百分比（%）	有效百分比（%）	累积百分比（%）
自己对该资源进行加工修改	76	36.6	36.6	36.6
继续寻找合适的资源	118	56.6	56.6	93.2
请他人帮助修改	8	4.2	4.2	97.5
自行开发	5	2.6	2.6	100.0
合计	207	100.0	100.0	

随着信息技术的不断提高和发展,未来还会不断涌现出更多更新的技术和手段,信息技术的深度也会不断拓展。农村学校绝不能成为现代信息技术的"荒芜之地",农村教师也不能始终游离于信息技术的边缘地带。所以从根本上提高农村教师的整体的信息素养,培养农村教师的深度应用能力也是今后农村教育改革的一个不容忽视的主要方面。

(三)信息技术教育培训难以满足乡村教师需求

1. 乡村教师参与培训的机会少

目前,尽管从国家到各级地方教育行政部门都建立相应的教师培训制度。但是,相比城市学校的教师而言,农村学校分配到的名额有限,农村教师能够参与信息技术教育培训的机会仍然偏少。专门针对农村学校和农村教师信息技术教育的培训几乎没有。而且由于农村学校师资不足,学校为了不让正常的教学受到影响,往往选派一些行政人员、教辅人员参与培训的现象也是普遍存在的。

2. 培训内容偏离乡村教师的实际需求

对于农村教师而言，虽然目前的教师培训项目繁多，但是从总体上来看，大多培训活动普遍存在着培训内容重理论、轻实践，重观念传播、轻操作训练的倾向，缺乏对农村教师信息技术教育有针对性的培训。许多参加过培训的农村教师也系统地学习了培训专家、学者讲授的各种理论知识，但是，真正面对农村学校的教学实际时，仍然是无所适从。[1] 表4—12反映了乡村教师对信息技术应用能力培训的期望度。调查发现，有96.6%的农村教师对信息技术教育的培训持"不认同"的观点。

表4—12　　　　希望接受的信息技术应用能力培训内容

类别	频率（次）	百分比（%）	有效百分比（%）	累积百分比（%）
不认同	202	96.6	96.6	96.6
认同	6	3.2	3.2	100.0
合计	208	100.0	100.0	

3. 培训效果不明显

开展教师培训的主要目的在于能够切实提高教师现有的教学能力和水平，促进教师的自我反思和自我成长。但是，由于目前的许多信息技术教育培训的方法和内容与农村教师面临的实际需求脱节，农村教师很难通过培训获得自身所需要的知识和技能。加之培训后期缺乏持续性的支持。所以，农村教师大多对信息技术教育的培训采取应付和观望的态度。而在日常的教育教学工作中，仍然沿袭着传统的以应试为目的的教学行为。

---

[1] 王飞军：《农村义务教育投入机制存在的问题与对策》，《农业考古》2006年第6期。

第五章　城乡教育一体化背景下实施混合学习的实证研究

混合学习作为一种新型的学习方式或学习理念，不仅构建了较为系统的理论体系，而且也在实证研究方面总结出许多行之有效的模式，目前已经在教育教学领域得到了普遍的认可，并广为应用。本书在借鉴混合学习丰富的理论内涵基础上，也尝试着运用混合学习具体模式，有针对性结合城乡学校的实际情况开展了实证研究。本书选取浙江省丽水市所属的若干所城市学校和乡村学校为研究对象，通过问卷调查、访谈等研究方法，力图通过混合学习的实证研究为城乡教育一体化战略的实施提供个案。

第一节　研究对象及问卷设计

一　研究对象

（一）学生

本次调查涉及浙江省丽水市下属县城镇中心小学四、五年级学生5032人，乡村小学3240人，其中男生4440人，女生3832人。

（二）教师

本次调查涉及浙江省丽水市下属县城镇中心小学教师1033人，乡村小学教师489人。

二 问卷设计

根据课题研究的需要,课题组成员会同相关专家设计了《小学生网络学习调查问卷》《城乡学校信息技术教学现状及混合式协同学习情况调查》两份调查问卷,用于了解城镇和乡村小学高年级学生网络学习状况、城乡学校教师信息技术教学现状及混合式协同学习情况。《小学生网络学习调查问卷》从学生的基本信息、电脑水平、对网络的认识和态度、喜欢的学习评价方式,以及互联网学习的认识及学习能力等维度设计了22个题目。《城乡学校信息技术教学现状及混合式协同学习情况调查》从教师的基本信息、对信息化技术教学的现状、混合式协同学习意愿等方面进行设计。共30道客观题,2道开放题。

第二节 研究过程

本次问卷采用spss软件检验和分析,研究过程如下:

(一) 问卷的统计与分析:小学生网络学习调查情况

在电脑水平,有一半以上的学生认为自己的电脑水平比较好,其中非常好的1880人,占22.73%,比较好的2960人,占35.78%,不会的120人,只占1.45%。城市学校与乡村学校的学生电脑水平通过U检验有显著差异。具体如图5—1、图5—2所示。

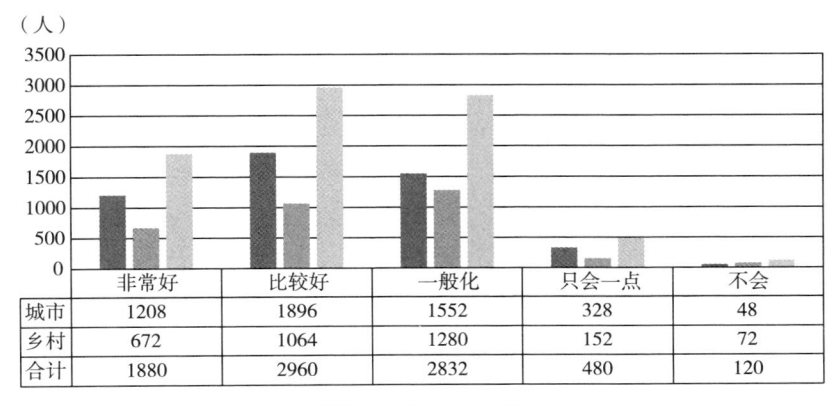

	非常好	比较好	一般化	只会一点	不会
城市	1208	1896	1552	328	48
乡村	672	1064	1280	152	72
合计	1880	2960	2832	480	120

图5—1 城乡学生电脑水平统计图

	非常好	比较好	一般化	只会一点	不会
城市	24.01%	37.68%	30.84%	6.52%	0.95%
乡村	20.74%	32.84%	39.51%	4.69%	2.22%
合计	22.73%	35.78%	34.24%	5.80%	1.45%

图 5—2 城乡学生电脑水平比例图

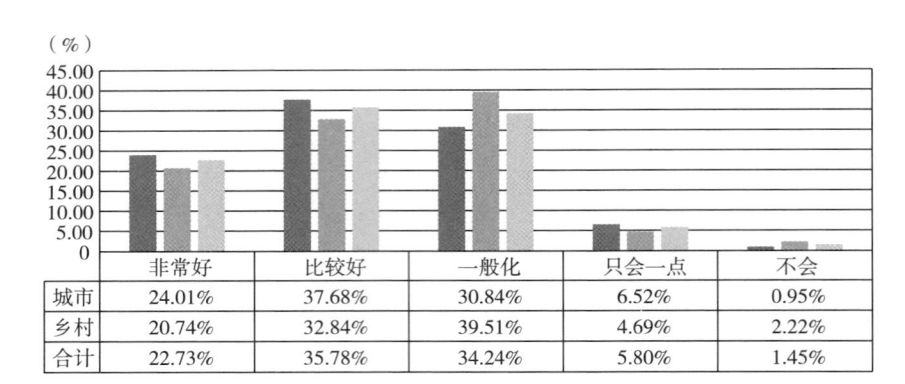

从城乡学生对信息技术课的态度调查显示，有 82.7% 的学生喜欢上，其中非常喜欢 4576 人，占 55.32%；比较喜欢 2264 人，占 27.37%；不喜欢 80 人，占 0.97%。城市学校与乡村学校对信息技术课认识通过 U 检验有显著差异。具体如图 5—3、图 5—4 所示。

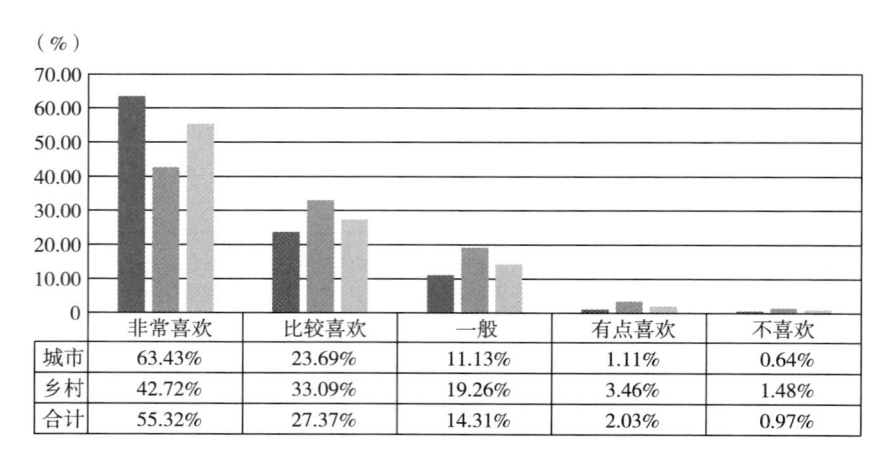

	非常喜欢	比较喜欢	一般	有点喜欢	不喜欢
城市	63.43%	23.69%	11.13%	1.11%	0.64%
乡村	42.72%	33.09%	19.26%	3.46%	1.48%
合计	55.32%	27.37%	14.31%	2.03%	0.97%

图 5—3 城乡学生对信息技术课的态度比例图

第五章 城乡教育一体化背景下实施混合学习的实证研究

	非常喜欢	比较喜欢	一般	有点喜欢	不喜欢
城市	3192	1192	560	56	32
乡村	1384	1072	624	112	48
合计	4576	2264	1184	168	80

图 5—4　城乡学生对信息技术课的态度统计图

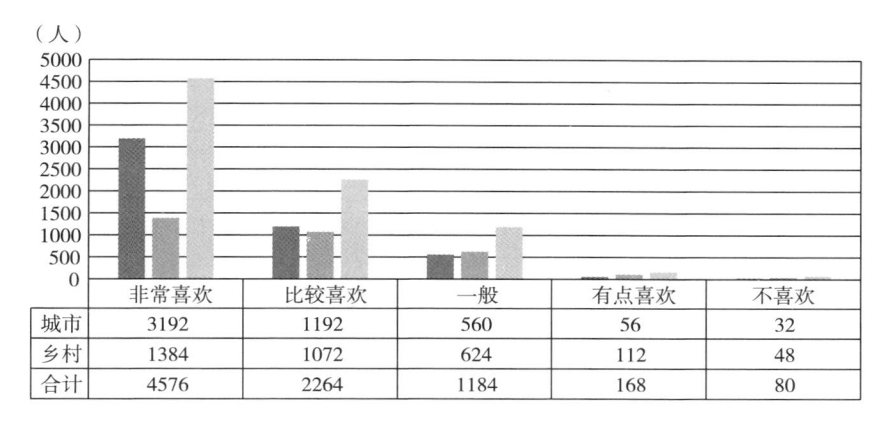

对城乡学生上网态度的调查显示，一半以上的学生乐意上网，其中非常乐意 2912 人，占 35.20%；比较乐意 1936 人，占 23.40%；一般的占 2128 人，占 25.73%；不大喜欢 736 人，占 8.90%；不喜欢的有 552 人，占 6.67%。城市学校与乡村学校的学生乐意上网方面通过 U 检验有显著差异。具体如图 5—5、图 5—6 所示。

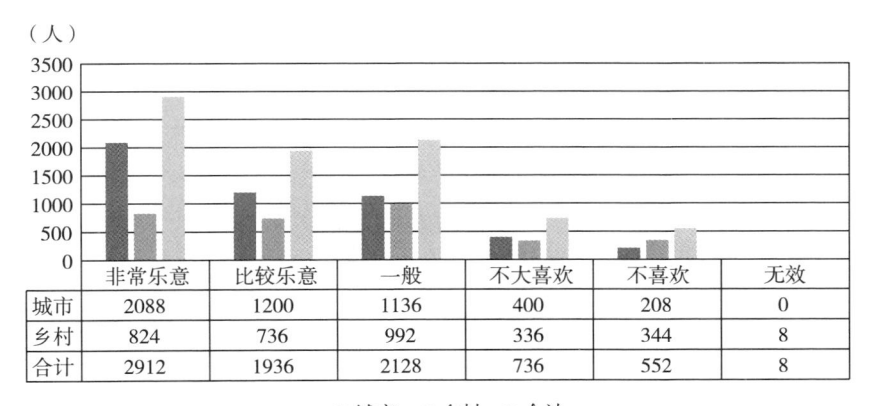

	非常乐意	比较乐意	一般	不大喜欢	不喜欢	无效
城市	2088	1200	1136	400	208	0
乡村	824	736	992	336	344	8
合计	2912	1936	2128	736	552	8

图 5—5　城乡学生上网态度统计图

	非常乐意	比较乐意	一般	不大喜欢	不喜欢	无效
城市	41.49%	23.85%	22.58%	7.95%	4.13%	0.00%
乡村	25.43%	22.72%	30.62%	10.37%	10.62%	0.25%
合计	35.20%	23.40%	25.73%	8.90%	6.67%	0.10%

图5—6 城乡学生上网态度比例图

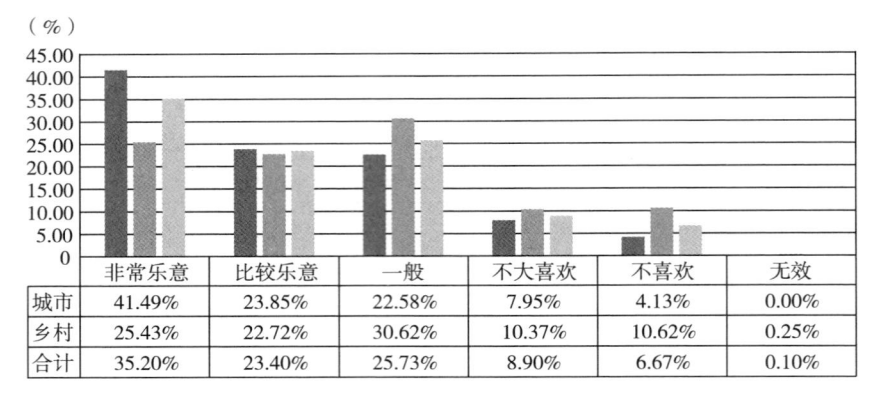

在上网目的方面，以查找学习资料为目的的学生有2878人，占34.79%；以听歌玩游戏聊天等娱乐方面为目的的学生有1812人，占21.91%；以阅读新闻、看评论等为目的的学生有2289人，占27.67%；以收发电子邮件为目的的学生有1293人，占15.63%。城市学校与乡村学校的学生在阅读新闻、看评论、收发电子邮件通过U检验没有显著差异，在查找学习资料、听歌玩游戏聊天等娱乐方面有显著差异。具体如图5—7、图5—8所示。

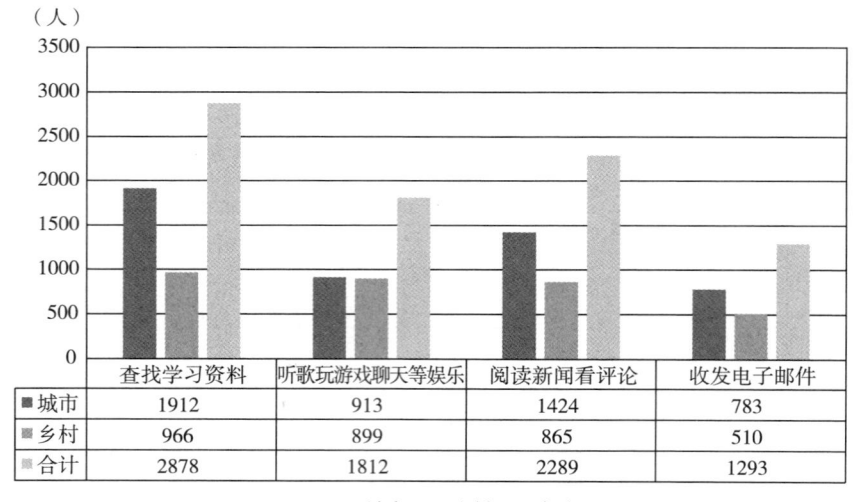

	查找学习资料	听歌玩游戏聊天等娱乐	阅读新闻看评论	收发电子邮件
城市	1912	913	1424	783
乡村	966	899	865	510
合计	2878	1812	2289	1293

图5—7 上网目的统计图

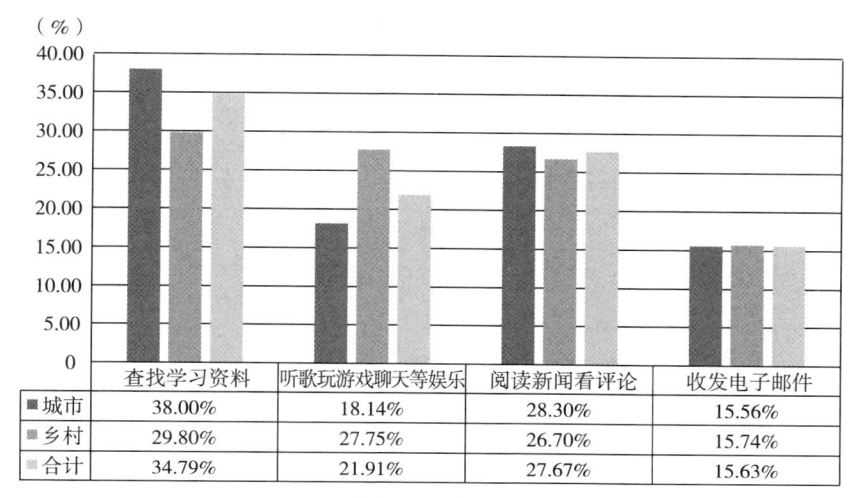

第五章 城乡教育一体化背景下实施混合学习的实证研究

	查找学习资料	听歌玩游戏聊天等娱乐	阅读新闻看评论	收发电子邮件
城市	38.00%	18.14%	28.30%	15.56%
乡村	29.80%	27.75%	26.70%	15.74%
合计	34.79%	21.91%	27.67%	15.63%

图5—8 上网目的比例图

在家长对于上网有无监督和指导上，经常监督和指导的有4664人，占56.38%，从没有监督指导的有360人，占4.35%，家长不让上网的有504人，占6.09%。城市学校与乡村学校的学生在这方面通过U检验无显著差异。具体如图5—9、图5—10所示。

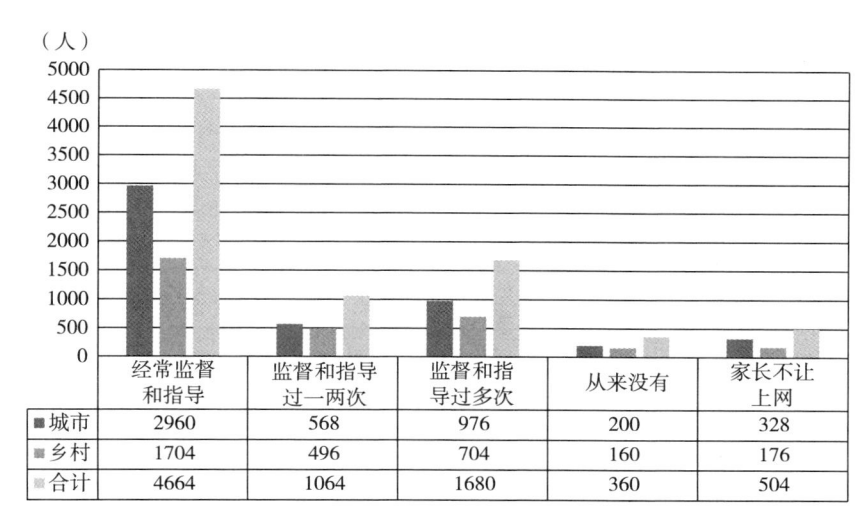

	经常监督和指导	监督和指导过一两次	监督和指导过多次	从来没有	家长不让上网
城市	2960	568	976	200	328
乡村	1704	496	704	160	176
合计	4664	1064	1680	360	504

图5—9 家长对于上网有无监督和指导统计图

111

图 5—10 家长对于上网有无监督和指导比例图

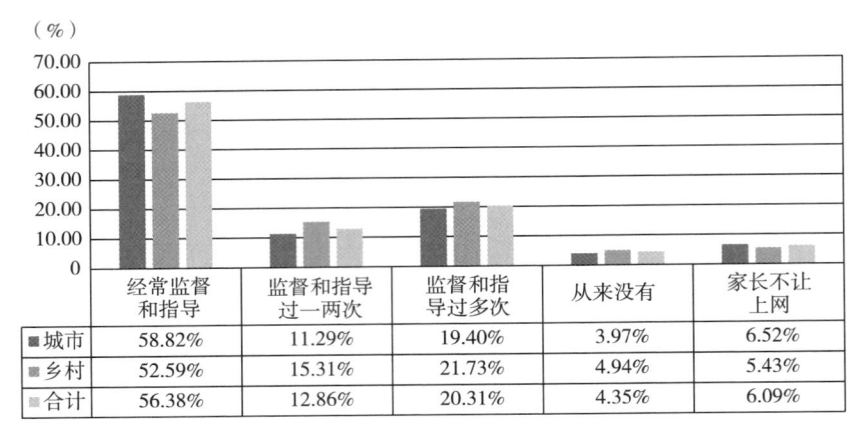

	经常监督和指导	监督和指导过一两次	监督和指导过多次	从来没有	家长不让上网
城市	58.82%	11.29%	19.40%	3.97%	6.52%
乡村	52.59%	15.31%	21.73%	4.94%	5.43%
合计	56.38%	12.86%	20.31%	4.35%	6.09%

对于互联网上各种知识和信息的看法上，认为内容科学、丰富、健康的有2888人，占34.91%，认为有健康的，也有不健康的有3848人，占46.52%，认为健康的多的有752人，占9.09%，认为健康的少的有416人，占5.03%，不清楚的有352人，占4.26%。城市学校与乡村学校的学生通过U检验无显著差异。具体如图5—11、图5—12所示。

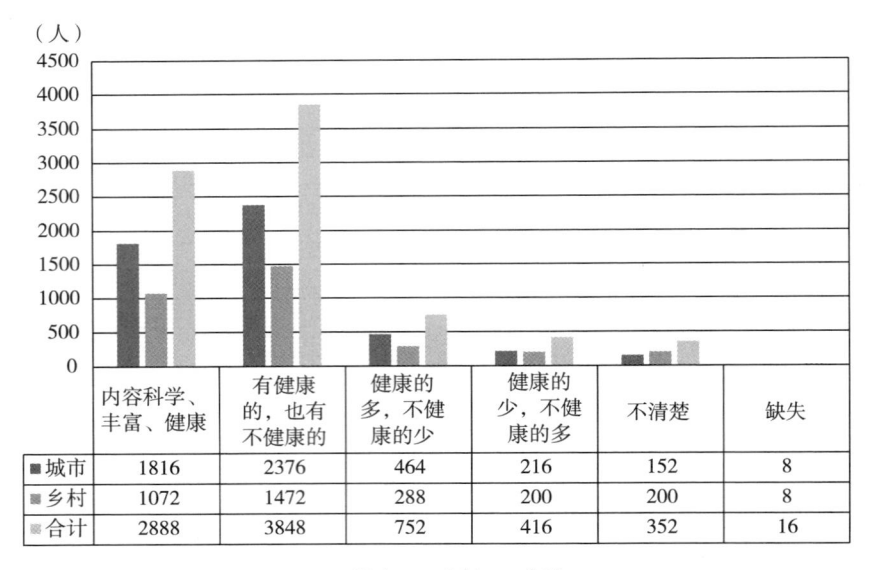

	内容科学、丰富、健康	有健康的，也有不健康的	健康的多，不健康的少	健康的少，不健康的多	不清楚	缺失
城市	1816	2376	464	216	152	8
乡村	1072	1472	288	200	200	8
合计	2888	3848	752	416	352	16

图 5—11 对互联上信息的看法网统计图

对互联上信息的看法统计

	内容科学、丰富、健康	有健康的，也有不健康的	健康的多，不健康的少	健康的少，不健康的多	不清楚	缺失
城市	36.09%	47.22%	9.22%	4.29%	3.02%	0.16%
乡村	33.09%	45.43%	8.89%	6.17%	6.17%	0.25%
合计	34.91%	46.52%	9.09%	5.03%	4.26%	0.19%

图 5—12 对互联上信息的看法网比例图

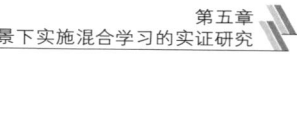

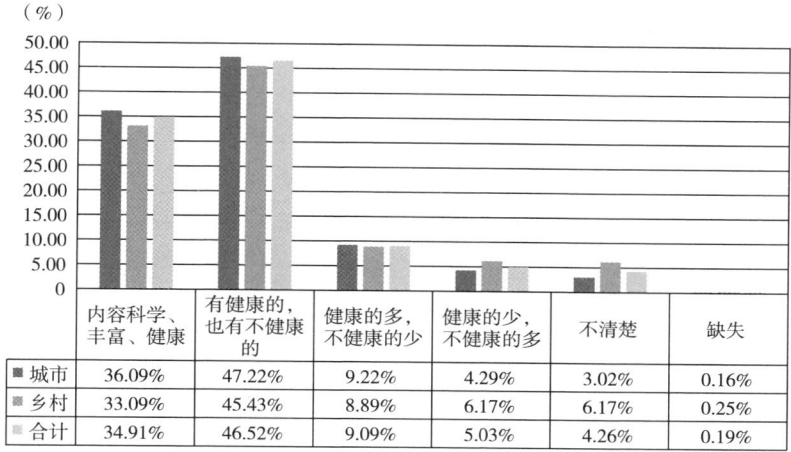

网络对其影响方面，认为开阔视野、拓展知识面的学生有 6634 人，占 80.20%，认为可以认识很多朋友的有 3094 人，占 37.40%，通过交流可以减轻学习压力的有 4078 人，占 49.30%，获取学习资源提高成绩的有 5625 人，占 68.00%，认为上网会降低学习成绩的有 1903 人，占 23.0%。城市学校与乡村学校的学生通过 U 检验无显著差异。具体如图 5—13、图 5—14 所示。

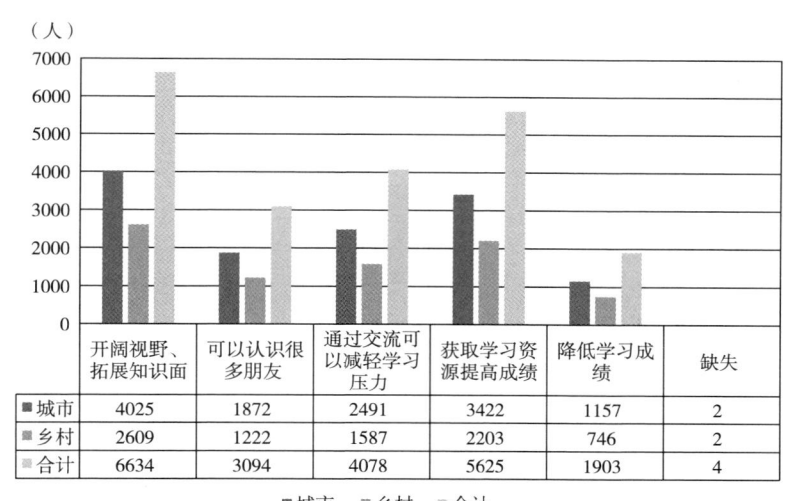

	开阔视野、拓展知识面	可以认识很多朋友	通过交流可以减轻学习压力	获取学习资源提高成绩	降低学习成绩	缺失
城市	4025	1872	2491	3422	1157	2
乡村	2609	1222	1587	2203	746	2
合计	6634	3094	4078	5625	1903	4

图 5—13 网络对其影响方面统计图

(%)	开阔视野、拓展知识面	可以认识很多朋友	通过交流减轻学习压力	获取学习资源提高成绩	降低学习成绩	缺失
城市	79.99%	37.20%	49.50%	68.00%	22.99%	0.04%
乡村	81.28%	40.41%	51.42%	67.99%	23.02%	0.06%
合计	80.20%	37.40%	49.30%	68.00%	23.00%	0.05%

图 5—14 网络对其影响方面比例图

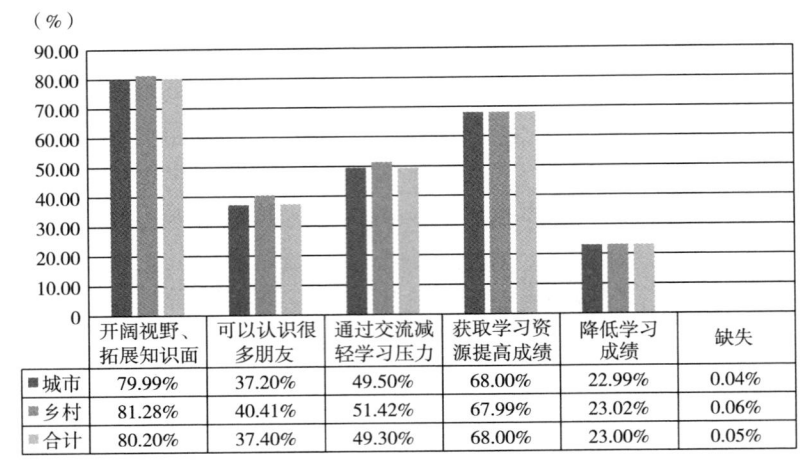

在对一些学生因为上网成绩退步甚至退学的看法上，认为是因为自己缺乏自觉性、学校和家庭监督不够的有 2232 人，占 26.98%，认为是因为家长、学校压力使其产生厌学情绪的有 496 人，占 6.00%，认为是因为受到网络中不良信息诱惑的有 2272 人，占 27.47%，认为是因为上网时间和学习时间分配不当的有 3104 人，占 37.52%。具体如图 5—15、图 5—16 所示。

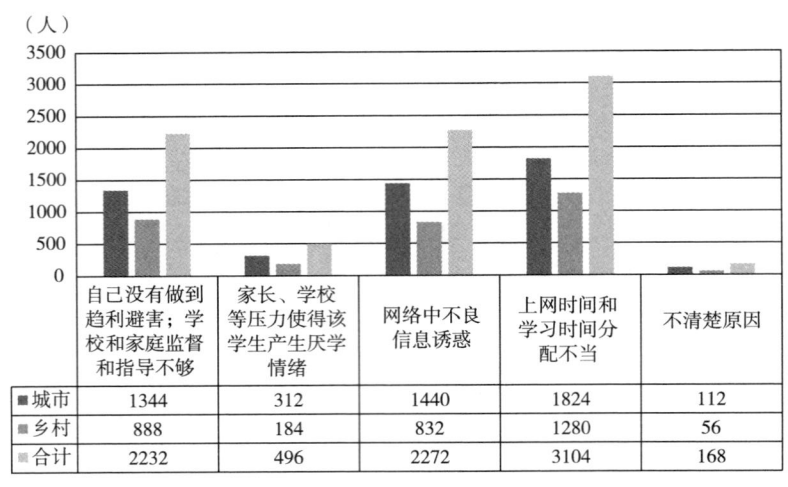

(人)	自己没有做到趋利避害；学校和家庭监督和指导不够	家长、学校等压力使得该学生产生厌学情绪	网络中不良信息诱惑	上网时间和学习时间分配不当	不清楚原因
城市	1344	312	1440	1824	112
乡村	888	184	832	1280	56
合计	2232	496	2272	3104	168

图 5—15 影响学习成绩的因素统计图

	自己没有做到趋避利害；学校和及家庭监督和指导不够	家长，学校等的压力使得该学生产生厌学情绪	网络中不良信息诱惑	上网时间和学习时间分配不当	不清楚原因
城市	26.71%	6.20%	28.62%	36.25%	2.23%
乡村	27.41%	5.68%	25.68%	39.51%	1.73%
合计	26.98%	6.00%	27.47%	37.52%	2.03%

图 5—16 影响学习成绩的因素比例图

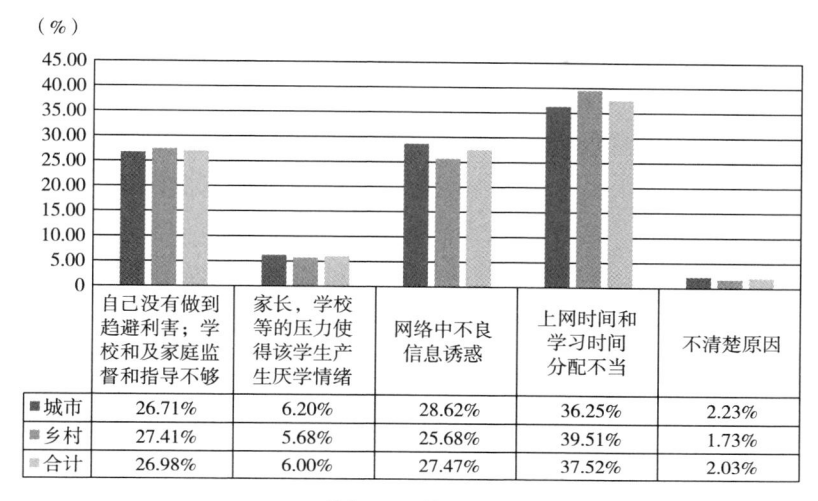

在对学生对所开设的信息技术课程的完成度的调查统计显示，能完成教材基本知识和要求的有 5184 人，占 62.67%，能完成超出教材要求的知识有 1328 人，占 16.05%，大部分掌握不了的有 216 人，占 2.61%，只能掌握要求的一部分的有 1448 人，占 17.50%。具体如图 5—17、图 5—18 所示。

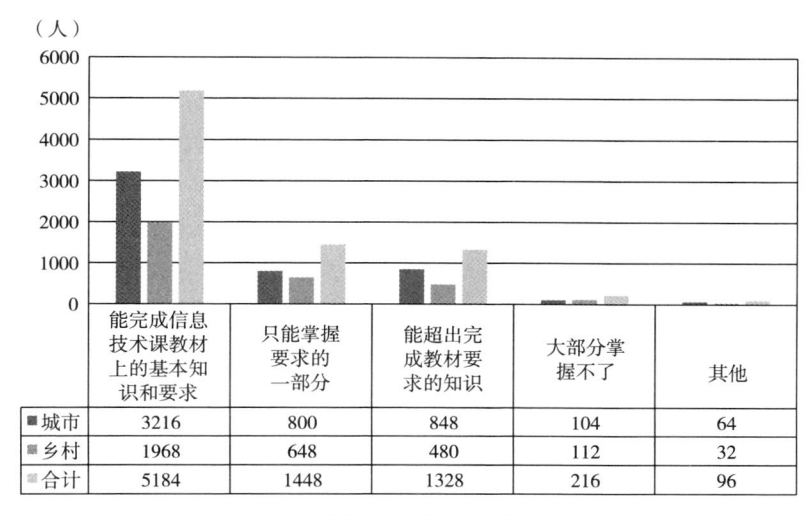

	能完成信息技术课教材上的基本知识和要求	只能掌握要求的一部分	能超出完成教材要求的知识	大部分掌握不了	其他
城市	3216	800	848	104	64
乡村	1968	648	480	112	32
合计	5184	1448	1328	216	96

图 5—17 学生对信息技术课程完成度的统计图

	能完成信息技术课教材上的基本知识和要求	只能掌握要求的一部分	能超出完成教材要求的知识	大部分掌握不了	其他
城市	63.91%	15.90%	16.85%	2.07%	1.27%
乡村	60.74%	20.00%	14.81%	3.46%	0.99%
合计	62.67%	17.50%	16.05%	2.61%	1.16%

图 5—18 学生对信息技术课程完成度的比例图

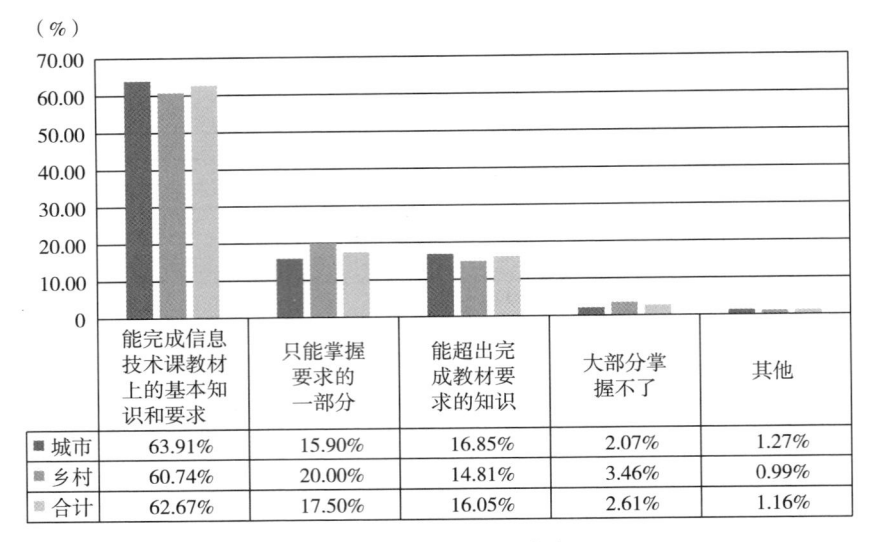

在对学生学习方式的倾向性的调查显示，喜欢老师讲解，自己学着做的有 1960 人，占 23.69%，喜欢和同学一起合作的有 2280 人，占 27.56%，喜欢在老师帮助下完成的有 920 人，占 11.12%，喜欢通过网络资源独立完成的有 2992 人，占 36.17%。具体如图 5—19、图 5—20 所示。

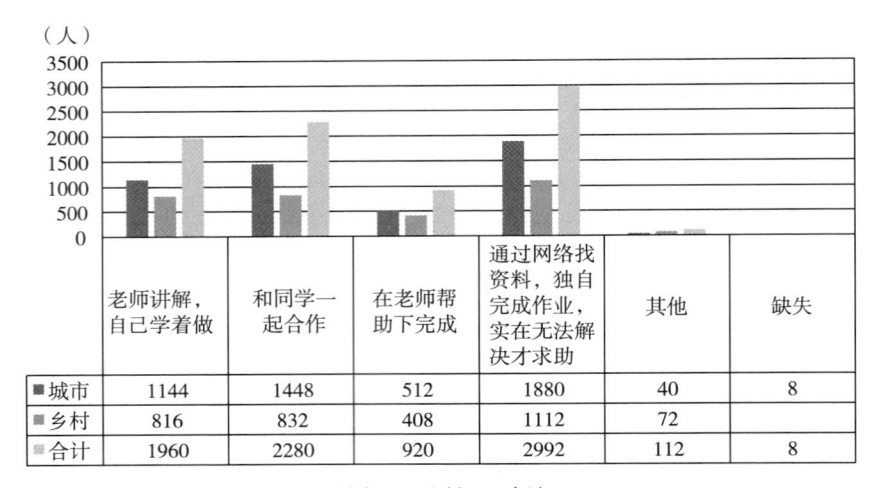

	老师讲解，自己学着做	和同学一起合作	在老师帮助下完成	通过网络找资料，独自完成作业，实在无法解决才求助	其他	缺失
城市	1144	1448	512	1880	40	8
乡村	816	832	408	1112	72	
合计	1960	2280	920	2992	112	8

图 5—19 学生对学习方式的倾向性统计图

	老师讲解，自己学着做	和同学一起合作	在老师帮助下完成	通过网络找资料，独自完成作业，实在无法解决才求助	其他	缺失
城市	22.73%	28.78%	10.17%	37.36%	0.79%	0.16%
乡村	25.19%	25.68%	12.59%	34.32%	2.22%	0.00%
合计	23.69%	27.56%	11.12%	36.17%	1.35%	0.10%

图 5—20　学生对学习方式的倾向性比例图

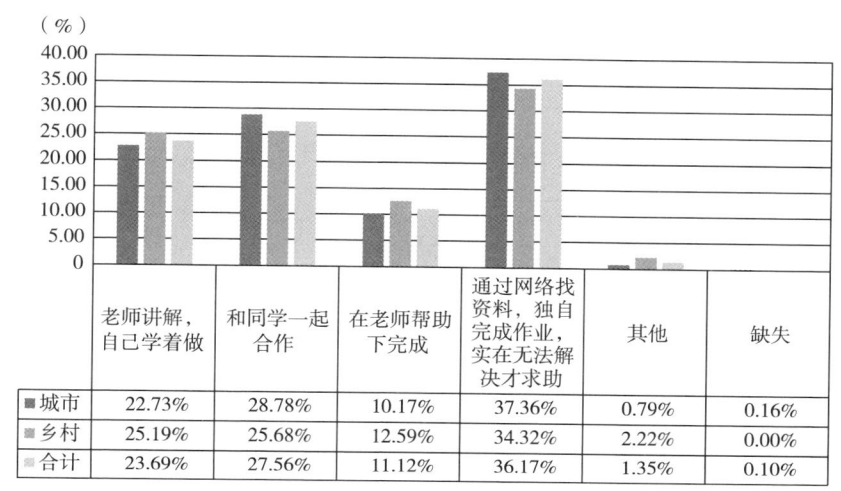

学生对学业成绩评价方式态度的调查显示，希望得到教师评价的有 2760 人，占 33.37%，希望得到小组评价的有 376 人，占 4.55%，希望自评的有 320 人，占 3.87%，希望同学互评的有 928 人，占 11.22%，希望多种评价方式结合的有 3864 人，占 46.71%。具体如图 5—21、图 5—22 所示。

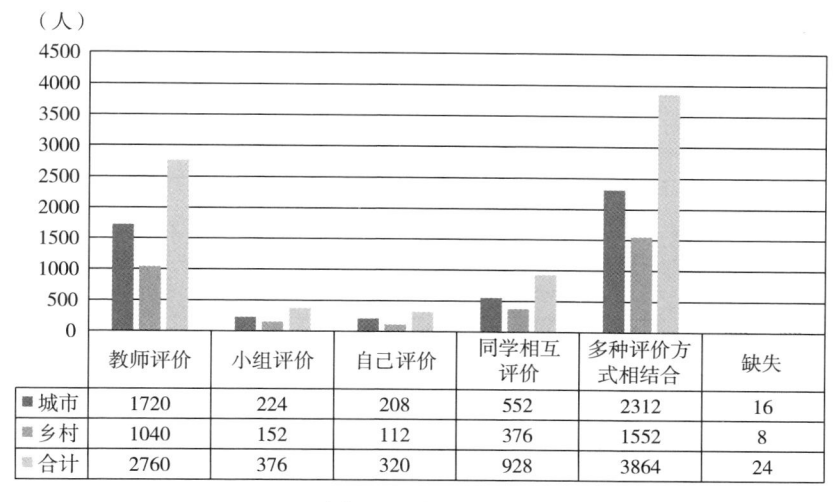

	教师评价	小组评价	自己评价	同学相互评价	多种评价方式相结合	缺失
城市	1720	224	208	552	2312	16
乡村	1040	152	112	376	1552	8
合计	2760	376	320	928	3864	24

图 5—21　学生对学业成绩评价方式态度统计图

城乡教育均衡发展新范式

	教师评价	小组评价	自己评价	同学相互评价	多种评价方式相结合	缺失
城市	34.18%	4.45%	4.13%	10.97%	45.95%	0.32%
乡村	32.10%	4.69%	3.46%	11.60%	47.90%	0.25%
合计	33.37%	4.55%	3.87%	11.22%	46.71%	0.29%

图 5—22　学生对学业成绩评价方式态度比例图

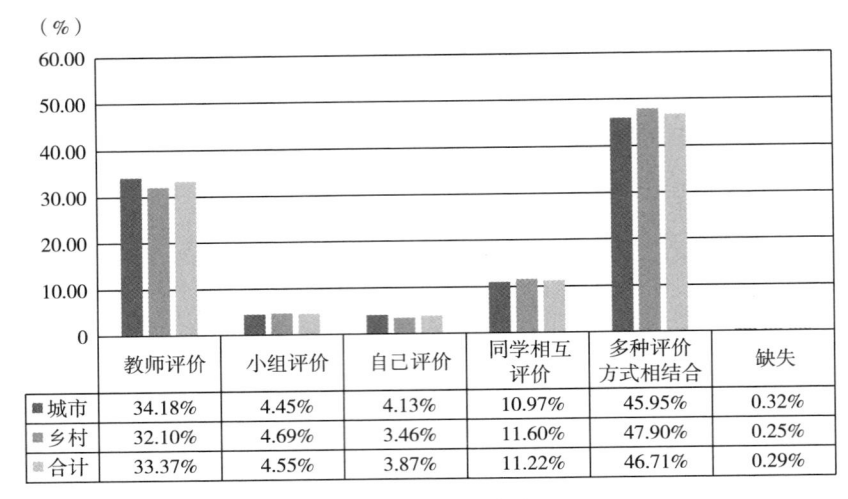

学生获取计算机知识来源方面的调查显示，一半以上学生的来源是学校课堂学习，有 4560 人，占 55.13%，靠自学的有 2200 人，占 26.60%，来自父母的有 536 人，占 6.48%，来自朋友和同学的有 424 人，占 5.13%，来自网络的有 408 人，占 4.93%。具体如图 5—23、图 5—24 所示。

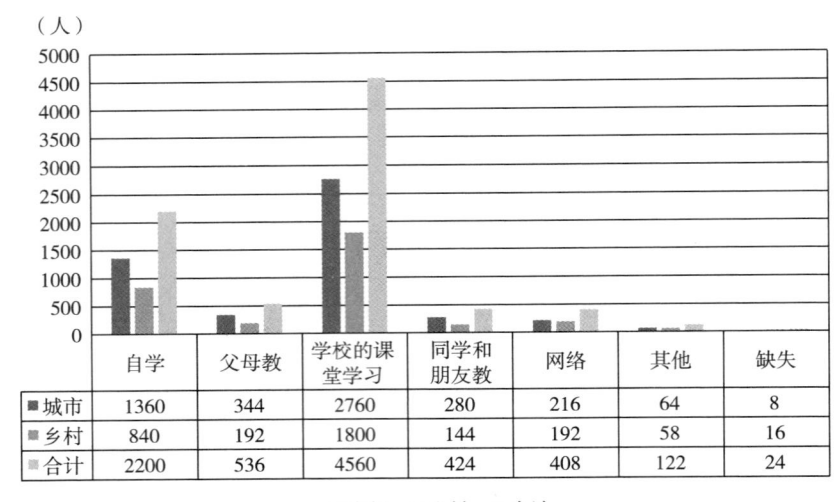

	自学	父母教	学校的课堂学习	同学和朋友教	网络	其他	缺失
城市	1360	344	2760	280	216	64	8
乡村	840	192	1800	144	192	58	16
合计	2200	536	4560	424	408	122	24

图 5—23　学生获取计算机知识来源统计图

图 5—24 学生获取计算机知识来源比例图

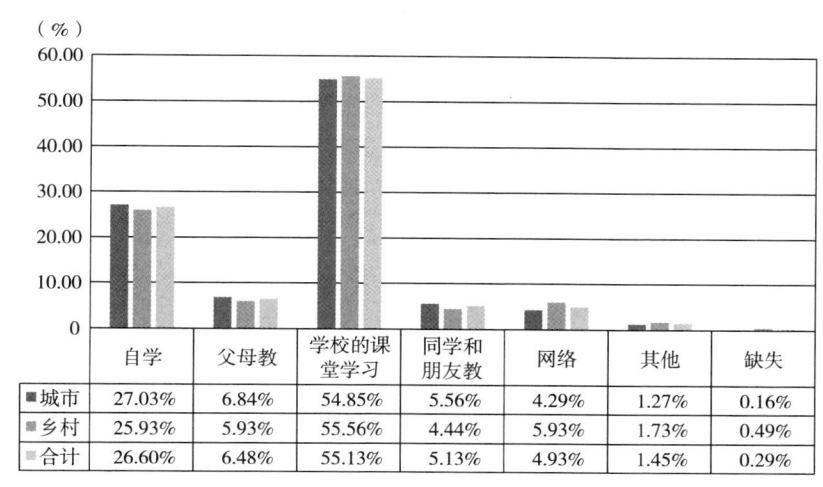

	自学	父母教	学校的课堂学习	同学和朋友教	网络	其他	缺失
城市	27.03%	6.84%	54.85%	5.56%	4.29%	1.27%	0.16%
乡村	25.93%	5.93%	55.56%	4.44%	5.93%	1.73%	0.49%
合计	26.60%	6.48%	55.13%	5.13%	4.93%	1.45%	0.29%

在对学生对于目前教学中所使用的不同教学媒体的看法上，认为黑板适合的有 1216 人，占 14.70%，认为幻灯投影的有 1288 人，占 15.57%，认为计算机多媒体投影的有 3456 人，占 41.78%，认为手机的有 360 人，占 4.35%，认为应该根据具体情况，交叉使用的有 1888 人，占 22.82%。具体如图 5—25、图 5—26 所示。

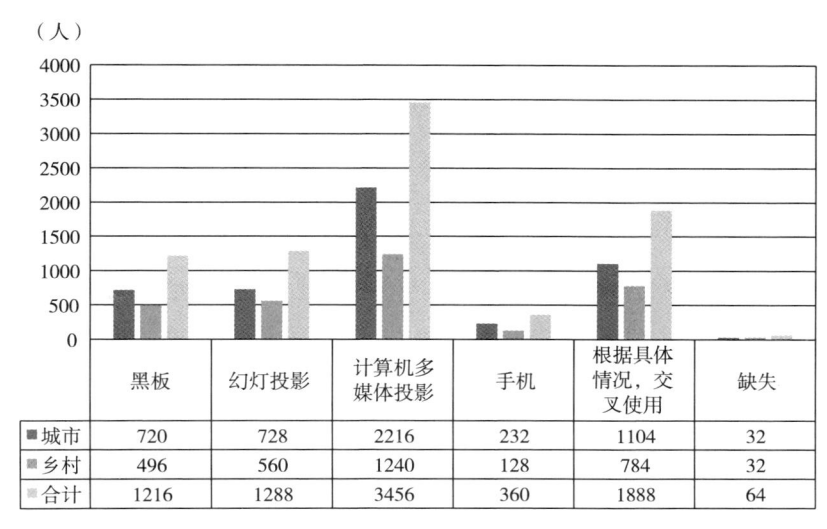

	黑板	幻灯投影	计算机多媒体投影	手机	根据具体情况，交叉使用	缺失
城市	720	728	2216	232	1104	32
乡村	496	560	1240	128	784	32
合计	1216	1288	3456	360	1888	64

图 5—25 城乡学生对教学媒体的态度统计图

	黑板	幻灯投影用	计算机多媒体投影	手机	根据具体情况，交叉使用	缺失
城市	14.31%	14.47%	44.04%	4.61%	21.94%	0.64%
乡村	15.31%	17.28%	38.27%	3.95%	24.20%	0.99%
合计	14.70%	15.57%	41.78%	4.35%	22.82%	0.77%

图5—26 城乡学生对教学媒体的态度比例图

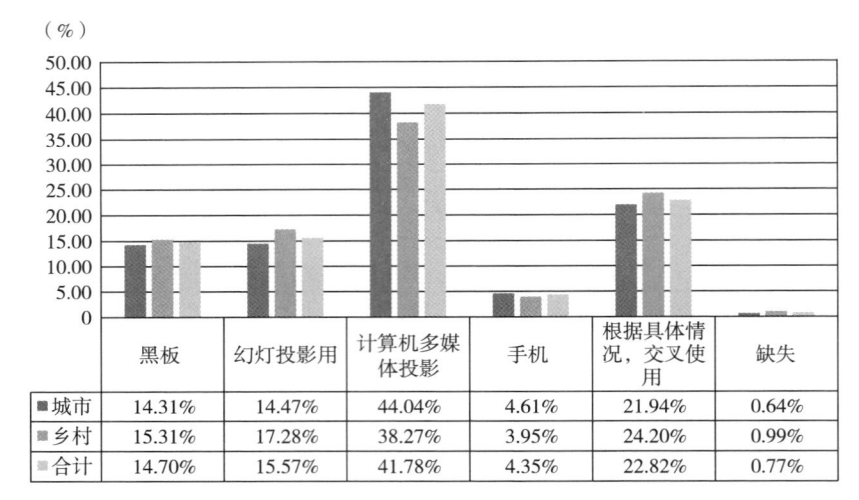

在对教师使用计算机教学的效果的调查显示，表示容易理解内容的有3504人，占42.36%，认为能活跃课堂气氛，使师生关系融洽的有3552人，占42.94%，认为课堂内容增加，负担增重的有464人，占5.61%，老师基本没用计算机教学的有512人，占6.19%。具体如图5—27、图5—28所示。

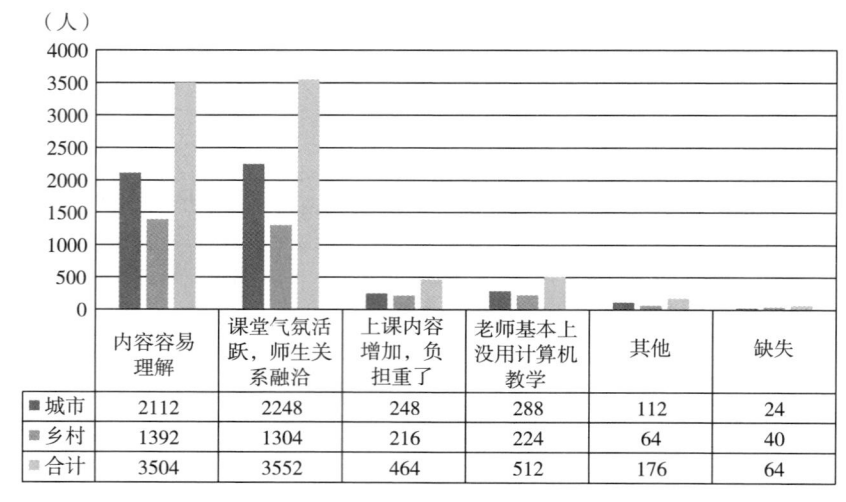

	内容容易理解	课堂气氛活跃，师生关系融洽	上课内容增加，负担重了	老师基本上没用计算机教学	其他	缺失
城市	2112	2248	248	288	112	24
乡村	1392	1304	216	224	64	40
合计	3504	3552	464	512	176	64

图5—27 城乡教师使用计算机教学的效果统计图

第五章 城乡教育一体化背景下实施混合学习的实证研究

	内容容易理解	课堂气氛活跃，师生关系融洽	上课内容增加，负担重了	老师基本上没用计算机教学	其他	缺失
城市	41.97%	44.67%	4.93%	5.72%	2.23%	0.48%
乡村	42.96%	40.25%	6.67%	6.91%	1.98%	1.23%
合计	42.36%	42.94%	5.61%	6.19%	2.13%	0.77%

图 5—28 城乡教师使用计算机教学的效果比例图

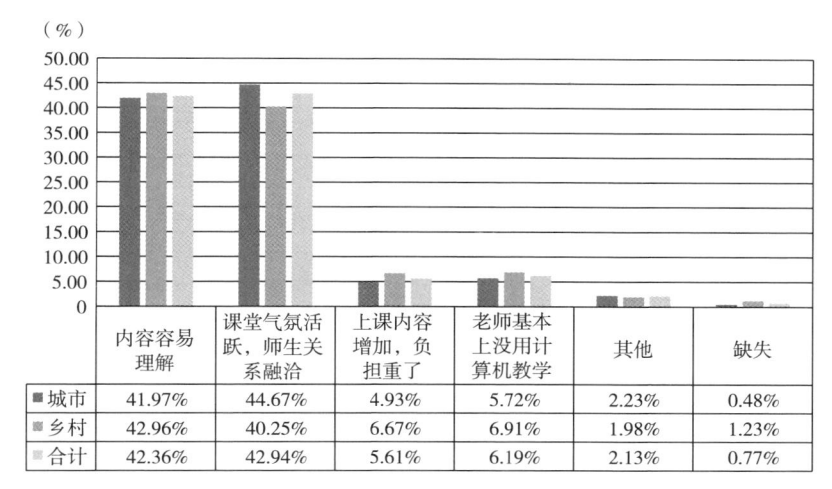

使用信息技术教育的影响：认为会额外增加学习负担，影响考试成绩的有 888 人，占 10.74%，认为会提高学习能力和效率，提高成绩的有 4568 人，占 55.22%，认为影响因人而异的有 1136 人，占 13.73%，认为如果有教师指导和监督，效果会有保障的有 1448 人，占 17.50%。具体如图 5—29、图 5—30 所示。

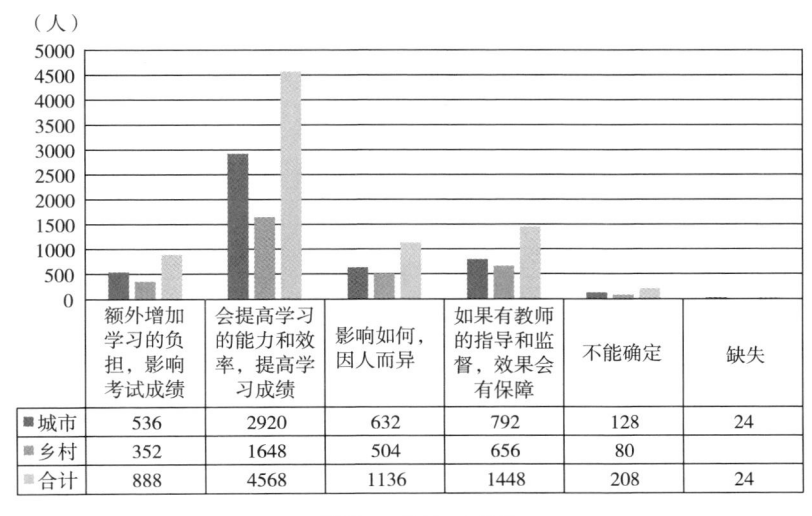

	额外增加学习的负担，影响考试成绩	会提高学习的能力和效率，提高学习成绩	影响如何，因人而异	如果有教师的指导和监督，效果会有保障	不能确定	缺失
城市	536	2920	632	792	128	24
乡村	352	1648	504	656	80	0
合计	888	4568	1136	1448	208	24

图 5—29 使用信息技术教育的影响统计图

	额外增加学习的负担，影响考试成绩	会提高学习的能力和效率，提高学习成绩	影响如何，因人而异	如果有教师的指导和监督，效果会有保障	不能确定	缺失	
城市	10.65%	58.03%	12.56%	15.74%	2.54%	0.48%	0.16%
乡村	10.86%	50.86%	15.56%	20.25%	2.47%	0.00%	0.49%
合计	10.74%	55.22%	13.73%	17.50%	2.51%	0.29%	0.29%

图 5—30　使用信息技术教育的影响比例图

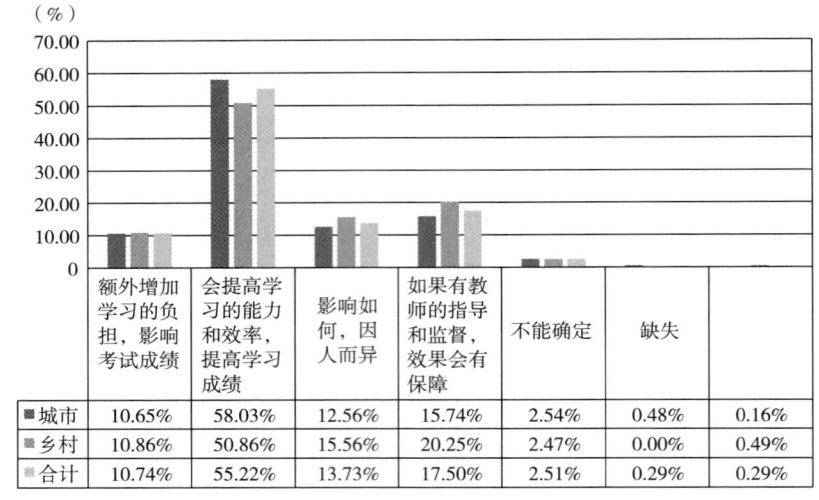

父母对于孩子学习计算机的看法：坚决支持的有 1688 人，占 20.41%，坚决反对的有 760 人，占 9.19%，不支持不反对的有 1232 人，占 14.89%，听从学校和老师安排的有 4096 人，占 49.52%。城市学校与乡村学校的学生父母对于计算机学习意见通过 U 检验无显著差异。具体如图 5—31、图 5—32 所示。

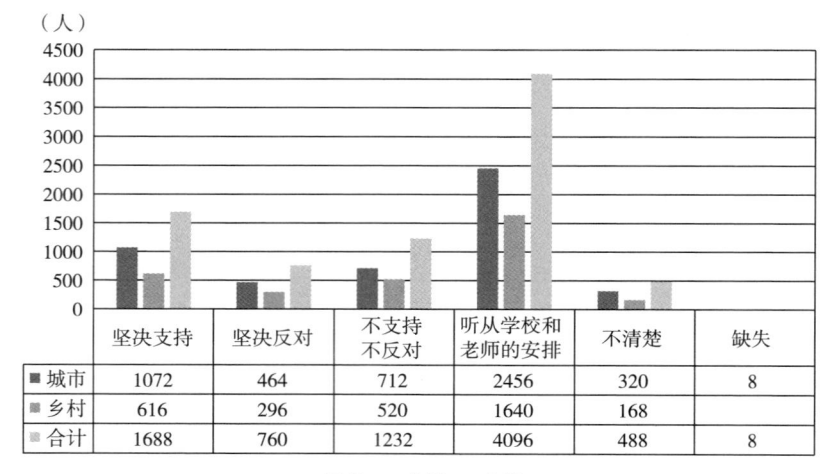

	坚决支持	坚决反对	不支持不反对	听从学校和老师的安排	不清楚	缺失
城市	1072	464	712	2456	320	8
乡村	616	296	520	1640	168	
合计	1688	760	1232	4096	488	8

图 5—31　父母对于孩子学习计算机的态度统计图

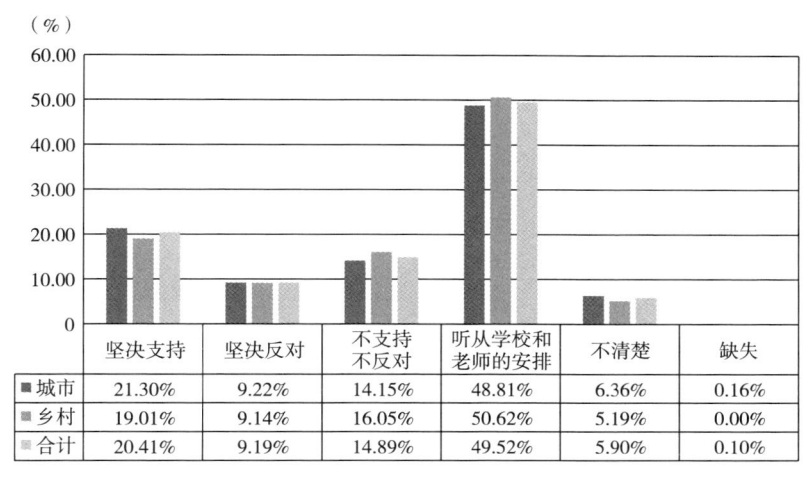

第五章 城乡教育一体化背景下实施混合学习的实证研究

(%)	坚决支持	坚决反对	不支持不反对	听从学校和老师的安排	不清楚	缺失
城市	21.30%	9.22%	14.15%	48.81%	6.36%	0.16%
乡村	19.01%	9.14%	16.05%	50.62%	5.19%	0.00%
合计	20.41%	9.19%	14.89%	49.52%	5.90%	0.10%

图 5—32 父母对于计算机学习的态度比例图

教师在教学中使用计算机等信息技术手段方面：几乎所有老师都使用过的有 3952 人，占 47.78%，大约一半老师用的有 1136 人，占 13.73%，多数老师在用的有 1792 人，占 21.66%，少部分老师在用的有 888 人，占 10.74%，几乎都不用的有 496 人，占 6.00%。城市学校与乡村学校的教师使用计算机教学方面通过 U 检验有显著差异。具体如图 5—33、图 5—34 所示。

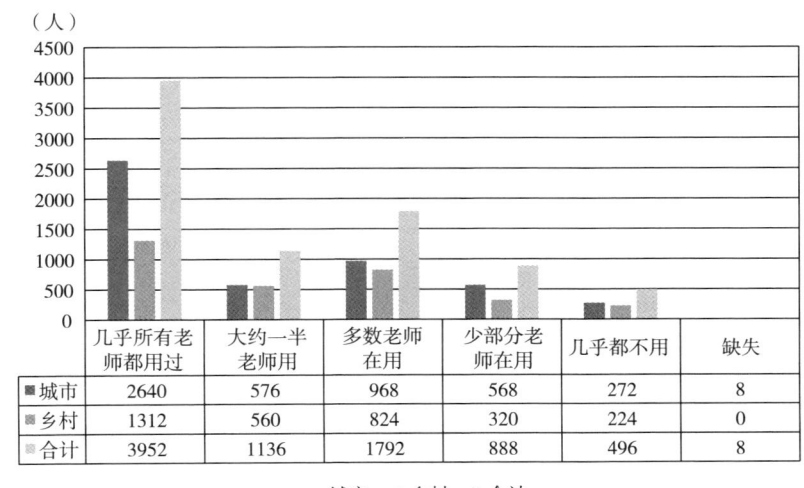

(人)	几乎所有老师都用过	大约一半老师用	多数老师在用	少部分老师在用	几乎都不用	缺失
城市	2640	576	968	568	272	8
乡村	1312	560	824	320	224	0
合计	3952	1136	1792	888	496	8

图 5—33 教师在教学中使用计算机的统计图

	几乎所有老师都用过	大约一半老师用	多数老师在用	少部分老师在用	几乎都不用	缺失
城市	31.91%	6.96%	11.70%	6.87%	3.29%	0.10%
乡村	15.86%	6.77%	9.96%	3.87%	2.71%	0.00%
合计	47.78%	13.73%	21.66%	10.74%	6.00%	0.10%

图 5—34　教师在教学中使用计算机的比例图

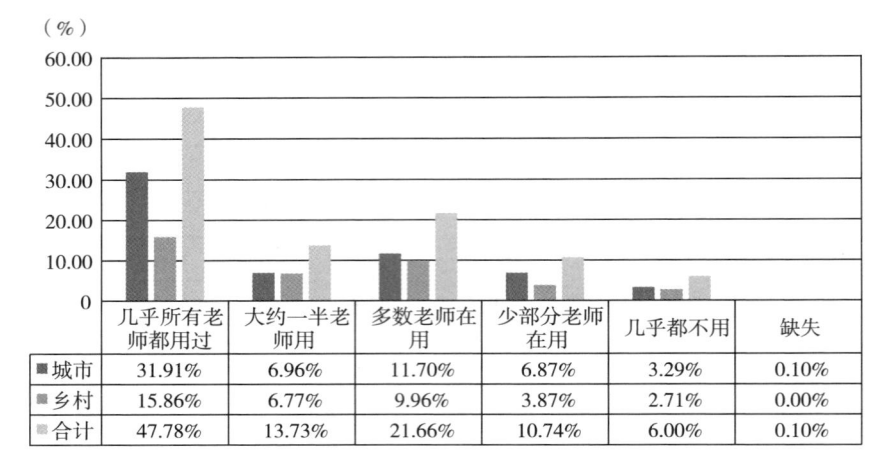

（二）问卷的统计与分析：城乡学校信息技术教学现状及混合式协同学习情况调查

有关城乡学校信息技术教学现状及混合式协同学习情况如下：

本次调查涉及教师 1522 人，其中，城市教师 1033 人，乡村教师 489 人，男生 380 人，女生 1142 人。详见表 5—1 所示。

表 5—1　　　　　　　　调查教师性别统计

学校所在地		男	女	合计
乡村	计数（人）	46	443	489
	总数的%	3.02%	29.11%	32.13%
城镇	计数（人）	334	699	1033
	总数的%	21.94%	45.93%	67.87%
合计	计数（人）	380	1142	1522
	总数的%	24.97%	75.03%	100.00%

教龄：2 年以内 251 人，占 16.49%，3 到 5 年 195 人，占 12.81%，6 到 10 年 214 人，占 14.06%，11 到 15 年 138 人，占 9.06%，16 到 20 年 286 人，占 18.79%，20 年以上 438 人，占 28.78%。详见表 5—2 所示。

表 5—2　　　　　　　　　调查教师教龄统计

学校所在地		2年以内	3到5年	6到10年	11到15年	16到20年	20年以上	合计
乡村	计数（人）	171	159	52	3	52	52	489
	总数的%	11.24%	10.45%	3.42%	0.20%	3.42%	3.42%	32.13%
城镇	计数（人）	80	36	162	135	234	386	1033
	总数的%	5.26%	2.37%	15.68%	8.87%	15.37%	25.36%	67.87%
合计	计数（人）	251	195	214	138	286	438	1522
	总数的%	16.49%	12.81%	14.06%	9.06%	18.79%	28.78%	100.00%

调查教师的学历方面，专科305人，占20.04%，本科1201人，占78.91%，研究生16人，占1.05%。详见表5—3所示。

表 5—3　　　　　　　　　调查教师学历统计

学校所在地		专科	本科	研究生	合计
乡村	计数（人）	170	318	1	489
	总数的%	11.17%	20.89%	0.07%	32.13%
城镇	计数（人）	135	883	15	1033
	总数的%	8.87%	58.02%	0.99%	67.87%
合计	计数（人）	305	1201	16	1522
	总数的%	20.04%	78.91%	1.05%	100.00%

调查教师所教年级方面，一年级36人，二年级236人，三年级223人，四年级331人，五年级371人，六年级325人。详见表5—4所示。

表 5—4　　　　　　　　　调查教师所教年级统计

学校所在地		一年级	二年级	三年级	四年级	五年级	六年级	合计
乡村	计数（人）	3	30	115	69	136	136	489
	总数的%	0.61%	1.97%	7.56%	4.53%	8.94%	8.94%	32.13%
城镇	计数（人）	33	206	108	262	235	189	1033
	总数的%	2.17%	13.53%	7.10%	17.21%	15.44%	12.42%	67.87%

续表

学校所在地		一年级	二年级	三年级	四年级	五年级	六年级	合计
合计	计数（人）	36	236	223	331	371	325	1522
	总数的%	2.37%	15.51%	14.65%	21.75%	24.38%	21.35%	100.00%

教师年龄方面，25岁以下174人，25岁到35岁有276人，31岁到35岁有300人，36岁到40岁有266人，41岁到45岁有270人，46岁到50岁有151人，51岁到55岁有81人。详见表5—5所示。

表5—5　　　　　　　　调查教师年龄统计

学校所在地		25岁以下	25岁到30岁	31岁到35岁	36岁到40岁	41岁到45岁	46岁到50岁	51岁到55岁	合计
乡村	计数（人）	152	213	38	43	8	8	27	489
	总数的%	9.98%	13.97%	2.53%	2.79%	0.55%	0.55%	1.76%	32.13%
城镇	计数（人）	22	63	262	223	262	143	54	1033
	总数的%	1.48%	4.20%	17.25%	14.66%	17.25%	9.45%	3.58%	67.87%
合计	计数（人）	174	276	300	266	270	151	81	1522
	总数的%	11.46%	18.17%	19.78%	17.45%	17.80%	10.00%	5.34%	100.00%

职称方面，正高级教师10人，高级教师145人，一级教师606人，二级教师505人，未定级教师256人。详见表5—6所示。

表5—6　　　　　　　　调查教师职称统计

学校所在地		正高级	高级	一级	二级	未定级	合计
乡村	计数（人）	1	20	82	183	203	489
	总数的%	0.07%	1.31%	5.47%	12.02%	13.33%	32.13%
城镇	计数（人）	9	125	524	322	53	1033
	总数的%	0.59%	8.21%	34.43%	21.16%	3.42%	67.87%
合计	计数（人）	10	145	606	505	256	1522
	总数的%	0.66%	9.53%	39.90%	33.18%	16.75%	100.00%

任教学校类型方面，省级重点5人，市级重点55人，普通城镇学

校 973 人，普通乡村学校 489 人，详见图 5—35 所示。

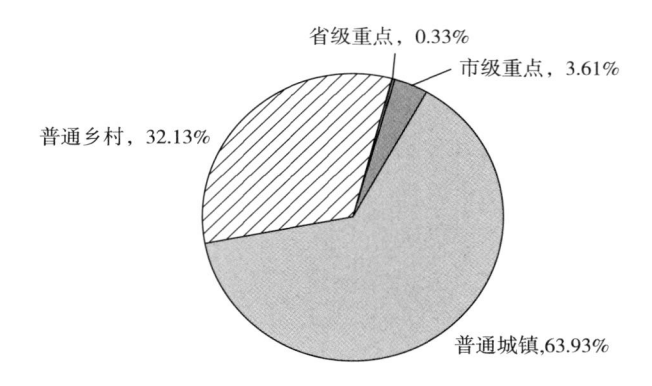

图 5—35　调查教师任教学校类型统计

任教学科方面，语文 504 人，数学 451 人，英语 163 人，体育艺术类 244 人，科学 121 人。具体见表 5—7 所示。

表 5—7　　　　　　　　调查教师任教学科统计

学校所在地		语文	数学	英语	体育艺术类	科学类	其他	合计
乡村	计数（人）	182	163	61	41	20	22	489
	总数的%	11.96%	10.71%	4.01%	2.69%	1.31%	1.45%	32.13%
城镇	计数（人）	322	288	102	203	101	17	1033
	总数的%	21.15%	18.92%	6.70%	13.34%	6.64%	1.12%	67.87%
合计	计数（人）	504	451	163	244	121	39	1522
	总数的%	32.90%	29.40%	10.60%	16.50%	8.20%	2.40%	100.00%

所在学校信息化教学环境方面，有闭路电视的学校 297 所，占 19.5%，有多媒体投影仪的学校 1277 所，占 83.9%，有电子图书馆的学校 280 所，占 18.4%，有多媒体与网络综合教室的学校 1260 所，占 82.8%，有平板电脑的学校 945 所，占 62.1%，有宽带校园网的学校 1032 所，占 67.8%。城市学校与乡村学校在闭路电视、电子图书馆、平板电脑上通过 U 检验有显著差异。详见图 5—36 所示。

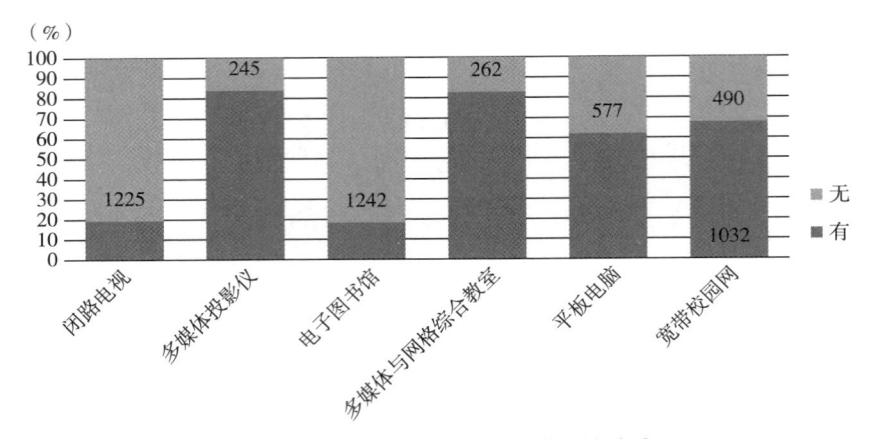

（%）
100
90
80 245   262
70   577   490
60
50
40
30 1225   1242
20   1032
10
0
闭路电视 多媒体投影仪 电子图书馆 多媒体与网格综合教室 平板电脑 宽带校园网

■ 无
■ 有

图 5—36 所在学校信息化教学环境统计

对混合式学习的认知程度方面，非常熟悉的 36 人，占 2.37%，比较熟悉的 268 人，占 17.63%，一般了解的 693 人，占 45.53%，稍微了解的 369 人，占 24.29%，不熟悉的 156 人，占 10.25%。城市学校与乡村学校通过 U 检验无显著差异。具体见表 5—8 所示。

表 5—8　　　　　　　混合式学习的认知程度统计

学校所在地		非常熟悉	比较熟悉	一般了解	稍微了解	不熟悉	合计
乡村	计数（人）	1	113	263	94	18	489
	占比（%）	0.20%	23.11%	53.78%	19.22%	3.68%	100%
城镇	计数（人）	35	155	430	275	138	1033
	占比（%）	3.39%	15.00%	41.63%	26.62%	13.36%	100%
合计	总数（人）	36	268	693	369	156	1522
	总数的%	2.37%	17.63%	45.53%	24.29%	10.25%	100.00%

对信息技术与教学融合设计的熟悉程度：非常熟悉 35 人，占 2.30%，比较熟悉 389 人，占 25.66%，一般了解 854 人，占 56.31%，稍微了解 174 人，占 11.27%，不熟悉 70 人，占 4.53%。城市学校与乡村学校通过 U 检验无显著差异。详见表 5—9。

所在学校是否重视混合式教学：非常重视 153 人，占 10.05%，比较重视 946 人，占 62.16%，一般重视 423 人，占 27.79%。城市学校与乡村学校通过 U 检验无显著差异。具体见图 5—37 所示。

表 5—9　　　对信息技术与教学融合设计的熟悉程度统计

学校所在地		非常熟悉	比较熟悉	一般了解	稍微了解	不熟悉	合计
乡村	计数（人）	1	131	320	36	1	489
	占比（%）	0.20%	26.79%	65.44%	7.36%	0.20%	100%
城镇	计数（人）	34	258	534	138	69	1033
	占比（%）	3.29%	24.98%	51.69%	13.36%	6.68%	100%
合计	计数（人）	35	389	854	174	70	1522
	总数的%	2.30%	25.66%	56.31%	11.27%	4.53%	100.00%

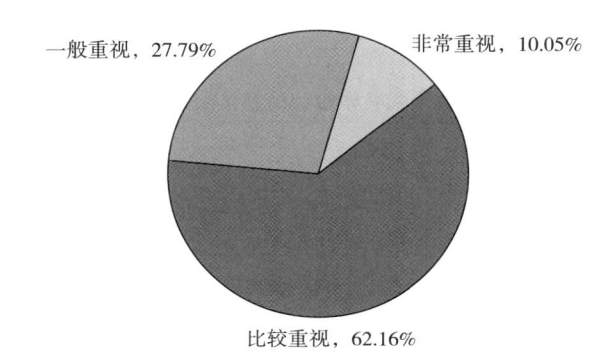

一般重视, 27.79%　　非常重视, 10.05%

比较重视, 62.16%

图 5—37　学校对混合式教学重视程度统计

对基于信息技术辅导教学的教学效果看法：非常有效158人，占10.28%，比较有效1009人，占66.29%，效果一般337人，占22.04%，看不出效果18人，占1.39%。城市学校与乡村学校通过U检验无显著差异。具体见表5—10所示。

表 5—10　　　对基于信息技术辅导教学的教学效果看法统计

学校所在地		非常有效	比较有效	效果一般	看不出效果	合计
乡村	计数（人）	37	338	113	1	489
	占比%	7.57%	69.12%	23.11%	0.20%	100%
城镇	计数（人）	121	671	224	17	1033
	占比%	11.71%	64.96%	21.68%	1.65%	100%

续表

学校所在地		非常有效	比较有效	效果一般	看不出效果	合计
合计	总数（人）	158	1009	337	18	1522
	总数的%	10.28%	66.29%	22.04%	1.39%	100.00%

提高教师混合式教学设计的整体能力因素，领导重视335人，占22.11%，与绩效挂钩115人，占7.54%，教师个人重视528人，占34.67%，培训提高544人，占35.68%。城市学校与乡村学校在与绩效挂钩方面通过U检验有显著差异。具体见表5—11所示。

表5—11　提高教师混合式教学设计的整体能力因素统计

因素	城镇中心学校		乡村学校		合计	
	人数	百分比（%）	人数	百分比（%）	人数	百分比（%）
领导重视	232	15.31	103	21.06	335	22.11
与绩效挂钩	40	2.63	75	15.34	115	7.54
教师个人重视	365	35.33	163	33.33	528	34.67
培训提高	396	38.33	148	30.27	544	35.68
合计	1033	100	489	100	1522	100.00

教学中通过信息化技术提高学生的成绩，认为应该提高自己技术水平543人，占35.68%，更新学校的信息化环境741人，占48.70%，家长支持420人，占27.60%，自己愿意用260人，占17.10%。城市学校与乡村学校通过U检验无显著差异。具体见表5—12所示。

表5—12　教学中通过信息化技术提高学生的成绩认识统计

因素	城镇中心学校		乡村学校		合计	
	人数	百分比（%）	人数	百分比（%）	人数	百分比（%）
提高自己技术水平	369	35.72	174	35.58	543	35.68
更新学校信息化环境	488	47.24	253	51.73	741	48.70
家长支持	257	24.88	163	33.33	420	27.60
自己愿意	204	19.75	56	11.45	260	17.10

课堂教学主要采取的方式，传统讲授 371 人，占 24.4%，小组合作学习 632 人，占 41.5%，多媒体网络教学 817 人，占 53.7%，线上线下混合教学 371 人，占 24.4%。城市学校与乡村学校教师采取的课堂教学方式通过 U 检验无显著差异。具体见表 5—13 所示。

表 5—13　　　　　课堂教学主要采取的方式统计

因素	城镇中心学校 人数	城镇中心学校 百分比	乡村学校 人数	乡村学校 百分比	合计 人数	合计 百分比
传统讲授	249	24.10%	122	24.95%	371	24.4%
小组合作学习	417	40.37%	215	43.96%	632	41.5%
多媒体网络教学	591	57.21%	226	46.22%	817	53.7%
线上线下混合教学	285	27.59%	86	17.59%	371	24.4%

应用信息技术教学中的困难，不会操作相关设备 172 人，占 11.30%，准备课件麻烦 325 人，占 21.33%，觉得没有必要 0 人，硬件设备差，无法使用 53 人，占 3.48%，自身信息技术教学能力不够 499 人，占 32.79%，教学任务繁重，无暇顾及 411 人，占 27.00%，教学效果不好 41 人，占 2.69%。城市学校与乡村学校教师在不会操作相关设备、自身信息技术教学能力不够、教学任务繁重，无暇顾及方面通过 U 检验有显著差异。具体见表 5—14 所示。

表 5—14　　　　　应用信息技术教学中的困难统计

因素	城镇中心学校 人数	城镇中心学校 百分比	乡村学校 人数	乡村学校 百分比	合计 人数	合计 百分比
不会操作相关设备	50	4.84%	122	24.95%	172	11.30%
准备课件很麻烦	222	21.49%	103	21.06%	325	21.33%
觉得没有必要	0	0.00%	0	0.00%	0	0.00%
硬件设备差，无法使用	37	3.58%	16	3.27%	53	3.48%
自身信息技术教学能力不够	256	24.78%	243	49.69%	499	32.79%
教学任务繁重，无暇顾及	213	20.62%	198	40.49%	411	27.00%
教学效果不好	23	2.23%	18	3.68%	41	2.69%

是否参加过信息教学相关培训方面，大部分教师有参加过，其中，经常有的86人，占5.65%，有的967人，占63.53%，偶尔有的460人，占30.22%，基本没有的9人，占0.59%。城市学校与乡村教师通过U检验无显著差异。具体见表5—15所示。

表5—15　　　　是否参加过信息教学相关培训方面统计

学校所在地		经常有	有	偶尔有	基本没有	合计
乡村	计数（人）	24	309	147	9	489
	乡村占比%	4.91%	63.19%	30.06%	1.84%	100%
城镇	计数（人）	62	658	313	0	1033
	城镇占比%	6.00%	63.70%	30.30%	0.00%	100%
合计	计数（人）	86	967	460	9	1522
	总数的%	5.65%	63.53%	30.22%	0.59%	100.00%

从城乡教师对于希望获得的信息技术教育培训内容来看，希望得到信息技术与课程整合的基本理论有202人，占13.27%，希望能培训教学素材和教学课件的制作有376人，占24.70%，希望培训现代化教学模式的应用有257人，占16.89%，网络课程的设计与开发160人，占10.51%，信息化课堂教学设计的方法与技巧278人，占18.27%，常见的教学软件的利用有257人，占16.89%。城市学校与乡村学校通过U检验无显著差异。具体见表5—16所示。

表5—16　　　　对于希望得到的培训内容统计

因素	城镇中心学校		乡村学校		合计	
	人数	百分比	人数	百分比	人数	百分比
信息技术与课程整合的基本理论	146	14.13%	56	11.45%	202	13.27%
教学素材和教学课件制作	278	26.91%	98	20.04%	376	24.70%
现代化教学模式的应用	172	16.65%	85	17.38%	257	16.89%
网络课程设计与开发	112	10.84%	48	9.82%	160	10.51%
信息化课堂教学设计的方法与技巧	198	19.17%	80	16.36%	278	18.27%
常见的教学软件的运用	176	17.04%	81	16.56%	257	16.89%

是否愿意和外校教师一起研讨教育教学问题方面，表示非常愿意的332人，占21.81%，愿意的1008人，占66.23%，看具体情况的182人，占11.96%。城市学校与乡村学校通过U检验无显著差异。具体见表5—17所示。

表5—17　是否愿意和外校教师一起研讨教育教学问题方面统计

学校所在地		非常愿意	愿意	看具体情况	合计
乡村	计数（人）	115	348	26	489
	占比%	23.52%	71.17%	5.31%	100.00%
城镇	计数（人）	217	660	156	1033
	占比%	21.01%	63.89%	15.10%	100.00%
合计	总计（人）	332	1008	182	1522
	总数的%	21.81%	66.23%	11.96%	100.00%

在乡村或城市学校工作，是否愿意得到对方学校教师的帮助方面，表示非常愿意的403人，占26.48%，愿意的1100人，占72.27%，看具体情况的19人，占1.25%。城市学校与乡村学校通过U检验无显著差异。具体见表5—18所示。

表5—18　是否愿意得到对方学校教师的帮助方面统计

学校所在地		非常愿意	愿意	看具体情况	合计
乡村	计数（人）	126	362	1	489
	占比%	25.77%	74.03%	0.20%	100.00%
城镇	计数（人）	277	738	18	1033
	占比%	26.82%	71.44%	1.74%	100.00%
合计	总计（人）	403	1100	19	1522
	总数的%	26.48%	72.27%	1.25%	100.00%

在对于城市学校教师教育教学水平高于乡村学校的看法上，表示非常同意的93人，占6.11%，同意的353人，占23.19%，看具体情况的1060人，占69.65%，非常不同意的16人，占1.05%。城市学校与乡村学校通过U检验无显著差异。具体见表5—19所示。

表5—19　城镇学校教师教育教学水平高于乡村学校的看法统计

学校所在地		非常同意	同意	看具体情况	非常不同意	合计
乡村	计数（人）	29	115	342	3	489
	占比%	5.93%	23.52%	69.94%	1.22%	100.00%
城镇	计数（人）	64	238	718	13	1033
	占比%	6.20%	23.04%	69.51%	1.26%	100.00%
合计	总数（人）	93	353	1060	16	1522
	总数的%	6.11%	23.19%	69.65%	1.05%	100.00%

在对于城乡学校可以结成学习共同体进行有效的学习并促进教师和学校的发展的看法上，表示非常同意的275人，占18.07%，同意的1109人，占72.86%，看具体情况的138人，占9.07%。城市学校与乡村学校通过U检验无显著差异。具体见表5—20所示。

表5—20　城乡学校对学习共同体促进教师和学校的发展的态度统计

学校所在地		非常同意	同意	看具体情况	合计
乡村	计数（人）	90	367	32	489
	占比%	18.40%	75.05%	6.54%	100.00%
城镇	计数（人）	185	742	106	1033
	占比%	17.91%	71.83%	10.26%	100.00%
合计	总数（人）	275	1109	138	1522
	总数的%	18.07%	72.86%	9.07%	100.00%

在对于混合学习效果与教师讲授效果相比的看法上，认为非常有效的146人，占9.59%，比较有效的1126人，占73.98%，效果一般的198人，占13.01%，看不出效果的52人，占3.42%。城市学校与乡村学校通过U检验无显著差异。具体见表5—21所示。

在对于城乡学校可否通过混合学习实现共同发展上，认为肯定可以的243人，占15.96%，认为可以的1118人，占73.46%，认为不一定的161人，占10.57%。城市学校与乡村学校通过U检验无显著差异。具体见表5—22所示。

表 5—21　　　混合学习效果与教师讲授效果相比的看法统计

学校所在地		非常有效	比较有效	效果一般	看不出效果	合计
乡村	计数（人）	45	356	64	24	489
	占比%	9.20%	72.8%	13.09%	4.91%	100.00%
城镇	计数（人）	101	770	134	28	1033
	占比%	9.78%	74.54%	12.97%	2.71%	100.00%
合计	总数（人）	146	1126	198	52	1522
	总数的%	9.59%	73.98%	13.01%	3.42%	100.00%

表 5—22　　　城乡学校可否通过混合学习实现共同发展统计

学校所在地		肯定可以	可以	不一定	合计
乡村	计数（人）	79	360	50	489
	占比%	16.16%	73.62%	10.22%	100.00%
城镇	计数（人）	164	758	111	1033
	占比%	15.88%	73.38%	10.75%	100.00%
合计	总数（人）	243	1118	161	1522
	总数的%	15.96%	73.46%	10.57%	100.00%

在城市骨干教师可以帮助乡村教师在某些方面实现发展上，表示非常同意的 109 人，占 7.16%，同意的 697 人，占 45.80%，看具体情况的 716 人，占 47.04%。城市学校与乡村学校通过 U 检验无显著差异。具体见表 5—23 所示。

表 5—23　　城市骨干教师帮助乡村教师在某些方面实现发展统计

学校所在地		非常同意	同意	看具体情况	合计
乡村	计数（人）	38	225	226	489
	占比%	7.77%	46.01%	46.22%	100.00%
城镇	计数（人）	71	472	490	1033
	占比%	6.87%	45.69%	47.43%	100.00%
合计	总数（人）	109	697	716	1522
	总数的%	7.16%	45.80%	47.04%	100.00%

在乡村骨干教师可以帮助城市教师在某些方面实现发展上,表示非常同意的 163 人,占 10.71%,同意的 693 人,占 45.53%,看具体情况的 666 人,占 43.76%。城市学校与乡村学校通过 U 检验有显著差异。具体见表 5—24 所示。

表 5—24　乡村骨干教师帮助城市教师在某些方面实现发展统计

学校所在地		非常同意	同意	看具体情况	合计
乡村	计数（人）	94	263	132	489
	占比%	19.22%	53.78%	27.00%	100.00%
城镇	计数（人）	69	430	534	1033
	占比%	6.68%	41.63%	51.69%	100.00%
合计	总数（人）	163	693	666	1522
	总数的%	10.71%	45.53%	43.76%	100.00%

对于骨干教师可以在哪些方面帮助其他教师,140 人次认为可以帮助信息技术与课程整合的基本理论（9.20%）,437 人认为可以帮助教学素材和教学课件的制作（28.7%）,281 人认为可以帮助现代化教学模式的应用（18.46%）,160 人认为可以帮助网络课程的设计与开发（10.51%）,238 人认为可以帮助信息化课堂教学设计的方法与技巧（15.64%）,274 认为可以帮助常见的教学软件的利用（18.00%）。城市学校与乡村学校在信息技术与课程整合的基本理论、教学素材和教学课件的制作通过 U 检验有显著差异。具体见表 5—25 所示。

表 5—25　对于骨干教师可以在哪些方面帮助其他教师统计

因素	城镇中心学校		乡村学校		合计	
	人数	百分比	人数	百分比	人数	百分比
信息技术与课程整合的基本理论	68	6.60%	72	14.72%	140	9.20%
教学素材和教学课件制作	292	28.27%	145	29.65%	437	28.70%
现代化教学模式的应用	166	16.07%	115	23.52%	281	18.46%
网络课程设计与开发	117	11.33%	43	8.79%	160	10.51%
信息化课堂教学设计的方法与技巧	166	16.07%	72	14.72%	238	15.64%
常见的教学软件的运用	224	21.68%	50	10.22%	274	18.00%

在对于城市和乡村教师都有相互学习的必要看法上,表示非常同意的789人,占51.84%,同意的697人,占45.80%,看具体情况的36人,占2.37%。具体见表5—26所示。

表5—26　对于城市和乡村教师都有相互学习的必要看法

学校所在地		非常同意	同意	看具体情况	合计
乡村	计数（人）	300	189	0	489
	占比%	61.35%	38.65%	0.00%	100.00%
城镇	计数（人）	489	508	36	1033
	占比%	47.34%	49.18%	3.48%	69.05%
合计	总数（人）	789	697	36	1522
	总数的%	51.84%	45.80%	2.37%	100.00%

对于当前政府促成城乡学校协同，促进教育公平的看法上，认为积极采取措施促进城乡教育公平，取得一定效果的有768人，占50.46%，认为有采取措施，效果一般的有388人，占25.49%，认为由于体制机制限制，城乡教育差距还是存在比较明显的有301人，占19.78%，认为客观原因导致政府在促进城乡学校均衡发展仍需加大力度的有65人，占4.27%。具体见表5—27所示。

表5—27　对于当前政府促成城乡学校协同，促进教育公平的看法

学校所在地		积极采取措施促进城乡教育公平，取得一定效果	有采取措施，效果一般	由于体制机制限制，城乡教育差距还是存在较明显	客观原因导致政府在促进城乡学校均衡发展仍需加大力度	合计
乡村	计数（人）	208	56	206	19	489
	占比%	42.54%	11.45%	42.13%	3.68%	100.00%
城镇	计数（人）	560	332	95	46	1033
	占比%	54.21%	32.14%	9.20%	4.45%	100.00%
合计	计数（人）	768	388	301	65	1522
	总数的%	50.46%	25.49%	19.78%	4.27%	100.00%

（三）针对本市部分教育局、学校领导、一线教师的访谈

为了更加深入地了解基层教育工作者对城乡教育协同的认识、态度以及行为等方面的情况，课题组成员对所在市所辖县的教育局、部分城镇和乡村小学校领导及部分教师进行了访谈，相关访谈信息如下：

A农村小学副校长兼教导主任。男，五十余岁。小学从教36年，在××小学等7所小学任教过。因曾长期在乡村小学和城镇小学任职，该副校长对乡村和城镇教育有着较为丰富的经验和真实的了解。基于个人的经验和认识，他认为对城市和乡村的教育进行协同可行性较低，因为两地学校教学条件差别很大，同时在具体的教学工作中对学生上课的安排和要求都存在着很大的不同。他认为乡村学校的教师主要是要靠自己培养、锻炼，通过其他地区的培养和提高效果并不明显。

B县城小学书记、副校长。具有丰富的基础教育管理和教学的经验。该校书记认为现在城乡差别越来越大，乡村越来越边缘化。他在基层曾经多次走访了县内乡村学校，认为现状非常不乐观。一些乡村学校如×小学，学生基本上是留守儿童、走不出大山的人，目前只是保证了有书读，城乡协同不仅非常有意义，也很紧迫。

C县城小学教科处主任×。从教20多年来，一直扎根于教学第一线，并积极投身教育教学改革，勇于实践。该主任赞同城镇农村的教育协同，也愿意帮助乡村学校。

D县乡村小学校长。从事农村教育工作26年，担任小学校长15年。该校长带领学校网络空间的教学研究取得成效，期望得到高校和城市学校的帮助。

E县教育局局长。该局长认为当前形势下搞城乡协同非常有意义。作为教育主管行政部门，也在积极采取措施促进城乡教育的均衡，提升乡村教育的质量并表示会对项目开展提供必要支持。

F市教育局副局长认为城乡协同非常有意义，在个案研究破题基础上，希望扩大实验学校范围，同时，市教育局会给予支持，可以把相关学校信息化建设列入市教育信息化十三五规划。

G县教育局副局长、县教育局教育科科长、县教育局信息技术中心主任认为当前城乡教育还存在相当差距，特别是在学校软硬件配置、教师和学生的素质及理念等方面，下一步要加强教育信息化建设。

H市教育技术中心主任、市教研院负责人认为从当前情况看，城乡教育差距比较大，教学理念差距、教育技术、学生家庭教育等都是很重要因素，促进城乡教育均衡，提高乡村教育质量，借助教育技术平台和资源促进城乡协同，是比较有效的方法。

I城市中心学校语文、数学、科学一线教师谈道，为提高乡村学校教育质量，有时会到学校去指导，但次数不多，效果不大。如果借助信息技术可以通过远程、线上等多种方式，会好很多。

J乡村学校、城边学校一线教师谈道，由于学校教师少，学校信息技术不够，学生90%都是"留守儿童"，学习习惯不太好，如果能够得到城市学校的帮助，那是最好了但是学校网络设备、硬件设施还不够，而且即使有了设备我们也不会使用，加之平时课务和其他工作量非常大，根本没时间去学习。

由此可见，受访教师对信息技术促进教学模式改革，通过教学质量，城乡协同的意义等方面都表现出高度的认可。

第三节　结果分析

通过对小学生网络学习情况和城镇学校与乡村学校对混合学习的具体现状进行问卷调查，以及对教育行政管理者和学校管理者访谈的基础上，可以得出如下基本的结论：

一　城乡学校学生和家长支持实施混合式学习

从对城镇和乡村小学学生网络学习情况调查来看，城乡学校实施混合式学习是可行的，学生在自身计算机水平、兴趣爱好、思想观念等方面都具备实施混合式学习的基础。

（一）学生的计算机水平和学习兴趣高

根据调查情况看，有一半以上学生都认为自己计算机水平比较好，城镇学生认为非常好、比较好的占61.69%，乡村小学也占了53.58%；并且绝大多数的学生喜欢上信息技术课，占了82.7%，其中城镇学生占87.12%，乡村学生占了75.81%。尽管乡村小学学生对信息技术课的喜爱程度没有城镇学生高，这和乡村学校信息技术课的上课内容和方式有一定关系，但是也已经占了大多数。学生的计算机水平和对信息技术课的热爱为实施混合式学习奠定了基础。

（二）信息技术教学得到学生的认可

利用信息技术进行教学，需要教师和学生具备相应的计算机知识和能力，更需要学习者在思想上的认同和抵制网络诱惑的能力、学习的自觉性。从调查情况看，非常乐意、比较乐意上网的学生占58.6%，其中城镇学生占65.34%，乡村学生占48.15%。上网目的来看，学生基本上开展绿色上网，目的端正，以查找学习资料、阅读新闻看评论、收发电子邮件为主，占了79.89%；只有20.1%的学生是为了听歌玩游戏等娱乐活动。对互联网上信息的认识大多数学生都是积极的正向的，80.2%的学生认为可以开阔视野、拓展知识面，68.1%的学生认为可以获取学习资源提高成绩，49.3%的学生认为可以减轻学习压力，37.4%的学生认为可以认识很多朋友，这些本身也是绿色上网能为学生带来的好处，只有23.8%的学生认为上网会降低学习成绩，这和上网目的有直接相关，如果上网是为了玩游戏等娱乐活动，肯定会影响成绩。85.3%的学生认可教师使用计算机教学，其中42.36%的学生认为使用计算机教学可以更好理解上课内容，42.94%的学生认为可以活跃课堂气氛，融洽师生关系。55.22%的学生认为利用计算机会提高学习能力和效率，提高成绩。

（三）实施混合式学习得到家长支持

学校和家庭是息息相关的，在全社会普遍重视教育的情况下，学校开展的教学活动没有得到家长的支持也是很难开展的。从调查情况看，城乡学校实施混合式学习得到家长的支持：一是多数家长会对孩子的上网进行监督和指导，以确保孩子能做到绿色上网，减少不利因素影响，从问卷来看，有56.38%的家长会经常监督和指导孩子，从没有监督的只占4.35%。二是多数家长支持计算机学习，20.41%的家长坚决支持，49.52%的家长听从学校和老师的安排，只有9.19%的家长坚决反对，城乡学校没有显著差异。

二 城乡学校教师和设备基本支持开展混合式学习

通过调查发现，混合学习实施的主体教师和学校的硬件设施也是基本可以支持城乡学校开展混合式学习的,主要表现在以下方面。

(一)多数教师了解认可混合式学习

从对混合式学习认知程度调查情况看,89.5%的教师对混合式学习都有所了解,虽然熟悉和比较熟悉的比例只占19.7%,多数是一般了解和稍微了解,但是不熟悉的只占了10.5%。对信息技术与教学融合设计的熟悉程度更高,不熟悉的只占了4.7%,其中乡村教师不熟悉只有0.2%。这两道题的差距反映的是教师对"混合式学习"这个词相对陌生。从对基于信息技术辅导教学的教学效果调查情况看,绝大多数教师认为信息技术辅助教学可以提高教学效果,看不出效果的只占1.2%,认为非常有效的占10.5%,其中城市占11.71%,乡村学校占7.57%;比较有效的占66.63%,其中城镇占64.96%,乡村学校占69.12%。从对混合式学习与教师讲授效果相比的调查情况看,只有占3.42%的教师认为看不出效果,认为非常有效的占9.59%,比较有效的占73.98%,效果一般的占13.01%。

(二)学校和教师重视混合式教学

从所在学校是否重视混合式教学的调查来看,城乡学校教师都认为学校重视混合式教学,其中非常重视的占10.05%,比较重视的占62.16%,一般重视的占27.79%。从课堂教学主要采取的方式调查情况来看,有53.7%的教师采用多媒体网络教学,其中城镇中心学校57.21%,乡村学校占46.22%;24.4%的教师采用线上线下混合式教学,其中城镇中心学校占27.59%,乡村学校占17.59%。绝大多数教师都或多或少参加过新教学相关培训,基本没有的只占0.59%。经常参加培训的占5.65%,参加培训的占63.53%,偶尔有参加培训的占30.22%。

(三)城乡教师都有相互学习的需求

从是否愿意和外校教师一起研讨教育教学问题调查情况看,88.04%的教师表示愿意和非常愿意,11.96%的教师认为要看具体情况,21.81%的教师表示非常愿意,66.23%的教师表示愿意。绝大多数教师都希望得到对方学校教师的帮助;从是否愿意得到对方教师帮助情况看,98.75%的教师表示愿意和非常愿意,其中非常愿意的占26.48%,愿意的占72.27%,只有1.25%的教师认为要看具体情况。

90.93%的教师认为城乡学校可以结成学习共同体进行有效学习并促进教师和学校发展，只有9.07%的教师认为要看具体情况。89.42%的教师认为城乡学校可以通过混合学习实现共同发展，10.57%的教师认为不一定。97.64%的教师认为城乡教师都有相互学习的必要，非常同意的占51.84%，同意的占45.8%，2.37%的教师认为要看具体情况。

三 城乡学校的软硬件设施存在显著差异

尽管无论是城镇学校还是乡村学校，无论是城乡学校的教师还是学生，都认可并支持开展混合式学习，多数教师和学生认可混合式学习教学效果比传统式教学效果好，城乡学校的教师都有相互学习的需求。但是由于城乡学校在信息技术教育的软硬件设施仍然存在着显著差异，因此，要建立混合学习共同体，促进城乡协同发展，无论是学校的信息技术设备还是教师的信息技术水平和观念都需要进一步的完善和调整。

（一）城镇学校信息技术设施优于乡村学校

信息技术设施是开展信息技术教育的物质基础，决定着信息技术教育的应用以及效果的体现。而从调查情况看，城镇学校信息技术设施明显优于乡村学校[1]，城镇学校都有多媒体与网络综合教室、多媒体投影仪、宽带校园网等设施，90%以上的城镇学校有闭路电视、电子图书馆，60%的城镇学校有平板电脑；而在乡村学校，多媒体投影仪、闭路电视等设施基本具备，80%拥有宽带校园，网电子图书馆、平板电脑、多媒体与网络综合教室等基本缺乏。城镇学校无论是在信息技术设备的普及方面，还是在信息技术设备的先进程度方面都大大优于乡村学校。城镇和乡村学校信息技术设施水平参差不齐的状况成为两地开展混合式学习的主要制约因素（由于课题开展得到当第一教育行政部门的大力支持，浙江开展"互联网+义务教育"，2018年后，乡村学校的信息设备得到大大改善）。

（二）城镇学校教师信息技术素养高于乡村学校

作为实施混合式教学的主体，教师的信息技术素养直接影响实施的

---

[1] 这是2018年调查情况，这两年乡村小微学校建设力度加强，乡村学校信息技术设施大大改善。

成效，而从调查情况看，城镇学校教师信息素养普遍高于乡村学校教师。1/4 的乡村学校教师不会操作相关设备；近一半的乡村学校教师认为自身信息技术教学能力不够；40.49% 的乡村学校教师认为教学任务繁重、无暇顾及信息技术教学。

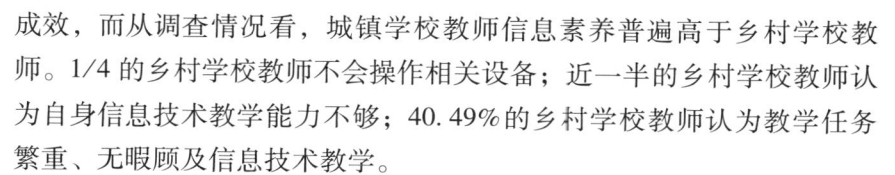

（三）城乡教师对城乡学校协同发展认识上存在差异

虽然超过 50% 的城镇学校和乡村学校教师都认为城市骨干教师可以帮助乡村教师在某些方面实现发展，但是在涉及乡村骨干教师是否可以帮助城镇教师在某些方面实现发展问题上，城镇教师和乡村教师的认识存在差异。从调查情况看，乡村学校教师的认可度明显高于城镇学校教师，19.22% 的教师非常同意，53.73% 的教师同意乡村骨干教师可以帮助城镇教师在某些方面实现发展，27% 的教师认为要看具体情况；而城镇教师只有 6.68% 表示非常同意，41.63% 表示同意，超过一半以上的教师认为要看具体情况（51.69%）。说明乡村教师的自我认知度比较高，而城镇教师对乡村教师认识还是有差距，自我感觉较好。

当前，国家和地方各级政府积极采取各项措施推动城乡协同发展，以缩小城乡教育发展差距，促进教育公平。但是在这样的政策背景下，城乡教师对城乡学校协同发展仍然存在着认识上的差异，这种认识上的差异也在不同程度上影响着城乡教育一体化发展政策的实施。总体上来看，城镇教师对于当前政府促成城乡学校协同，促进教育公平的看法上，认可度明显高于乡村教师，并且在相关政策的理解和参与程度方面也都比农村教师更为积极。相比之下，农村教师由于所处的社会环境和教育环境较为落后，许多农村教师认为由于体制机制的限制，城乡教育差距还是较明显，政府在促进城乡学校均衡发展方面仍需加大力度。

此外，通过对教育行政管理工作者和基层学校管理工作者的访谈可以发现，绝大部分教育管理工作者对信息技术在学校中普及、推广和应用都持有非常肯定的态度，对城市和乡村开展混合学习的做法和效果也都是大力支持的。但是对于基层教师则缺乏统一性的认识，从上述调查的结果可以看出仍存在着较多的问题和阻力。这也说明，在普及、推广信息技术教育，推进城市和乡村开展混合学习的具体工作中，管理者和执行者需要统一认识、加强合作，以保障信息技术教育以及混合学习的教育方式能够得以顺利实现。

第六章　基于混合学习的城乡学校协同学习的策略研究

第一节　政策与制度的契合

随着互联网信息技术的兴起，我国政府对中小学阶段普及信息技术高度重视。为加快基础教育信息技术的发展，国家采取了一系列的重大举措，制定了一系列的重大政策为基础教育信息技术教育的发展提供了制度保障。经过较长时间的持续投入，我国信息技术教育的整体环境已初具规模，同时也催生出了以混合式学习为代表的新型的信息教育的理念、模式和方法。但是随着信息技术教育的快速发展，也出现了一些问题，例如，信息技术教育的政策指向与相应的实施制度不匹配，导致中小学在开展信息技术教育的过程中存在着较为突出的形式化现象。与国家和各级政府大力倡导推进信息技术教育相比，在基层中小学，尤其是农村中小学在开展和应用信息技术教育的实际效果却不尽如人意。政策的宏观导向和配套制度存在着不对称的状况，导致中小学信息技术教育的质量和效益大打折扣。

因此，要实现信息技术教育在基层中小学真正"落地生根"，充分发挥信息技术教育对中小学的教学理念的更新、教学方式的革新、教育质量的提升，就必须要建立一整套完善的，适合中小学教育实际情况的制度体系。[1]

---

[1] 卢春，邢单霞，吴砥：《城市和农村学校信息化应用水平发展差异及影响因素分析》，《现代远距离教育》2018年第6期。

一 建立信息技术教育的长效投入机制

从当前我国中小学信息技术教育的现实状况来看，经费的投入力度和保障仍然是制约中小学开展信息技术教育的主要瓶颈。为此，就有必要建一套持续、稳定、合理的中小学信息技术教育投入机制。

（一）持续合理增长经费投入

教育信息化投入应持续合理增长。需要从中央到地方各级政府持续发展，不断推进。目前，政府对教育信息化的投入主要包括政府对信息技术教育的专项投入和生均公共经费中教育信息化经费两个方面。所以必须要对各类投入的经费进行周密的规划和精密的测算，使有限的经费发挥最大化的效益。在政府的专项投入方面，中央和地方政府有必要分别设立相应教育信息化专项资金。各级地方政府应把中央财政专项资金支持与省级统筹有机结合起来，发挥省、市、县各级财政投入的联动机制力度，形成经费投入的综合保障机制。

但是，从目前的现实情况来看，中小学校生均经费保障水平虽然有所提高，却仍然不能达到学校在教育信息化建设方面的高水平、高质量、高标准的要求，大多数学校的生均公用经费只能满足学校运转的基本需要，根本无法在教育信息化建设方面进行持续的投入。[1] 有鉴于此，地方各级政府和中小学就必须要严格执行教育信息化投入的相关规章制度，认真落实信息化建设的经费投入政策，从而形成政府引导下的教育信息化经费长效投入保障机制。

（二）优化经费支出结构比例

为了保证信息化投入的有效性，在硬件、资源、应用各环节等经费投入方面，地方各级政府总体上要按照 4∶3∶3 左右的比例来设计。在教育信息化建设已经具备一定水平和规模的地区和学校，为了更加高效地提升设备、资源和应用能力，就有必要进一步优化现有的比例；加大软件资源应用和维护、培训等方面的投入；不断地改革和完善政府对经费投入的管理、使用和审批制度方式等，充分发挥投入资金的效益；进

---

[1] 陈静漪，宋晓华：《从城乡分立到城乡一体化：中国农村义务教育供给机制演进路径分析》，《西南大学学报》（社会科学版）2012 年第 9 期。

一步下放和加大中小学设备采购、资源共享和培训服务的自主权，与此同时，也要通过加强经费使用的监督机制等，以确保教育信息化的投入经费能够充分体现科学、合理的比例和结构。

（三）深化多元投入

教育信息化成本依据受益与责任承担对等的原则，需要由政府、受教育者及社会共同承担。因此，建立"政府主导、多方参与"的教育信息化经费投入机制，充分发挥社会力量参与教育信息化建设的积极性，努力营造社会团体、企业支持和参与的多元化投入格局是今后教育信息化发展的一条必由之路。这就要求政府要通过政策诱导和项目资助的形式积极引导企业参与教育信息化的发展。一方面，在教育信息化投入上，引入现代的投入和管理机制，加强经费投入和使用的监管力度；另一方面，政府加大对企业在教育信息化领域的参与和建设激励政策，适当减免企业在信息化投入的税费，使企业能在参与教育信息化发展中获得益处，从而激发企业持续不断地参与教育信息化建设的积极性。最终实现政府主导、企业参与、充分发挥市场在信息化资源配置中的主导作用的联动机制。

（四）单列教育信息化科目

当今，随着信息技术的飞速发展，教育信息化已经渗透、融入到教育教学领域的各个方面，并成为教育发展不可或缺的关键性因素。教育信息技术经费投入在整个教育经费投入中不断增加。根据这种情况的变化，就有必要在学校整体的教育经费结构中专门设立教育信息化经费科目，以便于教育信息化经费的统计、操作和保障。同时，通过专门化地管理，也可以更好地筹措、分配、使用、管理与审计教育信息化经费，以便发现问题，及时解决，避免经费使用当中出现的各种不合理的现象，有助于形成较为完善的财政投入决策、实施和监督机制。

二 形成适应信息时代教师信息技术教育的培训长效机制

党的十九大以来，在国家的高度重视和支持下，我国各级各类学校教育信息化也进入了新的发展阶段。中央先后制定和颁布了一系列促进和发展教育信息化的政策措施。例如，2018年1月，中共中央、国务院发布《关于全面深化新时代教师队伍建设改革的意见》；2018年4

月，教育部发布实施《教育信息化 2.0 行动计划》；2019 年 1 月，教育部发布实施《关于实施全国中小学教师信息技术应用能力提升工程 2.0 的意见》（以下简称能力提升工程 2.0）。这些文件、政策的出台也充分体现了国家对教育信息化前所未有的重视。在这样的背景之下，学术界也对教育信息化全面推动教育现代化达成共识。随着教育信息化的不断深化，无论是在理论研究方面，还是实践探索中，从中央到地方教育部门都不约而同地把教师的信息技术应用能力作为实现教育信息化发展的关键力量，明确提出把"高素质专业化创新型教师"的信息技术应用能力的培养作为必备的核心素养，着重提高教师实现信息技术与课堂教学深度融合的能力素养。[①]

但是，从当前中小学教师的信息技术应用能力的整体素养来看，与预期的目标仍存在着很大的差距，中小学教师的信息技术应用能力的提升空间仍然很大。究其原因：一是信息技术的发展更新速度不断加快，各种新型的教学技术不断涌现；二是信息技术对课堂教学的影响、学习体验的支持、创新能力的培养、自身认知的建构等方面提出了新的要求，客观上也促使信息技术与教育教学深度融合需要不断完善、持续改进。在前期实施的能力提升工程 1.0 的经验基础上，以及目前推进的信息提升工程 2.0 的政策解读中，都无一例外地反映和证明了培训对提升教师信息技术应用能力具有重要价值。有鉴于此，结合当前新的政策背景，如何在教师培训方面注入新的内涵？如何使教师信息技术应用能力的培训全方位地融入、渗透到教师的职业生涯的这个过程中去，使教师能够获得和形成"主动运用信息技术促进自我反思与发展"的能力和素养？解决这些问题对提升教师的信息技术教育的能力和素养，贯彻落实中央和地方对于提升和加强教师信息技术教育能力和素养培训政策至关重要。为此，就有必要建立适应信息时代教师信息技术教育的培训机制。

要解决上述这些问题，不能简单地通过延长培训时间和增加培训的要求来提升教师信息技术应用能力。而应通过促使教师学会学习、实现终身学习、追求发展性要求的目标，由外到内地形成教师信息技术教育

---

① 吉莹，刘红，孙含婷等：《基础教育信息化区域推进现状分析与对策研究——基于江苏省 N 市的调研》，《现代教育技术》2019 年第 4 期。

能力和素养才是目前教师培训的最终目标。相应地，要达成这一长远的、深度的目标诉求，就应该把信息技术应用能力培训的重心转移到通过培养教师自我反思的能力，深化教师信息技术的应用素养，通过创设多元化的教学情境消弭知识技能与实践应用的鸿沟，以混合研修的方式促进每个教师的成长，通过构建和完善教师培训的分类评价个性化的帮扶体系，最终实现整个教师队伍的共同发展。

(一) 教师信息技术教育的培训应在教学情境中寻求应用

当前教师信息技术教育培训的主要问题突出表现在教师通过培训学习所获得的各种信息技术知识和能力与实际的课堂教学环境不对称，致使理论与实践的脱节现象十分明显，这也从某些方面降低了教师进一步学习信息技术教育知识的积极性[1]。针对这一普遍存在的问题，建构主义学习理论与教学实践良性互动生态理论的出现提出了一套完整的理论体系，对于破解教师信息技术应用能力培训成效的困局提供了科学的指导。这两种理论都不约而同地将关注的焦点集中到教学情境的创设方面。他们认为：通过真实、生动以及丰富多彩的教学情境创设可以为教师提供一个感性与理性相融合、理论与实践互动的氛围和场域。只有通过真实的教学情境的参与、矫正、检验，信息技术知识和技能才能得到有效地应用，才能被真正理解。如果脱离真实的教学情境，一味地追求理论知识的机械训练，这种培训不仅没有价值，相反还会产生负面的结果。基于此种认识，情景理论认为：要促进教师对信息技术意义的解读和深度理解，唯有向教师不断地呈现多样的情境才能实现。当教师真正从情境化的信息技术应用能力培训中获得了新的体验以及重要意义时，教师也就会获得更加积极的动机感受，从而主动地反思、应用所掌握的知识和技能。

教师信息技术应用能力培训的情景可以分为两类：一类是旨在优化课堂教学的情境。这类情景的提供和创设应着重培养教师应用信息技术讲解、启发、示范的能力；另一类是旨在转变学习方式的情境。这类情景的提供和创设应着重培养教师善于利用信息技术手段形成促进学生和

---

[1] 谢永朋：《教师信息技术应用能力的本质特征与培训策略》，《教学与管理》2020年第6期。

自身的自主学习、探究学习、研究性学习的能力和素养。通过这两种培训方式使教师通过不同情境的尝试和体验，逐步验证自己对应用信息技术的设想、诊断问题、总结经验、内化规律。情境体验的主要作用在于通过教师浸润式、全方位的参与，引导教师思考如何应用信息技术，为教师提供了一种脚手架式的支撑，以应对在复杂的现实情境中应用信息技术所出现的各种问题，最终能够有效地提升教师的信息技术应用能力。

（二）教师信息技术教育的培训应在自我反思中创生智慧

要使教师具备深化信息技术应用实践、深度融合信息技术与课程教学、创生实践智慧的能力与素养，就要通过信息技术教育的培训，形成和培养教师自我反思意识是一个重要的因素，而且必须贯穿于培训的始终。在现实的教学过程中，绝大多数教师都希望通过运用信息技术的手段和方式来丰富和完善实际课堂教学的各个环节，以提高课堂的教学效果，然而，在实际教学过程中，尽管教师的先前经验可以提供帮助，但是由于缺乏系统的、科学的理论指导，依靠积累的经验进行反思时却往往会有"遗憾"的存在。[1] 教育活动本质上应该是一种智慧活动，需要不断的创新和发展，而这种能力并非与生俱来，需要教师在长期的实践中不断反思、积淀、重构、固化。教师一旦形成了一定的反思意识，具备了一定的反思能力，则又会主动地、积极地激发和指引教师的教育实践，激发出一种对教育机会的敏感性和自觉性，从而形成一种在反思中进步，在进步中反思的良性的螺旋式上升的过程。除了具备反思意识之外，教师还应形成一定的反思能力，即要会反思，一方面，教师如果不能对所掌握的理论知识进行自我的加工和改造，就不会孕育、生成带有个性化的合适的教育行动；另一方面，教师如果不能在恰当的时机合理地、主动地运用已经掌握的信息技术技能，而生搬硬套、机械照搬，也不能充分有效地发挥其效果。可以说，自我反思是加速实现这一目标的催化剂，应贯穿于教育活动的全过程。在教育行动前、教育行动中、教育行动后，教师都必须积极进行反思，才能保证整个教育活动的科学合理性。不同阶段的反思要求不同：在教育行动前进行反思，主要的目的是形成教师对未来教学实践的科学的规划逻辑；在教育行动中反思主要

---

[1] 苟顺明，王艳玲：《论教师成为反思性实践者》，《学术探索》2013年第4期。

目的是让教师在实践中对自身的规划逻辑加以验证与修正；在教育行动后反思的主要目的是形成教师对整个教学活动的升华，最终实现实践智慧的层面。经由三种不同反思阶段所生成的不同结果都会促进教师在面对复杂的、动态的、模糊的教学情境中不断地主动修正自身对信息技术的应用规划，不断地积极完善信息技术应用实践。

要使教师形成自我反思能力，明确教师的反思在信息技术在教学过程中的角色和地位是十分重要的。因为只有教师充分认识到反思对于自身发展和提高的巨大作用，才可以把反思意识和反思能力的形成作为教学活动的重要组成部分，不能偏废。

那么，教师如何才能有效地培养和形成反思意识和反思能力呢？在教师培训中，可以引导教师从如下五个维度进行自我反思：[1]（1）我所应用的信息技术的理论基础是什么？（2）我应用的信息技术效果如何？（3）是否有助于教师、学生、教学内容和信息技术之间形成了联系？是如何关联的？（4）我所应用的信息技术是否能很好地解决教学中存在的问题，有没有更有效的方式解决这一实践问题？（5）通过在教学活动应用信息技术我得到哪些规律性的认知？这些维度能够帮助教师在应对真实情境中复杂问题时，按照信息技术应用能力的本质特征与培训策略的要求随机应变，从容应对教学中所出现的意外情况，举一反三，实现信息技术应用实践的有效迁移。

（三）教师信息技术教育的培训应在混合研修中实现互惠

大量实践证明，过度地自我关注不仅不利于自我提高与发展，这种相对封闭的自我陶醉往往会使教师忽略或无视对他人教育经验的关注和深思，反而会由于闭门造车、故步自封而导致自大的视而不见、听而不闻，不利于教师具备真正意义上的反思意识和反思能力。由于科学的、合理的反思必须是建立在合作、包容、互动的基础之上的，所以，信息技术应用能力培训中培养教师的自我反思能力，通过混合研修的方式是一种行之有效的方式。教师通过参与混合研修，可以有效地进行意义互动生成和思想交流的碰撞，有助于教师从混合研修中获取最大收益。这

---

[1] 冀赤江：《基于混合学习的小学教师培训研究》，硕士学位论文，华中师范大学，2011年，第12页。

也是实现能力提升工程2.0中提出的"整校推进教师应用能力培训"的目标任务的重要保障。

当前，随着在教师培训的改革中不断融入"互联网+"理念和方式，混合式研修也成为当下教师培训的新常态。混合研修的目的是通过教师之间的深度交流与互动，分享他们在培训过程中的所思所得，实现信息技术融合应用于课堂教学的信息和经验的共享。混合研修的意义在于能够真正培养教师的独立思考的意识和能力，从而使得教师实现独立之精神、自由之思想，最终形成自己的实践风格和教学艺术。混合研修在实施中要着重创设平等、融洽、自由的氛围和环境，鼓励教师畅所欲言，各抒己见，切忌"一言堂"、灌输式、权威性现象的出现，要求参与混合研修的教师将自己在培训过程中的所思所想，遇到的问题与困惑充分地、毫无保留地呈现出来，并善于耐心、认真地倾听他人的评价和指导，通过辩论、讨论，让每个参与者表达、阐释、反思自身对于信息技术应用理念的认识、思考和理解，最终达到教师对信息技术与学科融合的理论和实践的经验共享。

混合研修最终的核心教育价值在于为所有参与培训的教师构建一个可以互享互促、互鉴互助、互学互惠、有助于教师共同发展的平台，把理论学习和生动实践应用有机地结合起来，促使教师积极主动地寻求理论的指导，修正教学实践中的困惑和问题。

（四）教师信息技术教育的培训应在分类评价中达成帮扶

教师信息技术进行培训的目的旨在提高教师在信息技术教育的应用能力。教师培训也是一个完整的教学活动，包括培训的目的计划、培训的实施以及培训的评价，三者缺一不可，相互联系。培训的评价在其中发挥着承上启下的重要作用，是对前面所有培训活动环节的总结和反思，同时又是下一个培训环节的准备。一般来说，科学、有效的评价必须要能够解决三个问题：评价是什么？为什么评价？评价怎么做？所以，评价过程中不仅要向教师反馈评价的结果，更为重要的是让教师认识到对其作出这样的评价结果的原因，以及如何进行改进的策略和建议。①

---

① 李雁冰：《质性课程评价从理论到实践》，《上海教育》2001年第13期。

当前各种教育评价的理论和方法层出不穷，各有千秋。针对教师信息技术应用能力发展的特点看，可观察的学习成果结构（英文简称：SOLO）分类评价理论具有较强的适切性。SOLO 分类评价理论是基于皮亚杰认知发展阶段理论提出的，这一理论认为个体在解决问题时，思维发展具有层次性，从简单到复杂分为前结构、单点结构、多点结构、关联结构和拓展抽象结构五个层面。这五个层面又可按照能力、思维操作、一致性与收敛三个维度进行分类。运用 SOLO 分类评价理论，对教师信息技术应用能力的评价可以从以下三个方面展开：[①] 一是侧重质性评价。即对教师信息技术应用能力做出评价的标准不能简单地以正确或错误作为界定标准，而应在教师所完成的实践应用、自我反思、混合研修等任务的基础上，充分分析和综合每位教师的学习特征、学习质量、技能缺陷和能力倾向等，对教师信息技术应用能力展开描述性、解释性的质性评价。二是侧重发展性评价。即根据成人学习活动由量变到质变的成长规律，在教师信息技术应用能力的培训过程中应该着重拓展抽象结构思维的培养，通过形成学习的迁移能力达到举一反三、触类旁通的效果。因此，在对教师信息技术应用能力作出评价时，就要以教师能力的提升与发展为导向，以形成性评价作为主要的方式，将评价贯穿于教师成长发展的全过程，从而实现对教师提供持续、长效的支持和精准的帮扶。三是侧重个性化评价。教师培训虽然有普遍规律可以遵循，但是落实到每个个体的身上却会产生千差万别的结果。所以在教师信息技术应用能力的培训过程中不仅要以普适的理论和规律作为指导，更为重要的是要为每个教师提供个性化培训方案，让培训活动尽最大可能地适应和满足教师的需要，使每个参与培训的教师能够从培训中真正得到属于个人的成长和发展。

分类评价以其科学的分类标准和精确化的评价结果为选择教师信息技术应用的理论提供了科学的保障，也为整个培训提供了精准的帮扶策略，对整个培训质量具有全局地、深远地影响。

在信息技术迅猛发展的当今社会，衡量高素质教师的核心素养的一

---

① 诸峰：《基于网络学习的形成性评价研究》，硕士学位论文，扬州大学，2006 年，第 9 页。

个重要的标准即是否具备信息技术应用能力。由于教师信息技术应用能力的千差万别、参差不齐的现实状况很难满足当前教育发展的需求，因此，就要求必须通过科学的、系统的培训让所有的教师都能够具备合格的信息技术应用能力。从认识论的角度，把实践导向作为教师信息技术应用能力培训的指导理论；从知识属性的角度，着重把考察信息技术应用的领会与理解，培养教师的自我反思意识和能力，生成教育智慧作为教师信息技术应用能力培训的重要维度；从社会学的角度，把创设更加开放、融洽、平等的混合研修环境，能够有利于教师在深度互动中共同发展作为教师信息技术应用能力培训的基础和依托。同时，在信息技术应用能力培训过程中应以正式学习和非正式学习有机结合起来，侧重非正式学习的方式，综合考虑社会、教育和教师之间的交互作用，从而实现理论学习和教学实践的深度融合、专业培训和日常工作之间的无缝衔接。

第二节　线上与线下的结合

线上线下混合式教学是借助于现代的信息技术的手段和方法，将网络教学与课堂教学活动有机融合的新型教学模式。需要明确的是线上线下混合式教学绝对不是两种方式的简单叠加，而是形成"我中有你、你中有我"的交互融合，这是混合教学的高级形态。[1] 线上线下混合式教学具有灵活性、系统性、交互性和创新性的特点，通过采用集成化的方式培养学生高阶思维能力，目的在于构建以信息技术作为创新要素的完整生态环境，关注的是如何将线上教学与线下教学相互渗透、融为一体。

混合学习把课堂教学和网络学习有机地融合在一起，实现了优势互补。课堂教学主要是以线下学习为主。课堂教学的优势在于有利于发挥教师的主导作用，使教师可以指导学生快速有效地掌握系统的知识，促进二者通过面对面地交流实现情感互动，充分发挥情感因素在学习过程中的重要作用。但是，课堂教学也存在着固有的问题，一方面，课堂教

---

[1] 倪蓓蕾：《试论混合学习模式在信息技术课堂上的应用》，《成才之路》2016年第4期。

学很难处理好集体教学与个体发展的关系，往往由于强调教学活动的共性而容易忽视学生的个体差异，不利于学生个性化的发展；另一方面，课堂教学的时间是固定而且有限的，教师要在规定的时间内完成统一的教学任务，就无法给学生提供思考、参与的时间，致使教师很难照顾到了学生的个体差异性，因而教学的效果往往不理想。

网络学习的优点有：① 一是打破了时空的限制。学生通过网络学习可以不受时间空间的限制，随时随地地参与学习；二是提供了海量的信息资源。学生可以在网络中寻求到丰富的学习资源来支持学生学习；三是充分实现了个性化学习。由于没有了时间和空间的制约，教师可以利用网络教学平台和社交工具随时随地地与学生进行一对一地交流，充分了解学生的学习情况，给予个性化的指导。但是也必须要认识到网络学习的缺陷，那就是网络学习对学生的自学、自律能力提出了较高的要求，要求教师做好规划和指导。总体而言，通过混合学习的有机整合，能够充分实现课堂教学和网络学习的扬长避短，优势互补，有助于学习目标最优化的实现。

一 线上线下混合式教学模式对教师教学能力和素质的要求

（一）把控教学内容的能力

线上线下混合式教学在选择和处理教学内容方面对教师提出了更高的要求，它不仅要求教师掌握以传统的书本教材为主的教学内容，同时也要求教师必须掌握以网络为平台的教学内容；要求教师要能够将两种教学内容有机地融合起来，将线上和线下教学作为一个有机整体，实现两种教学模式的优势互补，相互促进；要求教师要立足教学质量的整体提升，在选择内容时，不能偏离教学目标，同时要结合不同学科的特点，不同形式内容的呈现方式，深入研究授课材料，始终坚持知识传授和能力培养相结合的原则。此外，找到不同教学内容的侧重点并选择最适合的授课方式也体现了教师对于教学内容的把控能力。

（二）教学设计能力

教师要根据学生培养方案和课程标准，对网络资源和线下书本教材

---

① 曹斌，鲍明丽，何松：《中学混合学习研究综述》，《教育参考》2019年第1期。

进行合理的组织和设计。在分析确定教学目标、选择教学内容、运用教学方法、进行考核与评价时都要精心安排，周密考虑，力求使两种教学形式有机地融合在一个完整的教学过程中，实现教学过程的最优化。

（三）教学实施能力

在实施线上线下混合式教学过程中应注重实效性，充分发挥两种教学形式的特点，实现师生、生生的深度有效互动，着重解决教学中的重点和难点，在教学中培养学生解决问题的能力。

（四）教学应变能力

线上教学以其不断更新教学资源，灵活多样的方式、方法为教师的教学提供了无限的可能性。教师就不能再继续因循守旧，按照传统的课堂教学的惯性思维来组织教学。要求教师不仅要在观念上不断革新教育教学理念，与时俱进，而且也要在教育教学中及时提升自身学术水平和技能水平，能够具备处理突发状况的能力。

二　线上与线下混合教学的基本实施过程

（一）实施前的准备阶段

1. 教学材料的甄选

在选择教材时，在坚持人才培养方案的原则基础上，突出教学内容的实用性、针对性和普适性。此外，根据线上教学的特点和要求，选择的教学材料还应具备线上教学的可操作性。

2. 教学计划的制订

线上与线下混合教学计划的制订要兼顾线上线下教学的不同特点和优势，合理分配和组织教学内容，选择教学方法和评价手段。例如，在英语教学中，线上教学主要以训练学生口语表达能力和听力水平的内容安排为主；在数学教学中，对公式、定律、原理的讲解则主要以课堂讲授为主；从而达到更好的学习效果。[1]

3. 教案编写

线上与线下混合教学要求教师在设计和编写教案时要体现网络教学

---

[1] 谢芸，刘春艳：《混合学习在大学英语教学中的应用研究》，《赤峰学院学报》（汉文哲学社会科学版）2010年第5期。

的特质和要求。比如，如何开展在线讨论、如何进行在线答疑、如何实施在线评价等，都是传统教案编写中所不具备的。所以，在设计和编写线上与线下混合教学教案时，要根据线上线下教学的学时分配精心设计教学活动，周密安排各个教学环节，充分考虑到线上和线下混合教学中可能出现的问题。

4. 教学资源的制作及整合

相较于线下的教学内容而言，线上的信息往往呈现内容碎片化、形式多样化的状态，这为教师制作和整合教学资源提出了更高的要求。教师需要根据授课内容学会制作视频、动画、课件等多种教学资源，同时，还要根据线上与线下混合教学的要求对不同类型的资源进行整合、加工，以实现两种教学方式的高度契合。

5. 线上教学资源库建设

当前，随着互联网技术的普及，以及在线学习的需求日益增长，建设和开发线上资源平台已经在国家、地方和学校不同层面有序开展。对于线上与线下混合教学而言，一方面是利用现有的各种在线教学平台提供的资源进行教学；另一方面是根据自身的需要建立相关课程教学资源库，如依照不同考试分类方式建立相应的在线试题库，根据教学的需要自行设计建立课程模块，制作练习及测验等。

6. 教学设备支持

线上教学对教学设备提出了更新、更高的要求，是传统教学模式所不能满足的。硬件设备如电脑、手机、投影仪、电子智慧黑板等电子设备；软件设备如音视频、各种教学软件；教学环境如具备联网功能且具有网络教学设备的教室等均缺一不可。

（二）教学基本实施过程

1. 线上教学的基本实施过程

利用网络平台开展教学是与传统的课堂教学截然不同的方式。首先，在线上教学过程中，教师不再是一个单纯的知识传授者，更重要的是作为学生学习方法的指导者，指导学生进行个性化的学习。其次，线上教学的实施主要是通过线上教学平台、软件、App 等硬件和软件展开。最后，线上教学的实施方式也与课堂教学不同，主要是采用包括直播、视频、音频会议、屏幕共享、群讨论等授课方式进行。

（1）在线上授课前，教师根据课程的特点和要求，向学生在线提供学习目标、发布课程的学习任务、展示基本课堂流程，让学生预先了解整个课程的实施过程。

（2）在线上授课过程中，授课开始时，授课教师可以使用在线点名签到的方式，掌握学生的课堂出勤率；授课开始后，授课教师借助相关软件逐一向学生展示课程的内容；进入课堂讨论环节，教师通过在线提问、学习群内检测和教学平台学习数据监测等方式组织学生展开交流互动，及时了解学生的学习效果。

（3）在课后，对授课教师而言，主要的任务是通过教学平台为学生布置线上作业，了解学生作业的完成情况，分析学生学习中存在的问题，研判学习效果，为制定下一步的学习任务做好准备；对学生而言，主要是使用配套教学平台完成在线布置的作业，随时提交在学习时遇到的各种疑问。教师可以通过在线交流模块及时了解每个学生的学习状况，并对不同学生的问题进行有针对性地在线答疑，真正做到一班一策，一人一策。

2. 线下教学的基本实施过程

以课堂教学为主要形式的线下教学模式在当前仍然是学校教育的主流的教学方式，不能因为线上教学的优势而取而代之。虽然教育活动离不开师生之间面对面的情感交流与互动，但是，在课堂教学中，完全脱离网络设施和电子教学设备，忽视信息化教学的巨大优势也是不足取的。随着信息技术在学校中的普及和应用，仅仅依靠"一支粉笔一张嘴，一个方法讲一天"的传统的课堂教学方式已经不合时宜了，电脑、投影、网络等现代信息技术设施已经进入绝大多数中小学课堂中，从而为课堂教学注入了新鲜的力量，有效地弥补了课堂教学的不足，大大提高了课堂教学的效果，二者相得益彰、相辅相成，已经成为当前学校教学的主流教学形式。这种变化也要求教师在开展课堂教学过程中，要积极主动地掌握现代信息技术设备的使用方法，并能够在课堂教学中自如地运用。

（三）评价方式

混合式教学是线上线下两种教学方式的有机结合，除了在教学实施过程中要体现不同的要求，在对学生的评价考核方面也应采取线上线下结合的方式。按照不同阶段的学习任务，可以分为诊断性评价、形成性评价和总结性评价。这三种方式都可以采取线上和线下相结合的要求来实施。[①]

在"互联网+"时代，线上教学在教学活动中的比重日益增加，对课堂教学模式的改革与创新产生了重大的影响。在这样的背景之下，教师也必须要与时俱进，积极参与信息技术发展对于教育教学带来的巨大的变化，勇于应对信息技术发展对于教育教学提出的挑战，及时更新教育教学理念、不断调整教学策略、组织形式、教学方法和评价方式，探索和总结线上教学经验，提升信息技术能力水平，以更好地适应"互联网+"时代的教育生态。

第三节　软件与硬件的整合

信息化教学资源能否发挥作用的物质基础取决于学校信息技术硬件设施是否能够满足教学的需要。随着我国教育信息化建设的大力推进，目前绝大部分中小学校的教育信息化硬件设施都能满足开设信息技术课的要求，很多学校内部校园网也基本建成，但是在满足了信息技术教育的基本需求之后，中小学信息技术设施的更新换代，改造升级等方面却又成为困扰中小学信息技术持续发展的"瓶颈"。此外，信息技术教育设施要充分发挥作用，离不开软件的支持和利用，这主要包括开展中小学信息技术教育所必需的软件开发、课程资源建设等。

一　当前中小学信息技术教育软件课程资源现状

（一）学校信息技术教育资源建设尚处于初级阶段，学校管理制度不完善制约着学校的资源建设

从现实情况来看，我国拥有世界上最大规模的基础教育体系。目前，在中小学信息技术教育资源的建设和普及推广方面尚处于起步阶段，信息技术教育资源的数量和质量都很难满足教学需求。现有的信息

[①] 李晓，吴郑红：《基于智能代理的混合学习模式的设计》，《广东广播电视大学学报》2005 年第 1 期。

技术教育资源的应用也存在着分配不均衡的状况，尤其是城乡间存在着巨大的差距。究其原因①，一是基层教育行政管理者和中小学校管理者缺乏对信息技术教育的深刻认识。部分教育管理者的教育观念和意识滞后，仍然把精力放在传统教学模式发展上，很少认识到信息化教学资源在学校发展中的巨大作用，往往把信息技术教育的建设看作是"形象工程""面子工程"。有些学校即使开展了信息技术教育工作，但是也仅用于办公自动化等常规的管理活动，在课程教学的教育资源的开发和建设，信息技术设备功能的发掘与利用等方面却并没有给予足够的关注，致使学校的信息技术教育设备停留在低层次的水平。二是受经费投入的制约，大部分学校，尤其是农村学校的经费往往用于日常教学工作都已经捉襟见肘，面对信息技术教育这样投资多、损耗大、日常维护费用高的系统工程就更是难以为继。三是受现行考试制度的制约，当前"应试教育"的考试评价方式在中小学仍然具有很大的存在空间。以升学为导向，以分数为目标的评价方式与信息技术教育追求的目标格格不入。很多学校把信息技术教育课程作为辅助内容，课堂教学仍然强调的是死记硬背、题海战术式的应试教学模式，这也在很大程度上阻碍了信息技术教育在中小学的普及和推广。

（二）学校信息技术教育资源匮乏，资源建设方向不明确

中小学信息技术教育的建设主要包括两个方面：一是硬件建设，包括电脑、投影、校园网络等。二是软件建设，包括各种教学软件的使用、线上和线下课程资源的开发、学校资源库的建设等。相比于硬件建设，软件建设对学校提出的要求更高，这也是考量学校管理者和教师对信息技术教育参与程度、创新程度的主要标准，由此也影响着学校信息技术教育发展的成效。但是，从当前中小学信息技术教育软件建设的发展和状况来看，仍然存在着较为突出的问题。首先是学校资源建设资源严重不足，很难满足学校开展信息技术教育的需要。据统计，② 目前中小学拥有校资源库的学校不到10%。而且现有的这些资源也往往都是

---

① 苗艳侠：《继承与发展：互联网思维下的混合学习模式创新》，《中小学电教》2018年第12期。

② 李步升，胡静芳：《混合学习的多层次应用模式研究》，《办公自动化》2018年第17期。

资料的简单堆积，缺乏科学的分类与管理，在资源的提取与利用、信息的更新等方面缺乏效率。其次是学校的管理者对资源库的建设方向不明确。一方面把信息资源的建设作为应付上级检查，评估的指标，并没有提高资源的质量、充分发挥资源的利用效益作为关注的目标，致使进入学校的信息化教学资源建设无论是量还是质都难以满足教学需要；另一方面，许多学校把建设的资源库据为己有，封闭管理其他学校的教师无权使用，这就极大地降低了信息资源的共享性，同时也会导致学校在教学资源建设中的交叉重复现象，浪费了大量的人力和物力。

（三）学校信息化教学资源应用环境不理想

随着国家对中小学信息技术教育的投入力度不断加大，当前大部分学校都已基本建成学校内部校园网，但绝大部分校园网所发挥的教学功能却令人堪忧，仅将其作为沟通学校与外面的窗口。校园网并未发挥其应有的价值，从而造成了设备的闲置和浪费，其他信息技术硬件设施也仅限于信息技术课的教学应用。笔者对学校的多媒体教室、普通教室的信息技术设施配备情况做了调查，结果表明，无论是多媒体教室还是普通教室的信息技术设施配备都无法满足教学需要。所有被调查的学校都有1—2间多媒体教室（电脑+投影仪），1—2间多媒体计算机网络教室（部分能接入互联网），这部分基础设施大部分仅用来承担信息技术课的教学任务，很少应用于其他学科教学。究其原因，是因为学校管理制度不够宽松，教师缺乏使用多媒体设施的自主权。许多学校把多媒体设施视作贵重物品，所以教师需要层层审批才能使用。如果在学校没有激励政策或特别要求的情况下，很多教师都会因为麻烦或怕担责任而不会主动使用多媒体设备上课。另外，绝大多数学校校园网没有进入普通教室，不能实现网上资源与课堂教学的整合，进而影响了教师使用信息化教学资源的积极性。

（四）学校缺乏完善的资源管理制度，校际缺乏有效的交流与共享

学校是否有一套完善的资源管理制度在很大程度上影响着学校资源的建设与应用。许多学校的管理者由于对信息技术教育缺乏足够的认识，因而在对资源管理制度的建设上往往得过且过、应付差事，各种规章制度不完善、不科学，使得资源管理混乱、浪费严重、损耗过大，甚至在教学时无法使用的现象时有发生，使本就十分有限的信息技术教育

资源也难以发挥应有的效益。

1. 教师的整体信息技术教育素养难以适应信息化教学资源教学

教师是学校信息技术教育开展的主要实施者。一所学校的信息技术教育的水平取决于教师所具备的整体信息技术教育素养,但是,从中小学教师的信息技术教育素养来看,整体状况不容乐观。首先,从观念上看,虽然现在学校对教师信息技术教育方面提出了明确的要求,许多教师也对信息化教学资源有较高的使用热情,但是,由于许多教师对信息化教学资源缺乏深刻的、系统的认识,很大程度上制约了信息技术教育资源的使用效果,普遍存在着"等、靠、要"的思想,缺乏积极主动地搜集、开发、应用信息化教学资源的观念和意识。其次,很多教师缺乏对信息技术教育相关的理论知识,尤其是在信息化教学设计、建构主义学习理论等方面的学习和掌握。信息技术教育是一门新兴的学科,知识内容更新速度快,科技含量高且有很大的难度。对于许多教师来说完全是一种陌生的领域,需要从零开始,因此往往对此望而生畏,不敢企及,这也在很大程度上制约了教师们学习和掌握信息技术教育相关的理论知识的主动性和积极性。最后,从教师的时间与精力上看,当前的新课程改革对教师提出了更高的要求。即使是面对熟悉的常规教学工作时,教师们也已经承受了巨大的压力,增加了很多的工作量,因此在面对信息化教学的这一全新的领域时,就更没有足够的时间与精力投入其中。

2. 信息技术教育资源建设难以满足教学需求

互联网的出现加剧了信息资源的累积,在浩如烟海的网络信息资源,是否都可以用于教育教学呢?有研究结果表明:[1] 无论是互联网上的资源还是学校自建的资源都与教学需要相距甚远。据调查,对互联网资源不满意的教师占到了57.5%,有57.6%的教师对学校自建资源不满意。主要表现在几个方面:首先,资源建设脱离教学实践,影响到了资源的应用和创新。目前,一些网络平台提供的资源,由于缺乏针对性和系统性,内容陈旧、形式单一,互动性、生成性、可操作性差,难以

---

[1] 高峰:《混合学习模式下学生满意度影响因素全模型分析》,硕士学位论文,陕西师范大学,2018年,第63页。

有效地支持教学应用。其次，随着基础教育改革的不断深化，中小学的教材内容、学习方式、评价标准都发生了重大的变化，而现有的许多网络教学平台的资源并没有及时更新、补充完善，跟不上改革的节奏，久而久之，教师也就失去了利用网络信息资源的兴趣。最后，现有的网络信息资源建设各自为营，交叉重复，平台间的信息不能共享，难以形成规模化、系统化。

3. 信息技术教育资源的利用率不高，未能有效地促进教学实践

有研究结果表明，[1] 在"信息技术教育资源对教学实践促进作用"的调查中发现，24.3%的教师认为教学中使用信息化教学资源的效果一般或不好。53.6%、54.1%的教师认为信息技术教育资源对"演示讲解、呈现情景"有一定的作用；而对"个别辅导、学习答疑、教学反馈"的促进作用认为一般和不大。在"教学中主要在哪个环节使用信息技术教育教学资源的？"的调查中发现，有24.6%的教师用于备课，35.5%的教师用于上课，在其他环节使用很少。这说明目前我国中小学教师对信息技术教育资源在教学实践中所产生的作用认可和接受程度不高。究其原因，主要有三个方面：一是突出表现在信息技术教育观念和行为方面。很多学校把信息技术教育作为一种"形象工程"来看待，把信息技术教育设施当作"装门面"的手段，只是一味追求是否有，而不是关注如何用，致使信息技术教育设施闲置浪费，加之学校为缓解经费紧张，节省设备利用和损耗造成的经费支出，出现"宁可放坏，不可用坏"的现象。二是有效资源匮乏。首先是硬件设施难以及时更新。很多乡村中小学的电脑设备都是被有些单位为了更新换代而捐赠的，这些设备资源陈旧落后，其实根本不符合教学实际的需要。其次是软件资源更新跟不上教学的需要。最后是软件资源较之硬件设备来说，投入更大，更新速度更快，对学校也提出了更高的要求，无形中更加加剧了学校的信息技术教育资源建设的压力。在"有"和"新"的选择中，许多学校也只能维持现状，学校的信息技术教育资源建设始终处于低层次的状态。三是教师的信息技术素养参差不齐也极大地制约了他们

---

[1] 房玉林：《基础教育信息化资源开发与应用的有效性研究》，《电化教育研究》2006年第9期。

对信息技术教育资源使用的需求。现有的信息技术教育资源并非拿来就能使用，要能够适合每个教师，每门课程的教学往往需要教师二次加工，使用的效果取决于教师自身所具备的信息技术素养。这种体现创新性、智慧性的能力素养往往使许多教师，尤其是年龄较大的教师存在技术恐惧心理，缺乏尝试新技术的积极性，这无疑降低了教师利用信息技术教育资源的需求。由此看来，这些问题如果不能得到有效地解决，那么教师对信息技术教育教学资源的使用就只能停留在表层。如何对教学实践促进作用进行深层次的挖掘，使其真正融入到教师的观念意识里、渗透到教学活动的方方面面，对教学活动发挥实质性的促进作用是一个长远而又迫切的任务。

二　中小学信息技术教育的硬件和软件融合策略

基于上述现实状况，就有必要采取相应的措施，加强中小学信息技术教育的硬件和软件建设，实现硬件与软件的无缝衔接，高度融合，从而确保信息技术教育的实效。

（一）树立资源建设的系统观，宏观统筹，科学规划

以系统论的观念来理解基础教育信息化发展，就是要处理好中小学信息化教学资源的建设这一母系统与其各个子系统之间的关系。中小学信息化教学资源的建设主要包括硬件设施、软件配置、师生的信息素养、相关政策制度的配套等多方面的因素，这些因素之间只有相辅相成、相互依存才能保证整个系统成为一个自生成、自组织的动态开放系统。这就要求从一开始就要对中小学信息化教学资源的建设进行宏观统筹、加强规划、科学管理，在充分发挥每一个子系统的作用的同时，又能够优势互补，形成大于"1+1"的整体合力，这就对基层政府管理者和基层中小学校的管理者提出了更高的要求。当前，从国家层面来看，党和政府对发展信息技术教育的决心无疑是坚定的、明确的，而且也出台了一系列关于加强和促进中小学信息技术教育的政策和措施，但是，这些政策和措施落实到基层地方和基层中小学当中时却出现了很多问题。地方政府和基层中小学的管理者对信息技术教育所持有的态度与认识、所具备的学识与能力息息相关。随着基础教育管理体制的改革，我国实行"以县为主的"基础教育管理体制，使县级政府对教育的决策

权和管理权加大。这种管理体制的积极之处在于，可以充分地调动和发挥基层地方的积极性、主动性和灵活性；但也出现了因为基层政府管理者对教育的管理水平、能力的参差不齐而导致县域之间教育发展的巨大差距，特别是在信息技术教育方面，差距更为明显。如前所述的中小学校信息技术教育的发展中出现的诸多问题与当地政府管理者对信息技术教育的看法和行为不无关系。

地方政府管理者对一个地区信息技术教育的发展、基层中小学管理者对一个学校信息技术教育的发展都发挥着核心影响作用。只有基层教育管理者树立了科学、正确的信息技术教育观，宏观统筹，合理规划，科学管理，并积极付诸行动，才能真正推动一个地区、一所学校的信息技术教育建设与应用步入轨道，实现可持续发展。

（二）明确资源建设的目标取向，建设开放的、动态的、可持续发展的学校信息化教学资源

信息化教学资源建设是教育适应现代社会发展的需求，推进教育改革的重要组成部分，是提高教育质量的重要保障。因此，信息化教学资源建设必须充分反映现代教育教学的理念和发展趋势，信息化教学资源要以培养和促进创造性教学和探究性学习的能力素养为主要目的，建构生动科学、多向互动的教与学环境，使教师不再拘泥于重复、烦琐的教学活动，使学生从灌输式教育、填鸭式教育和题海战术中挣脱出来，最大限度地激发教师与学生的积极性和创造性。同时，在信息化教学资源建设中必须充分考虑到可持续发展问题，形成信息化教学资源建设与具体中小学校的教学工作、管理工作高度融合，相辅相成的长效运行机制。[①]

首先，信息化教学资源建设要严格执行国家资源建设的相关标准。为了指导和加强各地中小学校科学、合理、高效地建设信息化教学资源，从国家层面先后出台了一系列资源建设的相关技术和教育规范标准。比如《教育资源建设技术规范》《现代远程教育技术规范》《基础教育教学资源元数据规范》等。这些政策文件都无一例外地提出并要

---

① 肖娟：《信息技术在小学中段英语语音教学中的整合运用现状研究——以成都市某小学为例》，硕士学位论文，西南大学，2021年，第35页。

求中小学校信息化教学资源建设要具有强大的开放性、兼容性、可持续性，为地区间、校际间信息化教学资源的共享奠定坚实的基础。①

其次，信息化教学资源的内容要依据课程标准。课程标准不仅是教材编写的依据，也为学校的信息化教学资源建设提供了明确的要求。伴随着新一轮基础教育课程改革的进程，我国的课程标准也在不断地修订和完善，使之更加符合人才培养的需要和教育教学的实际。因此学校的资源建设必须紧密围绕课程改革的进程，及时把握课程改革的方向和动态，不断地加入现代教育思想，教育方法以及教育技术和手段，积极创新，为教师提供科学标准、内容新颖丰富的教学资源。

最后，信息化教学资源要体现动态开放性。信息时代的主要特征就是知识的积累与日俱增，知识的更新速度日新月异，这也就要求信息化教学资源建设必须与时俱进，顺应时代的潮流。信息化教学资源要与知识的更新发展同步化，就必须具有开放性和交互性，还要有扩展性。为信息化教学资源的使用者提供拓展和加工的空间，让每一个教师不仅成为资源的使用者，也能成为资源的加工者和创造者。

（三）拓展学校信息化教学资源的渠道，积极建立优质丰富的资源库

教育信息化的建设、发展和运用主要是通过各级各类学校来实现的，因此，学校必须要积极拓展学校信息化教学资源的渠道，为教师和学生建立优质丰富的资源库。学校信息化教学资源建设所要遵循的基本原则是把积极引进和自主开发相结合。② 首先是积极引进。通过对现有的教育资源平台、优秀的课程资源等进行筛选、吸收，从中寻求到适合学校发展需要的各种教育资源，并根据学校教学的实际要求进行必要的加工改造，使这些引进的资源尽可能地适合学生的需求。这是当前学校信息化教学资源建设的主要途径。其次是自主开发。对于学校引进的信息化教学资源来说，虽然省时省力，但不可避免地会出现水土不服、难以实现众口皆调的要求，因此，学校信息化教学资源要达到真正满足教学实际的要求，还要鼓励教师积极参与资源建设，自主开发适合学校特

---

① 徐琳:《混合学习:让课堂充满思想》,《新课程（综合版）》2014年第10期。
② 白晓晶:《从教育变革视角透视混合学习》,《中国现代教育装备》2018年第12期。

色发展要求的各类教学资源。虽然这对教师提出了新的要求，增加了教师的负担，但是，从长远来看，这是利大于弊的，一方面，可以促进和推动教师参与信息技术教育，提升他们的信息技术教育的素养；另一方面，学校也可以实现信息化教学资源的自我建设、自我开发的良性机制。最后是网络下载。除了前两种有针对性的学校信息化教学资源建设的方式之外，充分利用当前互联网开放的、丰富的、不断更新的各类资源作为学校信息化教学资源的有力补充也是一条行之有效捷径。互联网的主要特点就是信息共享，学校可以对互联网下载的信息进行筛选、加工，将可用的素材或内容充实到学校的资源库中以为我所用。

总而言之，无论学校信息化教学资源建设采用何种渠道，为教师和学生提供优质和丰富的教学资源是一个共同的要求。信息技术教育的最终的目的是促进教师的教和学生的学，从而提高教育的质量。所以学校信息化教学资源建设只有立足本校实际，多渠道地开发实用的、开放性的优质丰富的教育资源服务于师生，才是提升学校教育信息化普及和应用的根本要求。

（四）要确保学校信息化教学资源的质量

学校信息化教学资源的建设是教育内容的重要组成部分，而教育内容的选择和应用要经过严格的审核程序，保证质量，所以，信息化教学资源建设也必须要以质量第一的原则选择按照严格的标准实施：

第一，要纠正只重数量的积累，而忽视质量提升的错误做法。当前许多学校为了"营造"学校重视信息技术教育的氛围和环境，只是一味地将重点放在资源数量的堆砌，而忽视质量的保证，致使学校在信息化教学资源的建设工作中存在着普遍的虚假繁荣的现象。学校的信息化教学资源的建设看似信息丰富，内容繁多，实则是大多为无用、堆砌的无效内容，极大地影响了信息资源的使用效率。为此，学校信息化教学资源的建设的重点应转移到保证质量的轨道上来，学校信息化教学资源的建设内容上要做到宁缺毋滥，树立教学资源的"精品意识"。

首先要明确学校信息化教学资源建设所蕴育的教育意义。学校信息化教学资源的建设是否充分汲取了新的教学理念、教学设计和教学模式；是否有助于促进学习者的身心发展、激发学习者的学习动机和提高学习兴趣。

其次是要考虑信息化教学资源的科学性。教学资源的选择要符合课程标准、课程计划、教材的要求，保证知识的正确性，不能自行其是，违背国家对于教育内容的要求和标准。

最后是要考虑信息化教学资源的技术性要求。信息化教学资源包括了多种软硬件设备，这些设施能否适应和满足教学的要求；是否得到及时的更新升级；是否满足教师和学生使用的需求，这些都是保障学校信息化教学资源质量的不可忽视的问题。

第二，信息化教学资源建设要体现个性化的特点，以适应和满足不同使用者对教学资源的需求。我国基础教育现有2亿多名中小学生，60多万所学校，380万间教室。但由于地区的差异、城乡的差异、民族的差异，这些学校和学生的需求存在着很大的不同。[①] 虽然中小学的课程计划、课程标准和使用的教材都是由国家统一规定，但是在具体的教学中，也存在着统一的要求和标准难以适应教学的不同需求的矛盾，因此中小学校的信息化教学资源建设就担负着重要的补充和辅助作用。具体来说，可以从三个层面入手：首先是中小学校的信息化教学资源建设必须以国家课程的要求来整体设计和规划。这是中小学课程实施的基本原则，不能动摇。其次是在遵循国家课程标准的基础上，根据当地的具体实际有针对性地在中小学校的信息化教学资源建设中适当增加地区特色的内容。如民族地区的中小学校的信息化教学资源建设就可以把不同民族的文化、习俗、传统等内容反映在教学资源中。对于农村中小学校来说，就可以把体现乡土文化的内容作为建设的重要方面。最后是针对不同学校的实际来看，以校本课程的开发作为切入点，设计和开发体现本校发展特色的教学资源，使学校的信息化教学资源建设能够最大限度地贴近学生的实际，反映学生的需求，真正实现个性化的要求。

需要注意的是，中小学校的信息化教学资源在体现个性化特点要求时一定要符合教师的教学和学生学习的需要，不能过于追求新、奇、特，脱离实际，以期能够获得最优化的教学效果。[②]

---

① 艾贤明，陈仕品：《我国混合学习研究现状与问题分析——基于CNKI核心期刊文献计量和可视化分析》，《教育文化论坛》2019年第2期。
② 吴南中，夏海鹰：《混合学习中"虚实互动"效果的影响因素研究》，《现代远距离教育》2019年第2期。

（五）以应用促建设，创设良好的信息化教学资源的建设与应用环境

信息化教学资源建设的最终目的是为中小学更有效地开展教学活动，提高教育质量而服务的。随着信息化教育的深入发展，当前绝大多数中小学校都已经具备了开展信息技术教育的基本条件。很多经济发展较好的地区也在不断地加大当地中小学校信息技术教育的建设力度，提升信息技术教育的水平。但是，需要明确的是，中小学信息化教学资源建设一定要服务于学校的发展需要，一方面，条件好的地区和学校也不能盲目建设，一味追求最好的、最先进的标准，造成资源建设脱离实际而浪费；另一方面，一些条件落后的地区和学校也要尽最大可能根据学校信息技术教育发展的要求，想方设法，创造条件满足教学的需要。无论是哪种情况，基本的原则是能够满足学校教学的需要，能够在教学中发挥最优化的效果，能够服务于学校发展的需要就是最合理的。①

（六）要加强信息化教学资源的管理，建立资源建设与应用的可持续发展管理机制

在我国，当前中小学信息技术教育的发展水平差距很大，信息化教学资源建设不均衡的问题仍旧十分突出。若想有效地解决这些问题，一方面需要国家和地方各级政府不断加大信息技术教育的投入力度；另一方面，需要通过加强信息化教学资源管理，从管理中要效益，这应该是信息化教学资源建设的长效机制。不可否认的是，当前许多地方政府和中小学校的管理者由于对于信息技术教育认识上存在着不足，对于当地和学校的信息技术教育的管理上存在许多漏洞，导致本来就投入不足、发展缓慢的信息化教学资源建设由于疏于管理或管理不当而造成不必要的浪费。②

为此，要建立和健全信息化教学资源的管理制度。当前，信息技术教育已成为地方政府和中小学校教育工作的一项主要内容，在教育工作中的比重越来越大。为了保障当地政府和中小学校信息技术教育的发展

---

① 邹景平：《美国大学混合学习的成功应用模式与实例》，《中国远程教育》2008年第11期。

② 黄荣怀，周跃良，王迎：《混合式学习的理论与实践》，高等教育出版社2006年版，第44页。

有序的开展，必须首先建立相应的管理制度，其主要目的是保障当地政府和中小学校的信息化教学资源的建设步入稳步、持续推进的轨道，使信息化教学资源的管理有章可循、有据可依，最大限度地避免人、财、物等方面的浪费。其次是要健全信息化教学资源管理制度。信息化教学资源建设是一个系统工程，涉及多面的内容，如投入制度、维护运行制度、评估制度等。唯有全面系统地对整个工作管理起来，不留死角，才能形成综合的管理效能，实现效益最大化。

（七）要加强教师培训工作，培养质量过硬，数量充足的信息化教学资源建设的教师队伍

教师作为信息化教学资源的建设者和使用者，是保证信息技术教育在教学中充分发挥作用的关键要素。当前，我国信息技术教育的基础设施建设有了长足的发展，为信息技术教育的开展奠定了良好的物质基础。但与此同时，面临的最主要的问题是能够充分、有效地掌握信息技术教育手段、具备高素质的信息技术教育师资力量严重不足。这是当前制约我国信息技术教育进一步深入发展的主要"瓶颈"。因此，在不断加大信息技术教育的基础设施建设的同时，应当把培养一支高水平、高素质的信息技术教育师资队伍作为工作的重中之重。在这方面，学校和教育部门要充分做好教师的培训工作，把大力培养教师信息化教学的能力与素养作为培训的重要内容。

首先，在目前许多学校都普遍面临信息技术教育师资短缺和薄弱的现状下，要抓住主要矛盾，即为了满足急需，当务之急是为学校培养一批优秀的"资源教师"。切不可搞"一刀切""撒胡椒面"式的做法。学校可以通过这批重点培养的骨干教师，一方面保证使学校的信息技术教育工作有序的开展起来；另一方面，也可以起到带头示范作用，积极带领和帮助其他教师学习和掌握信息技术教育知识和方法，使他们积极参与到信息技术教育教学中来，共同进步、共同提高。

其次，要通过培训尽快提高全体教师自身应用资源的意识和能力，这是建设信息化教学资源的关键环节。培养教师应用信息化教学资源的意识和能力应主要从以下几个方面来进行：第一，树立资源共享的观念。一个优秀的教师绝不是通过闭门造车、独学而无友的方式造就的。相反，善于学习、不断借鉴他人的优点和长处，秉持"三人行，必有

我师"的理念，才是教师不断成长的关键。互联网技术在教育中普遍应用，为教师之间的交流、协作提供了更加便利、快捷的平台，所以教师要充分利用互联网的技术手段，形成共享信息，互通有无，共同进步、共同提高的观念和素养。第二，应当具备筛选和整合信息化教学资源的能力。如何使教师在信息的海洋中迅速找到适合于自身教学需要的教材，并能进行有效地加工改进用于教学，这也是信息技术教育知识对教师提出的新的要求。为此，教师就不能是单纯的知识的盲目的应用者，而应该是掌握知识的结构，并对只是进行深度加工的创造者。第三，应当具备交流资源信息的能力。信息技术教育的开放性特征也要求教师要善于运用网络平台所提供的多种交流方式诸如电子邮件、聊天室、主题论坛、博客实现教师之间、师生之间的互动和交流。[1]

最后，学校要在信息化教学资源建设方面制定相应的激励政策，促进教师积极主动地开发和应用信息化教学资源。在激励教师不断提高课堂教学质量的同时，也要逐步把鼓励和促进教师积极主动的开发和应用信息化教学资源作为评价机制的重要组成部分，以引导教师将更多的精力和时间投入到信息技术教育方面。

（八）要加强资源应用的有效性研究，提高资源的利用率

信息化教学资源的建设只有真正服务于教学，应用于课堂，才能充分发挥其效益，体现其价值。因此，信息化教学资源应坚持建用并举，双向促进的原则。

首先，学校的管理者应当摒弃把信息技术教育工作作为"面子工程""形象工程"的错误做法，将学校已有的信息技术教育设施向全体教师开放，作为教师日常教学工作不可或缺的组成部分，宁可用坏、不能放坏。

其次，应制定相关的制度，促进教师积极主动地应用信息化教学资源。一所学校中，由于教师对信息技术的理解程度和应用能力的不同，并不是所有的教师都会主动将信息技术教育资源用于自身的教学活动，这必然导致信息化教育资源的利用效率低下，也不利于学校教师信息技术素养的整体提升。因此，学校有必要制定相应的规章制度来督促和管

---

[1] 李逢庆：《混合式教学的理论基础和教学设计》，《现代教育技术》2016年第9期。

理教师在信息技术教育方面的行为，比如，将教师在日常教学中应用信息技术教育手段、开发信息教育资源的数量和质量作为考核标准，与业绩和职称评定等挂钩，以此来激励教师这方面的需求和努力程度。

最后，要创设应用信息技术教育资源的氛围。学校要经常性地开展信息技术教育的研讨会、观摩会，让全体教师都参与其中，互相学习、分享经验，让教师们普遍意识到信息技术教育的重要性，使教师们在应用中切实体会到信息技术教育对自身教学实际带来的真实的变化，从而主动地将其纳入自己工作中的一部分。同时，学校也要经常邀请一些信息技术教育方面的专家和学者，向教师传授信息技术教育的新的理论和方法，解惑答疑①，使教师不断地更新观念、吸收新知识，在学习中、应用中提高自身的信息技术教育素养。

（九）要做好资源的共建共享工作，让资源"流"顺畅

信息时代的主要特征就是信息的交流日益频繁和高效，而互联网则更加剧了信息流动的频率和速率。从某种意义上说，信息资源的流动和使用决定着信息技术的价值、未来和方向，所以，学校的信息化教学资源建设的一个重要任务就是不仅要让资源能"流"起来，而且能"流"得顺畅。通过更为广泛的传播，让更多的教师分享，以最大限度地发挥信息资源的效益，为此，学校要采取一些相应措施：

首先，要培养教师的信息化教学资源共享意识。在"术业有专攻、闻道有先后""隔行如隔山"等传统理念下，许多教师往往拘泥于自身的专业、学科和教学中，闭门造车，独学无友，不善于借鉴他人的优秀经验和成果，这是与现代信息技术教育理念背道而驰的。针对教师缺乏这种意识和习惯，学校可通过开展一些信息技术教育的教研活动，营造氛围，耳濡目染、潜移默化地逐步培养教师的资源共享意识，形成资源流通的习惯。

其次，学校要创设有利于信息化教学资源交流的环境。一方面，学校要经常组织教师开展信息化教学资源的交流、讨论、观摩活动，分享各自的经验和心得体会，从而激发教师之间进行交流的积极性；另一方

---

① 蒋红星，戴洪彬，肖宗娜：《国内混合式学习的文献计量和知识图谱分析——基于CNKI 2003—2016年数据》，《广州师范大学学报》2016年第5期。

面，也可以组织教师到其他地区和学校参观、考察，学习和交流，了解和获取不同地区和学校的资源和信息，拓展视野，更新观念。

最后，学校要建设好高效的信息化教学资源设施，及时更新和改造信息技术设备，保证信息化教学资源共享和流动的顺畅。[1]

第四节　城市与乡村的联合

一　城市与乡村教育联合的时代背景与必然趋势

我国作为一个发展中国家，在长期实行的城乡二元经济体制的影响下，城市与乡村的发展存在着巨大差距，教育更是如此。这种长期存在的发展不平衡的问题与现象是与社会主义制度所追求的公平、公正的发展理念不相符合的。在教育改革与发展中，如何打破城乡二元僵局，在追求教育公平的核心价值取向下实现城乡义务教育一体化，构建城乡教育共同体，是当前和未来我国教育发展的重中之重。

进入 21 世纪，随着构建和谐社会、践行科学发展观、实现共同富裕等发展理念和目标贯彻和落实，在教育领域，以推进和实现教育公平为目标的，以消弭教育发展的地区差异、城乡差异、民族差异和校际差异为特征的教育改革日益引起社会各界的关注。[2] 党和国家也相继出台了一系列的重大政策举措。2002 年，党的十六大提出了"城乡统筹"的城乡发展观。2003 年，党的十六届三中全会进一步指出，要"建立有利于逐步改变城乡二元经济结构的体制"。在教育领域，以"城乡统筹"的城乡发展观为指导，也开始积极探索城乡义务教育统筹发展的有效路径。2005 年，《教育部关于进一步推进义务教育均衡发展的若干意见》将"教育均衡发展"作为推进基础教育改革与发展，实现教育公平的指导思想。2006 年，新修订的《中华人民共和国义务教育法》，更是将"教育均衡"以法律的形式加以确认。2007 年，党的十七大首

---

[1]　肖婉，张舒予：《混合式学习研究领域的前沿、热点与趋势》，《网络教育》2016 年第 7 期。

[2]　孙众，尤佳鑫，温雨熹，蓬征：《混合学习的深化与创新——第八届混合学习国际会议暨教育技术国际研讨会综述》，《中国远程教育》2015 年第 9 期。

次提出了"城乡一体化"的发展理念。2008年,党的十七届三中全会系统阐述了"城乡一体化"的内涵。2010年颁布的《国家中长期教育改革和发展规划纲要(2010—2020年)》正式提出了"城乡教育一体化"的概念。2012年,教育部印发的《国家教育事业发展规划第十二个五年规划》,把城乡教育一体化目标的实现作为"十二五"期间教育的重要任务。2013年,党的十八届三中全会通过的《中共中央关于全面深化改革若干重大问题的决定》明确提出,要统筹城乡教育资源均衡配置,构建城乡教育一体化发展的体制机制。2016年,国务院印发的《关于统筹推进县域内城乡义务教育一体化改革发展的若干意见》,要求大力推进县域内城乡义务教育一体化改革。2018年党的《十九大报告》明确指出,"推动城乡义务教育一体化发展,高度重视农村义务教育,努力让每个孩子都能享有公平而有质量的教育"。

在这样的政策背景之下,也深刻地反映出党和国家对于解决城乡教育发展不均衡,实现教育公平的迫切愿望和坚定的决心。推进城乡教育均衡发展和城乡教育一体化发展体现了党和国家对基础教育政策的新的发展内涵和发展要求。那么,如何实现这一宏伟的发展目标,就是当下需要思考的主要问题。

从我国基础教育的发展态势来看,改革开放40多年来,我国基础教育的面貌发生了天翻地覆的变化,取得了举世瞩目的历史成就。但是,作为一个发展中国家,我国拥有世界上规模最大的基础教育体系,"穷国办大教育"的状况仍然没有得到根本性的改变。同时,我国地大物博、人口众多,长期存在的地区之间、城乡之间、民族之间的发展差距客观上更是加剧了我国基础教育发展的艰巨性。在这种消除差距,实现城乡教育均衡发展的迫切需要与我国存在的发展差距的现实状况的矛盾中,就需要寻求一条有效的路径。

随着互联网技术的快速发展,世界已经进入了信息时代,信息技术在各个领域都发挥出了重要的作用,扮演了重要的角色。信息技术和手段在教育领域的广为应用也极大地改变了教育的发展方式,促进了教育的变革。信息技术教育已成为当前教育发展与变革的一个新的趋势。

在推进城乡教育均衡发展和城乡教育一体化发展目标的实现方面,

信息技术教育以其得天独厚的优势也成为解决城乡教育发展不均衡的行之有效的途径。首先，信息技术教育打破了时空的阻隔，借助互联网技术平台，教育教学活动可以随时随地地开展，有效地克服了由于自然地理条件的制约造成的地区间、学校间存在的差异，使落后地区和薄弱学校也可以共享发达地区和高水平学校优质的教育资源，从而极大地弥补了落后地区和薄弱学校长期存在的由于办学条件差，优质资源匮乏而始终处于发展落后的短板。其次，信息技术教育以其全新的教学理念和教学方式对传统的教育教学提出了挑战和革新。与传统的教学活动不同，信息技术教育强调学生的学，注重培养学生的创新能力和自我探究的能力。借助互联网技术而开发出的许多新型的信息技术教育教学模式，诸如翻转课堂、慕课、混合学习等在这方面都取得了显著的成效。这些新型的教学模式借助互联网覆盖到全国各地，使广大农村和"老少边穷"地区也能共享最先进的教育方式带来的巨大成效。从而极大地提升了这些发展长期落后缓慢地区的教育质量。[①]

基于此，充分发挥信息技术教育的优势，构建城乡一体化的教育，实现城乡教育的共同发展无疑是今后教育发展的一个主要趋势。构建城乡一体化的教育的重要举措就是要建立城乡教师教学共同体。费林（Fellin）认为，信息技术支持的城乡教师教学共同体应当是一个"有能力回应广泛成员需要，解决他们问题和困难的共同体"[②]。城乡教师教学共同体是以"互联网+"为基础组建起来的，面向教学实际，解决具体的教学问题，在教学实践中构建起来的任务型学习共同体。建立城乡教师教学共同体的主要目的就是通过建立城乡教师的经验和智力共享与协同机制，可以充分地实现城市学校优秀教师对农村学校教师精准的教学帮扶以及优质资源供给与共享[③]，充分发挥优质教育资源的带动和辐射作用，解决农村教师教学中存在的困惑，指导和帮助教师促进其专业发展水平，有效地提升农村学校教学质量，最大限度地消弭城乡间教

---

① 杨卫安：《城乡教育一体化：问题指向、内涵阐释与方法论选择》，《湖南师范大学教育科学学报》2015年第5期。
② Fellin P., *The community and the social workers*, Itasca: F. E. PEACOCK, 2001, p. 70.
③ 安富海：《学习空间支持的智力流动：破解民族地区教师交流困境的有效途径》，《电化教育研究》2017年第9期。

育发展的差距。

二 信息技术支持下城乡教师共同体的构建策略

（一）建立精准帮扶机制、制定帮扶指导规划

在当前我国城乡教育仍然存在着发展不平衡的大背景之下，如何消弭城市和乡村教育发展的差距是今后我国基础教育改革与发展的一个需要重点解决的问题。针对不同地区农村学校的实际，有必要建立精准的帮扶机制、制定科学的帮扶指导规划。

首先，建立相应的激励保障机制。一方面，对农村学校的教师在职称评聘、工资待遇和提拔任用等方面给予倾斜和优先等相应的帮扶机制；另一方面，对于积极参与农村学校帮扶的城市学校的教师也应制定有针对性的激励和保障机制，使这些优秀教师的付出能够得到应有的回报。

其次，建立相应的监控机制。为保证各项帮扶政策和举措能够发挥最大的效益，当地政府可以聘请第三方机构对整个帮扶过程和帮扶的结果进行动态监测，发现问题及时解决，并且能够及时总结经验，提出改进建议，保证帮扶政策和措施落到实处，发挥实效。

最后，制定科学的帮扶指导规划。为使当地的帮扶工作统筹兼顾、合理规划，当地教育行政部门应组建包括教育专家、城乡学校管理者以及教师代表在内的团队，立足当地的实际，对城乡教育差距、学校布局、师资状况和学生数量等具体情况进行周密的、科学的测算，制定精准的帮扶指导规划方案。

（二）树立科学的价值观、制定科学的帮扶目标

促进城乡教育一体化发展，实现教育公平是我国基础教育的宏伟目标，在这样的目标导向下，城乡教师教学共同体的建立就应该紧密围绕"教育公平""高质量发展"等价值取向，充分发挥信息技术的优势，使城市与农村的教育融为一体，相辅相成，实现共同发展。为此，就要在上述科学的价值观的引导下，结合不同地区、不同学校的实际情况，制定科学的帮扶目标，最终实现使城乡适龄儿童都能公平地享有高质量的教育的美好愿景。需要注意的是，由于我国地区间、民族间、城乡间发展不平衡。因此，在制定帮扶目标时一定要从实际出发、量力而行，

切记好高骛远、盲目攀比，脱离当地的实际与需求而造成不必要的失误或浪费。

（三）建立网络学习空间、搭建帮扶平台

从当前信息技术资源和平台构建的发展现状来看，教育的网络学习平台主要有四大模块构成：[①] 一是资源服务模块，其构成主要包含国家教育平台、发达地区所提供的优质的教育资源，以及体现当地特色的教育资源，是支持城乡教师教学共同体活动的基础模块；二是学习与指导过程服务模块，主要是为农村学校提供城市学校和优秀教师的经验共享和精准指导，是支持城乡教师教学共同体活动的核心模块；三是技术支持服务模块，是为了保障城乡教师能够借助信息技术手段进行交流互动的各种软硬件设备，是支持城乡教师教学共同体活动的物质保障模块；四是个性化服务模块，主要是为针对农村教师的个人需求为农村教师提供个性化的指导方案，从而实现农村教师自主学习，是支持城乡教师教学共同体活动的拓展模块。

这几个模块从不同层面为构建城乡教学共同体提供了一个完整的支持平台。在具体的实施中应统筹兼顾，发挥整体的合力，为农村学校和教师的发展提供全方位的帮扶。

（四）组建教学共同体，开展精准帮扶活动

长期以来，城市和乡村的自然环境、经济环境、社会环境和文化环境等方面的差异也决定了城市学校和农村学校固有的差距。虽然在推进城乡一体化改革与发展过程中，这种差距有了很大的改善，但是冰冻三尺非一日之寒，尤其是教育领域。因此，建立城乡教学共同体，利用城市学校的优质资源开展对农村学校的精准帮扶活动是一条行之有效的途径。

首先，城乡教学共同体的组建要建立在平等、互助、和谐、融洽的环境基础之上。农村学校由于长期处于发展滞后的境地，所以往往存在着缺乏自信、消极被动的状态；而城市学校则往往由于自身的优势也会出现居高临下的优越感，这种不对称的地位和关系是不利于教学共同体

---

① 谢登斌，王昭君：《新型城镇化进程中城乡义教育教师流动一体化机制及其构建》，《现代教育管理》2019 年第 11 期。

的建设的。因此，有必要营造和创设有助于城乡教师互惠和信任的关系氛围，保证教学共同体的建设的良好的基础环境。

其次，教学共同体应有助于对农村学校教育教学整体发展水平的提升。对农村学校或发展不利学校的帮扶切忌"头痛医头，脚痛医脚"，应着眼于系统地、整体地改变它们的落后局面，如帮助这些学校更新教育理念，树立全新的教育价值观念体系，帮助这些学校制定科学的发展规划和整改方案，帮助这些学校诊断和发现带有普遍性的问题，为这些学校提供全面的、系统的帮扶措施等等，从而在根本上改变这些学校的落后局面。

最后，通过城市学校和农村学校教师结对子的方式，实现点对点、人盯人的精准帮扶活动。[①] 在明确了宏观的、整体层面上的帮扶工作的基础上，在城乡教师层面建立教师教学共同体，通过教师间点对点、人盯人的精准帮扶活动能够有效的提升农村学校教师的教育教学能力。充分发挥城市学校的骨干教师、教学名师、学科带头人等的引领带头作用，使城乡教师个人可以借助互联网技术平台，建立不同的微型教学共同体。

（五）构建科学评价体系，引导帮扶活动良性发展

建立城乡教学共同体的主要目的是能够有效的提升农村学校和发展不利学校的整体的教育教学水平。除了采取上述多种行之有效的帮扶措施和手段之外，对城乡教学共同体的实施效果进行的科学的监测和评估也是一个不容忽视的方面。构建科学城乡教学共同体评价体系是对整个帮扶过程进行全程的、无死角的监督和指导，以保证在帮扶过程中及时发现问题、反馈问题、解决问题，不留隐患，真正实现精准的帮扶目标，最终引导农村学校和发展不利学校走上良性发展的轨道。

构建科学城乡教学共同体评价体系一方面要在按照教育教学发展和改进的规律的基础上，体现国家在教育改革与发展方面的新的要求和目标，如教育的现代化、教育的高质量发展、教育公平目标的实现等带有宏观性的、全局性的价值导向；另一方面也要从实际出发，充分考虑到

---

① 魏峰：《城乡教育一体化：基于文化视角的分析》，《复旦教育论坛》2010 年第 5 期。

农村学校和发展不利学校校长、教师的实际需求与感受,以及学生、家长的满意度、认可度等主观指标,使制定的评价体系具有可操作性和适切性,能够真正反映这些学校的真实情况,发现他们亟待解决问题,从而有针对性地实现精准帮扶的目标。

第七章　深度学习：基于混合学习的城市中心学校与乡村学校协同发展新路径

第一节　深度学习概述

深度学习（deep learning）是近年来从机器学习引入到教育领域的学习方式，暗含人们对现有学习方式的不满。回顾学校学习方式研究，研究者重点把学习目标设定为识记、理解和应用，而对于当代社会更为关注的创新能力培养重视不足。表现在教师学习上，则突出体现为应付学习、表浅学习，在学习方式上则注重听讲座、观摩等外在学习。随着信息技术的发展，深度学习成为教师共同体学习的新时尚。

一　对深度学习内涵的解读

深度学习到底是什么？目前的研究者也是莫衷一是，大致分为机器学习派和学校教学派。机器学习派主要关注机器学习的层级问题，其研究的方向是让机器能够借助大数据和算法像人一样具有一定的推理、迁移并产生分析学习能力，最终达到能够识别声音、文字、图像甚至气味，是人工智能研究的新方向。学校教学派则从学习的高阶层面提出深度学习的概念，强调以高阶思维，如分析、综合、评价的能力方面对学习对象进行深入探究，从而能实现学习迁移，培养解决劣构问题的能力，以适应21世纪要求的核心素养。目前，从教育学角度，深度学习可以这样界定："所谓深度学习，就是指在教师引领下，学生围绕着具有挑战性的学习主题，全身心积极参与、体验成功、获得发展的有意义的学习过程。在这个过程中，学生掌握学科的核心知识，理解学习的过程，把握学科的本质及思想方法，形成积极的内在学习动机、高级的社会性情感、积极的态度、正确的价值观；成为既具独立性、批判性、创造性又有合作精神、基础扎实的优秀的学习者，成为未来社会历史实践的主人。"① 其实，从深度学习内涵不断发展的过程看，深度学习是一个概念不断重构的过程。目前学界从以下方面对深度学习进行了解读：

第一，深度学习与浅层学习区别说。Biggs 认为深度学习是主动学习，是高水平认知加工的学习，而浅层学习则是低水平重复和机械记忆的学习。②

第二，深度理解与迁移说。如 Jensen 等人认为，学习者在深度学习过程中，首先要进行复杂的高阶学习和有机的精细加工，在此基础上，主动建构知识体系，并通过练习深度掌握高阶技能，然后还要进行有效迁移，应用到真实情境中去解决复杂问题。③

第三，组合阶段说。如 Nelson 等将深度学习解析为高阶学习、整合学习与反思性学习三个阶段。④

第四，学习方式说。国内学者何玲、黎加厚认为深度学习是指在理解的基础上，学习者能够批判地学习新思想和事实，并将它们融入原有的认知结构中，能够在众多思想间进行联系，并能够将已有的知识迁移到新的情境中，做出决策和解决问题的学习。⑤ 国外学者 Beattie、Collins 和 Mcinnes 认为，深度学习主要表现为学生对学习内容的反思性批判理解。深度学习意味着学习者要将头脑中先前知识与经验、与现有学

---

① 郭华：《深度学习及其意义》，《课程·教材·教法》2016 年第 11 期。

② Biggs J., "Individual differences in study processes and the Quality of Learning Outcomes", *Higher Education*, Vol. 8, No. 4, 1979, pp. 381-394.

③ [美] Eric Jensen、LeAnn Nickelsenl：《深度学习的 7 种有力策略》，温暖译，华东师范大学出版社 2010 年版，第 11—12 页。

④ Laird T., Shoup R., Kuh G. D., "Measurideep approaches to learning using the national survey of student engagement", *The Annual Forum of the Association for Institutional Research*. Chicago: Elsevier Ltd, 2006. pp. 4-5.

⑤ 何玲，黎加厚：《促进学生深度学习》，《现代教学》2005 年第 5 期。

习的逻辑、证据相结合的学习。① Biggs 认为,深度学习是与浅层学习相反的,主要包含学习者主动的认知建构和高水平精细加工并实现有效迁移的学习。②

第五,学习过程说。中国学者蔡少明、赵建华认为深度学习是学习者需要连接真实情境的、面向问题解决的学习过程。③ 西方学者 Bransford 等认为深度学习是学习者能真正理解学习内容,并能通过理解长期保持,在新情境中解决新问题的学习过程。④

第六,学习能力说。中国学者张浩、吴秀娟认为,深度学习要求学习者掌握非结构化的深层知识并进行批判性的高阶思维、主动的知识建构、有效的迁移应用及真实问题的解决,进而实现问题解决能力、批判性思维、创造性思维、元认知能力等高阶能力的发展。⑤

综观以上观点,本书从教育教学视角来理解深度学习,即深度学习就是相对于以知道、领会、应用为目标的浅表学习而言的,是学习者依据自己的学习需要和动机,借助环境特别是教师有效知道的前提下,锁定分析、综合、评价等高阶学习目标,积极主动地运用多样化学习方式、深层次认知工具,通过问题求解、批判创造、发展批判性高阶思维,主动内化、建构、转化、评价知识,从而解决复杂劣构问题的过程。

二 学校内深度学习的性质与特征

(一)学校内深度学习的性质

第一,深度学习依旧是有指导的学习活动,离不开教师的有效指导。从教育学的角度,郭华教授认为深度学习基于教师领导下的教学:

---

① Beattie V., Collins B., Mc Innes B., "Deep and surface learning: Asimple or simplistic dichotomy?", *Accounting Education*, Vol. 6, 1997, pp. 1–12.

② Biggs J., "Individual differences in study processes and the Quality of Learning Outcomes", *Higher Education*, Vol. 8, No. 4, 1979, pp. 381–394.

③ 柴少明,赵建华:《面向知识经济时代学习科学的关键问题研究及对教育改革的影响》,《远程教育杂志》2011 年第 2 期。

④ Bransford J., Brown A., Cocking R., *How People Learn: Brain, Mind, Experience, and School*, Washington: National Academy Press, 2000. pp. 20–21.

⑤ 张浩,吴秀娟:《深度学习的内涵及认知理论基础探析》,《中国电化教育》2012 年第 10 期。

深度学习不是自主学习，而是始终站在学生成长和发展的立场上的有意义的学习过程。既然是学生的学习，就不是一般的学习者或自学者的自学，而是教师带领下的学生的学习，教师的引导和帮助是先决条件。之所以从学生的立场和角度提"深度学习"，是要充分表达"教与学永远统一""教是为学服务"的意识，真正落实"教是以学为中心"的思想。如果一个活动能够被叫作"教"，那一定是因为有"学"，即教师引发了学生的"学"；反之，学生的"学"一定是在教师的引导之下，不依赖于"教"的"学"只是"自学"，只有"教"引导下的"学"才是教学中的"学"。没有教师，依然可以有学习，却只是"自学"；只有在教师引导下的学习，才是"教学"。在这个意义上，教师是教学的第一关键人。[1]

第二，深度学习是旨在发展学生高阶思维，培养创新能力的学习。从学习科学看，深度学习是相对于表浅学习的一种学习，强调学习的发生是多主体协同推进的过程，学习内容也是嵌入在真实的问题之中，学习动力来源于强烈的探究欲望和良好的成就动机。

第三，深度学习不仅提高了目标要求，也在学习方式与学习策略上要求更加灵活、创新，在学习工具上更加多元和数字化，在学习环境上更加注重空间创设、氛围宽松，在学习评价上要自主，在学习内容上更加贯通综合。

(二) 深度学习的特征

有书认为深度学习具有五个特征，即联想与结构、活动与体验、本质与变式、迁移与应用、价值与评价。[2]

综合更多学者的研究，我们认为深度学习具有如下特征：

第一，深度学习注重知识学习的批判理解。深度学习是在理解基础上的批判性学习，要求学习者对任何事保持一种批判或怀疑的态度，批判性地看待新知识并深入思考，并把它们纳入原有的认知结构中，在各种观点之间建立多元联接，要求学习者在理解事物的基础上善于质疑辨析，从而在质疑辨析中加深对深层知识和复杂概念的理解。

---

[1] 郭华：《如何理解"深度学习"》，《四川师范大学学报》（社会科学版）2020年第1期。

[2] 郭华：《深度学习及其意义》，《课程·教材·教法》2016年第11期。

第二，深度学习强调学习内容和信息整合。从信息角度看，这种整合首先是多学科知识和多渠道信息的整合；此外，深度学习所强调的整合还包括新旧知识和信息的整合，它提倡将新信息与已知概念和原理联系起来，整合到原有的认知结构中，从而引起对新的知识信息的理解、长期保持及迁移应用。而浅层学习将信息看成是孤立的、无联系的单元来接受和记忆，不能促进对信息和知识的理解和长期保持。从学习内容的整合看，包括内容本身的整合和学习过程的整合。其中内容本身的整合是指多种知识和信息间的联接，包括多学科知识融合及新旧知识联系。深度学习提倡将新概念与已知概念和原理联系起来，整合到原有的认知结构中，从而引起对新的知识信息的理解、长期保持及迁移应用。学习过程的整合是指形成内容整合的认知策略和元认知策略，使其存储在长时记忆中，如利用图表、概念图等方式利于梳理新旧知识之间的联系。而浅层学习将知识看成是孤立的、无联系的单元来接受和记忆，不能促进对知识的理解和长期保持。

第三，深度学习着意学习过程的建构反思。建构反思是指学习者在知识整合的基础上通过新、旧经验的双向相互作用实现知识的同化和顺应，调整原有认知结构，并对建构产生的结果进行审视、分析、调整的过程。这不仅要求学习者主动对新知识作出理解和判断，运用原有的知识经验对新概念（原理）或问题进行分析、鉴别、评价，形成自我对知识的理解，建构新知序列，而且还需要不断对自我建构结果审视反思、吐故纳新，形成对学习积极主动的检查、评价、调控、改造。可以说，建构反思是深度学习与浅层学习的本质区别。

第四，深度学习重视学习的迁移运用和问题解决。深度学习要求学习者对学习情境的深入理解，对关键要素的判断和把握，在相似情境能够做到"举一反三"，也能在新情境中分析判断差异并将原则思路迁移运用。如不能将知识运用到新情境中来解决问题。

我们可以把深度学习的特点概括为表7—1。

表 7—1　　　　　　　　深度学习的特点

内容维度	深度学习
记忆方式	强调理解基础上的记忆

续表

内容维度	深度学习
知识体系	在新知识和原有知识之间建立联系,掌握复杂概念、深层知识等非机构化知识
关注焦点	关注解决问题所需的核心论点和概念
投入程度	主动学习
反思状态	逐步加深理解,批判性思维,自我反思
迁移能力	能把所学知识迁移应用到实践中
思维层次	高阶思维
学习动机	学习是因为自身需要

总之,深度学习关注的是改变学习过程方式和结构化处理模型的运营状态能否促进人的深层次发展,意在解决人在"知识—能力—思维"转换过程中存在的阻滞问题。判定深度学习是否发生的重要前提是知识与经验的"在境增值表现"与"跨境迁移运用";是否从"浅层"走向"深度"强调群体交流与发展的多元文化理解品性的生成;是否能解决"在境"与"跨境"的实际问题;是否能养成求真向善的思维能力。[1]

三 深度学习的过程

关于深度学习的过程,不同的学者有不同的研究结果,如 SDL 项目[2]、Biggs 的 3P 模型[3]、Jensen 等 7 种策略[4]及 Zeiser 等行动模型[5]。北京师范大学郭华教授认为深度学习的过程就是让学习真正发生。因为,深度学习需要深度加工的内容,对学生而言是有难度、有挑战的。

---

[1] 罗生全,杨柳:《深度学习的发生学原理及实践路向》,《教育科学》2020 年第 12 期。

[2] 卜彩丽,冯晓晓,张宝辉:《深度学习的概念,策略,效果及其启示——美国深度学习项目(SDL)的解读与分析》,《远程教育杂志》2016 年第 5 期。

[3] Biggs J.,"Individual differences in study processes and the Quality of Learning Outcomes" *Higher Education*, Vol. 8, No. 4, 1979, pp. 381–394.

[4] [美] Eric Jensen, Le Ann Nickelsenl:《深度学习的 7 种有力策略》,温暖译,华东师范大学出版社 2010 年版,第 11—12 页。

[5] Zeiser K. L., Taylor J., Rickles J., *Evidence of deeper learning outcomes*, Washington, DC: American Institutes for Research, 2014. pp. 6–14.

也正因其有难度、有挑战,所以才能极大地提升学生的发展空间,实现教学促进发展的作用。从素养培养的角度,在了解学生现有水平的基础上,把学生将要学习的知识、要达到的能力、态度等转化为学生能够主动操作的材料,引导学生通过一步步主动的活动,自己去"发现"知识,建构知识的意义过程,就是帮助学生典型地、简约地经历人类发现知识的过程,是帮助学生较深刻地理解人类认识过程的意义、过程与方法的过程。正是通过这样的过程,帮助学生养成走入历史,并具有创造未来历史的能力、品格与情怀。[1] 吴秀娟等基于反思的视角提出了深度学习的过程模型。具体如图7—1所示。

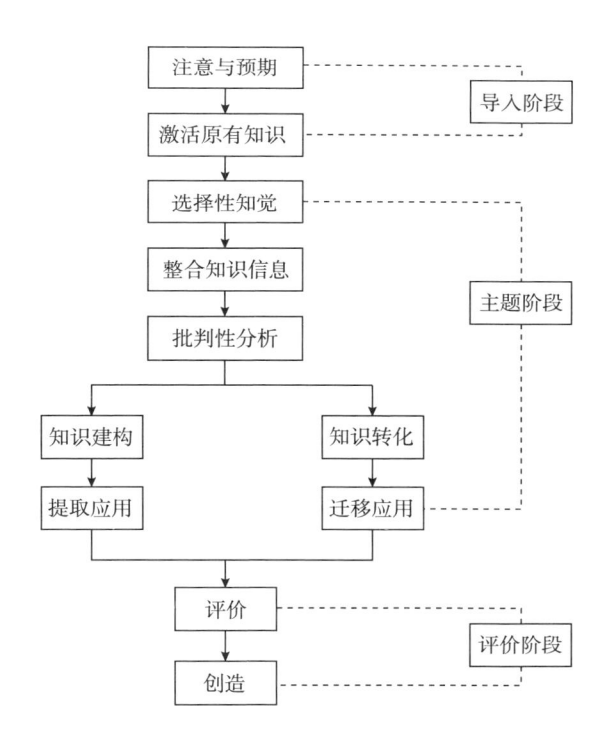

图7—1 深度学习的过程模型[2]

---

[1] 郭华:《如何理解"深度学习"》,《四川师范大学学报》(社会科学版)2020年第1期。

[2] 吴秀娟,张浩,倪厂清:《基于反思的深度学习:内涵与过程》,《电化教育研究》2014年12月。

该模型认为"注意与预期""激活原有知识"和"选择性知觉"这三个阶段是一般学习活动过程中都具备的环节，是深度学习活动的开展基础；第四个环节"整合知识信息"和第五个环节"批判性分析"则是深度学习的开始；"知识建构或转化"环节是决定深度学习能否实现的关键环节；"评价"环节贯穿学习活动过程始终，通过对整个学习活动的监控调节、诊断总结来保证深度学习的实现和发展；"迁移应用"和"创造"则集中体现了深度学习的高阶特点。① 另外，段茂君、郑鸿颖从纵向优化和横向整合两个方面构建深度学习的一般过程模型，如图7—2所示。②

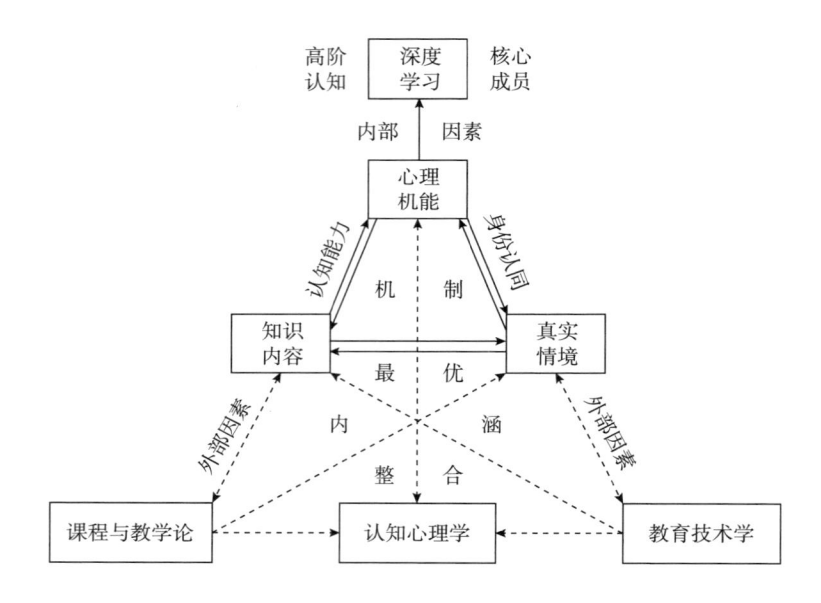

图7—2 深度学习的一般过程模型

纵向优化是持续性、动态性的，主要针对三个"深度过程"子系统（包括附属亚子系统），而子系统的优化必将实现整体系统的优化，由此对"三维机制"产生有利影响，继而促进深度学习，主要要优化

---

① 吴秀娟，张浩，倪厂清：《基于反思的深度学习：内涵与过程》《电化教育研究》2014年第12期。
② 段茂君，郑鸿颖：《深度学习：学习科学视阈下的最优整合》，《电化教育研究》2021年第6期。

信息深度加工过程，即学习者需要优化知识获取的途径和方式，优化理论知识与实践应用的衔接；在教师深度引导过程中，需在整体把握本学科内容的基础上优化教学内容，使其具备合理适当的挑战性、阶梯性和螺旋性，同时还需优化教学方式和策略，真正激发学习者的主动性和创造性；在技术深度支持过程中，应最大限度地优化信息技术与教育的融合，确保教育技术真正在课堂中派上用场。[1]

在横向整合中，首先是各"深度过程"内亚子系统的整合，如信息深度加工过程中，零散碎片化知识本身的整合、知识摄取和迁移运用的整合以及理论知识与实践操作的整合；其次是各"深度过程"子系统间的整合。当然，纵向优化和横向整合过程并非独立分割，两者是相互协调、互为补充的。[2]

四 促进深度学习的策略

不同学者研究立场、角度及观点的不同，使得所提出深度教学的策略也表现出多元化特征；代表文献有段金菊的《e-Learning 环境下促进深度学习的策略研究》以及杜鹃的《促进深度学习的信息化教学设计的策略研究》。二者从不同角度剖析深度学习，并提出了相应的策略。前者以其所构建的深度学习交互层次模型为依据，提出了在激发外显学习行为阶段、促进认知加工过程阶段、学习结果保持阶段的策略设计。[3] 后者则在其提出的教学设计基础上，针对信息化教学设计框架提出促进深度学习的策略与要点。[4]

相关研究表名，可以从如下方面促进深度学习：

第一，提高教师的引导能力。教师要作为学生学习的促进者、参与者和支持者，特别是在学习方式上要注重学生的学习品质，在教学方式

---

[1] 段茂君，郑鸿颖：《深度学习：学习科学视阈下的最优整合》，《电化教育研究》2021年第6期。

[2] 段茂君，郑鸿颖：《深度学习：学习科学视阈下的最优整合》，《电化教育研究》2021年第6期。

[3] 段金菊：《e-Learning 环境下促进深度学习的策略研究》，《中国电化教育》2012年第5期。

[4] 杜娟，李兆君，郭丽文：《促进深度学习的信息化教学设计的策略研究》，《电化教育研究》2013年第10期。

上提倡整体性教学，如项目式教学、整体单元教学、整部书阅读教学等。

第二，确立高阶思维发展学习目标，引导学生深度理解。从教师教的视角，应该将高阶思维的发展作为课程目标，并贯彻始终。在教学过程中既要基于"记忆、理解、应用"还要始终将"分析、评价和创造"作为教学目标的重点关注对象。

第三，在学习内容上强调整合意义联接，引导学生反思建构。深度学习需要基于问题的多维知识整合，在进行教学内容分析和设计时，需要教师全面地分析教材、深入地挖掘教材、灵活地整合教材，即将教材的内容打散重新组合，这样不仅有利于学生进行有意义的知识建构，还有利于知识的提取、迁移和应用。这就要求教师不仅要深入了解学生的先前经验、理解新知识的类型，指导学生在新旧知识、概念、经验间建立联系，还要引导学生将他们的知识归纳到相关的概念系统中，并在批判反思的基础上建构属于自己的新的认知结构。

第四，深度学习需要真实情境的互动，因此，教师要引导学生积极与情境互动，要不断反思自己的思维过程，不断尝试"举一反三"。深度学习不仅要求学习者懂得概念、原理、技能等结构化的浅层知识，还要求学习者理解掌握复杂概念、情境问题等非结构化知识，最终形成结构化与非结构化的认知结构体。

第二节 城乡协同发展新路径：基于深度学习的协同学习共同体建设

当代世界教育思潮的主要议题是培养学生的核心素养，而重要支撑是提高教师的专业发展。只有具备学习和批判、合作和沟通、信息和利用、责任和美德等素养的教师才能指导出具有 21 世纪核心素养的学生。早期的教师专业发展思路是让教师掌握足够多的和好的教育知识和技能。舒尔曼（Shulman）等人的教师知识框架成为 20 世纪的经典研究，[1] 也为教师专业发展的补短模式（defect approach）奠定了基础。

---

[1] Shulman L. , "Knowledge and teaching: Foundations of the reform", *Harvard Educational Review*, Vol. 29, No. 7, 1987, pp. 4–14.

但其后许多研究都指出仅有知识与技能并不能显著提高学生的成绩，其中哈格瑞夫斯（Hargreaves）和古德森（Goodson）等人倡导的"新专业主义"既强调实践知识、教师信念、教育智慧、教师人格等变量对学生成就提高具有重要影响，又强调教师合作文化、价值判断等社会情境因素。[1] 之后，教师专业发展学校、行动研究、校本研修等合作成长成为主流范式。合作成长范式假设教师和研究者共同反思教师的日常教学行为，通过对话和写作将教师自身内隐的实践知识外显化，并连续不断地改变着自己的教学，使教师自觉地成为实践研究者。但是对"教师即研究者"命题的诸多实证研究指出，教师做研究更多地关注看得见能使用的实践策略，很少能深层次地解剖行为背后的原因，更不能提出草根式的新理论见解，对学生学业水平提高帮助有限。[2] 随着分布式学习、协同理论、真实学习、情境认知，特别是学习技术研究的深入，一种构建教师专业学习社群，通过协同学习机制提高教师专业发展的范式走向前台，成为当代教师发展的主流趋势。本书通过梳理西方发达国家教师协同学习共同体的理论、政策以及具体做法，结合我国教师职业发展实践，探寻教师协同学习共同体发展范式的特点，以期为我国教师教育提供几点新认识。

一 教师协同学习共同体内涵理解[3]

教师协同学习共同体的关键词有二，一是协同，二是学习共同体。"协同"字面意思是各方相互配合，共同完成一个任务的过程。祝智庭教授认为，协同学习是各个学习要素，包括认知主体和客体及其交互形成的学习场之间的协同关系与结构产生的增效活动[4]。显然，在语境和语用方面，协同与合作、协作等意指不同。合作在语境上强调层次高、

---

[1] Hargreaves A., Goodson I., *Teachers' professional lives: Aspirations and actualities*, Canada: Falmer Press, 1996, pp. 23-67.

[2] Tillem H., Van G. J., "Der Westhuizen. Knowledge Constructions in Collaborative Enquiry among Teachers", *Teachers and Teaching: Theory and Practice*, Vol. 12, No. 1, 2006, pp. 51-67.

[3] 王淑莲，金建生：《教师协同学习共同体：教师专业发展新范式》，《中国高教研究》2017年第1期。

[4] 祝智庭，王佑镁，顾小清：《协同学习：面向知识时代的学习技术系统框架》，《中国电化教育》2006年第4期。

关系密、范围广,在意指上强调分工。协作则是合作的特殊形式,指有主次地相互配合、步调一致。而协同则强调在一起就某一目标的实现而共同工作,实现整体大于部分之和的协同效应。"共同体"原本是个社会学概念,主要指有共同利害关系的人组成的社群。1995 年,博耶(Ernest L. Boyer) 的"学习的共同体"概念提出后,相关概念层出不穷,有"设计学习者和思考者共同体""探究共同体""实践共同体"等。考察这些共同体内涵,其关键词是目标一致、观念分享、情感依托、系统开放、分布学习、组织松散。由此,我们认为,教师协同学习共同体内涵已经超越合作学习共同体、协作学习共同体的概念,是指基于提高教师专业知能目的、围绕真实教育教学实践问题,以协同原则为指导、整合学习中各种要素,如信息、网络、交互、平行领导等的深度学习的自组织系统。但国外以教师协同学习共同体为关键词的研究则采用宽泛的概念框架,混合使用合作学习共同体(cooperative learning community),协作学习共同体(collaborative learning community),协同学习共同体(synergistic learning community)等词语。如在政策和实践层面,早期有美国的"教师专业发展学校标准运动"、英国的"教师教育中心运动"以及"教师伙伴学校"、德国的"师徒结对"活动、日本的"教育研修中心"活动。近期英国的"教学与学习:专业发展战略""培养下一代卓越教师"、美国的"卓越教师专业标准"、德国的"卓越教师教育计划"以及澳大利亚的"政府优秀教师计划"都提出通过协同学习、混合学习、团队学习、项目学习、师徒结对等提高教师专业效能,培养卓越教师。澳大利亚的"智能教室"(smartclassroom)"智能教研室"(smart teacher office)、英国的"学习设计支持环境"(Learning Design SupportEnvironment for Teachers andLecturers)、美国的大学——中小学伙伴模式(School-University Partnerships)以及教育政策研究联盟(The Consortium for PolicyResearch in Education)更是在实践层面开展了协同学习的模式探索。但是,纵观这些发达国家教师协同学习范式,我们发现,其实质不是我国教师专业发展实践中的合作或者协作共同体模式,而是带有鲜明的"协同学习"共同体特征的模式。如学习发起的自组织特征、共同体管理的平行领导特征、学习问题的情境性和共享性特点、基于信息技术、主客体交互的深度学习等特点。反观我国现行的教师发展学校、大学—中小学合作、网络学习等常用教师专业发展模式，其在组织模式上、管理方式上、学习主体关系上、学习话题的发起上都有显著不同。

二 教师协同学习共同体的理论特征

（一）后现代主观知识论特征①

主观知识论主要以哲学解释学、符号活动论社会学、情境学习以及社会文化建构主义心理学为宗旨，强调"实在是建构的"观点，反对世界是不以人的意志为转移，具有稳定结构包含规律，存在于主体之外的客观存在的观点。个人、默会、理解、对话、信念、反思、不确定性、混沌、分布式、共同体、体验、自组织等是后现代高频词，教师知识的实践性、缄默性、个体性、情境性、生成性成为共识。在认识论上强调人们对世界的理解是不确定的，具有范式转换的特点，特别是社会知识具有分布式特征。这些分布于个人的知识是个体在实践过程中获得的，具有主观性、情境性，表征为心理、精神、意义、价值等形式的个性化知识。这些知识是实践者个人的实践指南，一般表现为默会形态。无论是杜威的做中学、维果斯基的社会交互、皮亚杰的同化与顺应、保罗·弗莱雷的权利解放以及当下形形色色的建构主义都强调知识学习的共建、理解、交互和诠释。正是由于个人知识的个体性、分布性，才需要人们通过"共同体"的对话来分享、协商并最终达成"理解"，形成所谓的"公共知识"。但不论是个体知识还是公共知识，其本质都是建构的，也即公共知识是人们认识成果的社会承认；而个体知识是个人实践的经验结晶。从个人知识上升到公共知识需要对话、反思和理解，需要人们的"建构"。建构就不可避免地渗透着人们的主观意趣，更加需要构成共同体来分享、协商和解释。

（二）教师学习共同体的自组织特征

如果一个系统靠外部指令而形成组织，就是他组织；反之，不存在外部指令，按照相互默契的某种规则，各尽其责而又协调地自动形成有序结构，就是自组织。发达国家的教师学习共同体明显具有自组织特

---

① 金建生：《当前中外教师培训的三维比较》，《中小学教师培训》2013年第1期。

点。首先，从学习共同体概念内涵来看，许多研究者强调"共同体"是"通过某种积极的关系而形成的群体，是统一地对内对外发挥作用的一种结合关系，是现实的和有机的生命组合"①。

这个定义揭示了教师学习共同体具有的社会系统论特征，首先是基于共同的兴趣、利益、目的组成的关联性群体，具有一定的对内和对外功能，具有开放共享、自治自为的自组织特征。其次，从组成人员的参与取向看，他们都是具有专业导向的知识分子，强烈秉持"知识工作者必须要自我管理，必须有自主权"的发展理念，强调使命感、责任感、清晰的边界感、资源或决策政策协同一致感以及相对的期限的稳定性等内在个人诉求。再次，从运行原理看，美国的"中小学的教师读书会""大学与中小学合作伙伴关系模式"、英国的"教师教育中心运动""学习设计支持环境项目"以及"教师伙伴学校"、德国的"师徒结对"、日本的"教育研修中心"、澳大利亚的"智能教室"、新加坡的"教师专业学习共同体项目"等模式在运行组织中都具有自我发起的从简单向复杂、从粗糙向细致方向发展的自组织发展特征；组织结构由低层次系统向高层次系统的构造的自组织过程特征。最后，从历史发展看，教师协同学习明显是在反思教师发展培训学习模式、个别学习模式的基础上转化而来。个体自主发展模式的理论假设是：教师继续教育的主体是主观能动性超强的成人，他们发展的目的是教育智慧的生成，他们有权利选择自己的发展模式。反思、实践、写作、行动研究、成果展示成为这种观念的实践话语。但社会建构主义理论、知识社会学、情境教师发展哲学认为，知识和技能都是社会协商的结果，个人知识一定要和别人协商才能剔除偏见、自负的缺陷，上升为可传播的知识。至此，协同学习共同体学习成为教师发展的主流，这种具有社会进化理路的进阶正是自组织的特点。

（三）教师教育性人格形成的价值取向特征②

人格是心理学、社会学和教育学都使用的术语，主要指一个人总体的精神面貌和行为方式以及教育影响他人能力的总和。从心理学讲，就

---

① 金建生：《当前中外教师培训的三维比较》，《中小学教师培训》2013年第1期。
② 金建生：《当前中外教师培训的三维比较》，《中小学教师培训》2013年第1期。

是动机、能力、气质、性格、自我意识等典型特征；从社会学讲，就是信念、理想、价值观、人生观；从教育学讲，就是教育观、教育伦理、师德和有效的教育行为。通览西方教师教育政策的人格用语是综合性的，基本包含三个维度：教师特征、心理品质、学生理解，具有强烈的教育性人格特征。教师特征主要是善解人意、有责任心、坦诚关爱、兴趣广泛；心理品质主要是教育效能感高、性格温和稳定、耐心细致、教育归因正确；学生理解主要是公平公正、沟通能力强。显然，这里的教师教育性人格，用我们通俗的话语说就是教师味。教师味彰显了教师的"软教育力"，即教师从事教育教学的情感力量，主要包括教师的个人教育哲学、教学机智、教育观察力、与学生及其家长或同事的合作能力、课程与教学的整合与开发能力、对待不同成长背景学生的差别教育能力、面对不同教育情境的灵活教育建构能力等。有研究纵观了西方发达国家教育政策认为教师专业特有的责任意识、批判和创新精神、权利和自主意识、对话与合作观念是教师人格的核心素养。[1]

（四）教师有效学习的情境性特征[2]

教师如何学习才更加有效，才能真正促进课堂教学质量的提高？教学协同学习理论基本指向了情境教师发展论。情境观的教师发展理论认为，知识不是一件事情或一组表征，也不是事实和规则的集合，知识是一种个体与环境交互作用过程中建构的交互状态，是一种人类协调一系列行为，去适应动态变化发展的环境的能力的动态建构与组织。同时，活动和实践也不是独立于情境脉络之外的，而是在实践和情境脉络中进行的，除了具有联结性质、符号性质还具有社会性、具象性的特征。克雷格（Craig）则强调有效的教师学习共同体必须考量教师专业发展的情境性特征，一定要秉持因时而异、因地制宜的教师专业发展理念，强调优选、变化、过程、策略与变革五个要素，因此，教师专业发展需要的是因地制宜的灵活策略，而专业发展的策略是要促进教师课堂变革发生。[3]

---

[1] 戚万学，唐汉卫：《教师专业化时代的教师人格》，《教育研究》2008年第5期。
[2] 金建生：《当前中外教师培训的三维比较》，《中小学教师培训》2013年第1期。
[3] Craig H. J., Kraft R. J., du Plessis J. *Teacher development: Making an impact*. Washington, D. C.: World Bank Press 2001, pp. 22-45.

欧盟的教师专业学习共同体模式（Professional Learning Community Model，PLC）假设教师专业发展动力来自社会情境的变化与工作经验中专业知识观念与学习活动的不足，而教师参与"教师专业共同体"这一专业组织能够引发教师教学实践变化与学生学习成绩提高。[①] 可见，教师学习有效性可以通过情境性参与共同体学习中实现。情境性参与是教师专业共同体的核心特征，因为参与性能够改变教师应对教学情境的策略，引发教师教学方式的变化，所以可以从根本上提高教师课堂教学的效能。

三 教师协同学习共同体具体模式特征

第一，共享领导。教师学习共同体运行需要领导和管理，而共享领导是其典型特征。不管是佐藤学教授在日本的"学习共同体"实践模式，还是美国"西南教育发展实验室"主持的教师"专业学习共同体"，郝德等人推广的"持续探究及改善的共同体""中小学的教师读书会形式""大学与中小学合作伙伴关系模式"，英国的"学习设计支持环境项目"，澳大利亚的"智能教室"模式，新加坡的"教师专业学习共同体项目"等模式，在运行管理中秉持的都是共享领导模式。共享领导强调不论是大学和中小学发起的共同体，还是基于项目结合的共同体以及校校联结的共同体，甚至行政维系的共同体都不具备单一的领导人和领导权。共享领导不是要排斥领导，也不是不要领导者，而是强调教师学习共同体全体人员的高素质、任务型、专业性以及教师知识和技能的不确定性都需要分享的领导模式组织和协调。一般说来，其运行机理是发起者组织起一个较为松散的领导团队，提出学习愿景，其他参与者基于需要、兴趣以及能力参与其中，对愿景进行讨论和修正。这种领导模式也需要强烈的外部社会支持，特别是人力、物力和财力的支持。其核心理念是在一个学习专业共同体中，学习者都是具有专业知能的能动性较强的专业人员，一个人人参与的分布式领导机制能调动团队成员实现共享的愿景，达成人人自我实现的可能。

---

① Francesca Caena, "Educational effectiveness research and teacher professional development: an overview（European Commission）", http://ec.europa.eu/education/policy/strategic-framework/doc/teacher-development_en. 2021-10-12.

第二,真实问题导向。由于教师协同学习共同体在价值观上提倡教师教育性人格养成,在知识观上倡导后现代主义的主观知识论,在团队组织上遵循开放、自为的组织原则,在领导方式上推崇共享,因此,真实问题导向学习就成为团队学习的重要载体。一般说来,教师学习共同体的问题都来源于教师日常的教育教学实践,都是自己尝试解决而不得解的棘手问题,具有真实的情境性、复杂性和可探究性。比如英国"教师继续发展中心"项目,其学习议题是中心任何成员都可以提出的,只要经过其他4—6个成员的附议就可以成为本期学习主题,形成大学教师、中小学教师间的联合学习。① 新加坡于20世纪80年代就致力于教师专业学习共同体(Professional Learning Community,英文简称:PLC)项目的推广,其中2000年开始实施教师网络项目(Teachers' Network,英文简称:TN)。其最具特色的是"学习环"(Learning Cycles)问题导向学习模式。学习环由4—10名教师组成,教师相互之间作为共同学习者(Co-learners)、批判的朋友(Critical Friends)就课堂实际问题展开交流和讨论。问题解决和讨论围绕识别问题、改善计划、实施、结果观察和反思五个步骤进行,这样就让教师们在问题解决过程中重新找回学习者的身份。② 一般说来,真实问题导向的学习主要聚焦于一个真实的有价值的问题,具有开放性、劣构性、实践性、可操作性特征,通常通过7个步骤完成:第一是提出问题(encountering the problem),第二是使用临床推理方式进行问题解决(problem solving with clinical reasoning skills),第三是用互动讨论的方式厘定学习需求(identifying learning needs in an interactive process),第四是利用有效资源获得与问题相关的知识(applying related resources gained knowledge to the problem),第五是对于问题解决中所学到的知识和技能作总结(summarizing what has been learned),第六是学习者分析和评估信息和管理资源(evaluating the values of information resourcesand analyzing the management plans by students),第七是进行学习成果展示和反馈(feedback)。

---

① Union C., "UCU branch briefing on the FE White Paper, Further Education: raising standards, improving life chances", *University & College Union*, 2006, pp. 16-18.

② Tripp D., *Teachers' Networks: A new approach to the professional development of teachers in Singapore*, Berkshire, GBR: Mc Graw-Hill Education press, 2004, pp. 45-50.

第三，混合学习。混合学习成为发达国家教师学习共同体惯常采用的学习手段，特别是在互联网链接到所有教室、所有办公室以及互联网互动交互学习平台的大力开发和利用的现实背景下。便捷、松散、开放、共享、交互、匿名成为学习共同体最青睐的学习手段。新加坡的教师网络项目（Teachers'Network，英文简称：TN）学习通过教师网络、智慧教室建设组成互联互通的线上线下学习团队。澳大利亚的"智能教室"（smart classroom）项目，为师生学习创建了灵活的具有交互式电子白板、装有学习资源和软件的微型电脑、视频会议、摄像头、屏幕和投影系统以及桌上触摸屏等新型多功能教室，为教师和学生的协同学习提供便利。美国的教师读书会模式的教师协同学习也采用网上交流，展示读书心得，相互支持鼓励，分享成果的混合学习方式。其中"书"是网上提供的；"读"是个人行为，可以线上也可以线下阅读；"会"是共享行为，先是网上互动交流，然后线下聚会互动。英国学习设计支持环境（Learning Design Support Environment for Teachers and Lecturers，英文简称：LDSE）项目是在线教师发展探索的代表项目。LDSE 项目具有明确的混合学习特征。首先在目标设计上，主要针对一线教师关注的教学设计问题进行开放性学习，人人都可以参与；其次开发用于教师和学生学习的在线学习工具；再次是探索有效的混合学习理念、原则、学习框架和模式；最后是基于 Web 2.0 网络技术，搭建学习设计开发、共享、讨论、反思和创新的平台，创建在线教师专业发展共同体。[①] 显然，由于教师工作的即时性、烦琐性和创造性，基于混合学习理念和模式的线上、线下、虚拟、实体、自动、互动、人机交互以及人际交互协同的学习方式成为教师学习共同体愿意接受的有效学习手段。在范式转换的浪潮中，教师协同学习共同体成为当下西方发达国家教师成长的主要范式。这个范式的理论特征是以个人与集体协商、建构与解构并行、确定与变化转化、概念继承与重建、知识外化与内化、主体客体消解为话语体系的后现代主义思潮。在教育领域，他们追求教育信念、教育人格、教育软实力的提升，秉持现代主观知识论、协同发展论、共享领导

[①] Laurillard D., Masterman E., "TPD as online collaborative learning for innovation in teaching", inLindberg, J. O., & Olofsson, A. D., *Online Learning Communities and Teaching Professional Development*, Berlin: Methods for Improved Educational Delivery, 2010, pp. 23-67.

论、自我组织论等后现代理论。在协同模式上，具有多元化特征，可以是大学发起的大学和中小学协同学习，也可以是教师协会发起的教研学习，还可以是个人发起的读书会等。他们主要是基于高度的专业责任心、对未来教育的理念来坚持学习，依靠的是团体动力和个人动力的结合。在运行机理上，强调共权、共享、民主、平等、专业。在学习载体上，积极利用互联网平台，构建混合学习。同时，他们的发展也很不平衡，有些还停留在"培训"的水平，有些已经运行到真正的共同体水平，表现出以共同的精神信仰、一致的教育目标为支撑，以开放共享、自治为特征。同时，各级政府、社会组织也给予高度支持，创造良好的外部环境，构建网络、智慧教育、学习型社会等良好条件。考察我国教师发展模式，其主流还是行政主导的培训或依靠个人自觉的个人发展模式。已有的教师共同体学习模式还具有科层管理的性质，利用互联互通的互联网模式还缺乏真正的互动交际，没有形成真正的具有基于兴趣和利益所构成的共同目的、基于自组织原理的运行机理，基于专业信念、专业知能发展的教师人格发展目标，基于自我选题、自我学习、协同解决问题、成果展示的成熟的学习模式的教师协同学习共同体。

第三节　城乡教师学习共同体运行中存在的问题与反思

一　教师学习共同体学习存在的问题[①]

教师发展从早先谋求"科学的确定性"到谋求情境的确定性，再到提倡反思性实践以及新专业主义，走过了许多"范式转换"的路径，波浪式地推进着教师的专业成长。如今一种新的教师发展范式——城乡教师协同学习共同体，在乡村振兴战略的背景中如雨后春笋般蓬勃而生。城乡教师协同学习共同体是城乡教师"基于提高教师专业知能目的，围绕真实教育教学实践问题，以协同原则为指导，整合学习中各要

[①] 王淑莲，金建生：《教师协同学习共同体深度学习：问题、特点、策略》，《教育发展研究》2018 年第 8 期。

素的深度学习自组织系统,"[1] 但是在我们的现实观察和具体实践中还存在着如下问题：在理论上存在对城乡教师协同共同体概念不清,具体表现为对协同共同体范式转换不清、内涵理解不准的问题；在实践中存在着学习效能低下、学习浅显、动力偏失的问题。其实质是实践着的"共同体之人"缺乏对城乡教师协同学习共同体的理论自觉、对其深度学习的运行特点模糊不明、具体运行策略无共同体特征等运行机制的问题。本书从城乡教师协同学习共同体运行中存在的问题剖析入手,重点阐释城乡教师协同学习共同体深度学习的运行特点,提出城乡教师协同学习共同体深度学习的运行策略。

（一）理论概念不清,随意泛化运用

虽然在实践中,人们常常使用"协同共同体"概念意指归属不同组织或机构的人员的合作关系,但在具体的运行中往往对共同体外延和内涵认识不清,按文释义,按照日常概念随意对共同体理论进行阐释。实际上,今日作为一个学术用语的"共同体"有其深刻的发展内涵和概念外延,也经历过范式转换的过程,需要共同体人员的概念自觉。

第一,把"+共同体"当作为协同共同体。"+共同体"是指人们在"共同体"三个字之前加上某某,组成"某某共同体",如教师共同体、科学共同体、学习共同体等。这里的"某某共同体"强调相似的命运、处境、特质等,是吉登斯（Anthony Giddens）在《现代性的后果》和《第二条道路》中提出的概念。在这两部书中,"共同体"远离了密集的人群和共同的地域,走向了"脱域"具有现代性共同体意蕴时期。吉登斯的"脱域"是指影响人们的行为或事件不在相同的可见的同一地域,人们通过抽离形式,时空重组,还原情境。[2] 这时的共同体就可以称为"+共同体"时代,如波兰尼（Michael Polanyi）的科学共同体（Scientific Community）观念等。实际上,这种共同体含义与共同体思想的鼻祖滕尼斯（Ferdinad Tonnies）的共同体概念还是有区别的,在《共同体与社会》里,滕尼斯区分了血缘共同体、地缘共同体

---

[1] 王淑莲,金建生:《教师协同学习共同体：教师专业发展新范式》,《中国高教研究》2017年第1期。

[2] ［英］安东尼·吉登斯:《现代性与自我认同：现代晚期的自我与社会》,赵旭东,方文译,生活·读书·新知三联书店,1998年版,第17—21页。

和精神共同体概念,强调了协同之和大于一的意义。①

第二,泛化地使用协同共同体概念。随着共同体观念的深入人心,人们忘记了"共同体"原初的话语体系与立论原点,纷纷从字面的"意指"入手阐释自己理解的共同体内涵,比如合作、共享、群体、社区、联合、依赖等。这样,共同体的概念无论在内涵还是外延上都得到了扩充,人们也逐渐开始把具有共享的目标、一致的身份认同和归属感等作为共同体的核心理念。随着信息技术的发展,网络成为人们联系的纽带,以分享信息、虚拟身份的共同体也纷至沓来。研究表明,"协同共同体"概念的兴起要归功于哈肯教授的协同学,强调系统之间的关联性、系统由无序到有序的协同变化自组织性。② 在共同体前面加上协同实际上是限定了共同体的内涵,回归到滕尼斯"不仅仅是部分之和,也是有机浑然的整体"这样的共同体意蕴。"协同"不是协作,也不是合作。协作强调有主次的相互配合、步调一致而共同完成目标任务;合作的外延更加广泛,在语境上也强调层次高、关系密、范围广,在意指上强调分工,各自完成一个任务的部分从而完成整体,突出效率和经济;而协同则强调在一起就某一目标的实现而共同工作,实现整体大于部分之和的协同效应③。

(二)运行动力偏失,学习效能不高

人们组成协同学习共同体是看到了"协同效应"的力量,其目的是实现具有深度的高效学习。正如斐迪南·滕尼斯所强调的,"人们通过某种积极的关系而形成的群体,统一地对内对外发挥作用的一种结合关系,是现实的和有机的生命组合。"具有"在一起就某一目标的实现而共同工作,实现整体大于部分之和协同效应"的本质内涵。然而现实的所谓城乡教师协同学习共同体实践中却出现了运行动力偏失、学习效能不高的顽疾。

---

① [德]斐迪南·滕尼斯:《共同体与社会》,林荣远译,商务印书馆 1999 年版,第 48—76 页。

② Polanyi M., *The logic of liberty: reflections and rejoinders*, Londer: Routlege and Kegan Paul Ltd, 1951, pp.1-20.

③ 王淑莲,金建生:《教师协同学习共同体:教师专业发展新范式》,《中国高教研究》2017 年第 1 期。

第一，运行动力偏失。现实中的城乡教师协同学习共同体往往是行政指令式学习共同体，具有行他他组织的科层运行动力性质。他组织强调由组织之外的力量推动组织过程，在社会组织中强调权威的力量。在笔者所观察的一个县域协同学习共同体运行中，从学习任务的发布、网络学习签到、学习成果的交流与评价都是由县教育局主要领导牵头，以文件的形式推动，具有鲜明的科层组织特点。另外，从动力运行的特点看，也呈现出由城市学校教师向乡村学校教师、由"重点"学校教师向一般学校教师发起论题、输送经验的特点，与"平行领导、分布式领导、场动力、职业锚"协同共同体运行动力明显不符。

第二，学习效能不高。学习效能指单位时间内的学习收益。观察表明，目前的城乡教师协同学习共同体往往是城市学校教师或"重点校"教师就教育教学"如何做"传经送宝；就行政感兴趣的普遍性问题如"精准教学"开展"主题发言"式学习；就乡村教师的教育困境展开"群对点"式的指导学习。这种学习特点的假设是：城市教师或"重点校"教师的知识优于乡村教师；教育行政提出的学习问题价值大于普通教师。这样的学习往往缺乏与具体的教育情境相结合，缺少学习者的深度参与，与"我要学、我会学、知识创造"等现代学习理念格格不入，也与协同学习共同体倡导的"设计学习、体验学习、分布式学习、具身学习"等深度学习范式不符，表现出学习效能不高的弊端。

（三）满足碎片化学习，学习表浅化

目前，城乡教师组织学习共同体的内部动机还不一致，主要还是行政主导的学习共同体，形式和外部力量对推动学习共同体运行起着主导作用，结果造成教师们学习的碎片化和表浅化。碎片化主要表现在学习时间碎片化、学习内容碎片化和学习方式碎片化上。就学习时间看，没有形成相对固定的学习时间，要么利用假期相对集中，要么自主学习，缺少监督；学习方式和内容的碎片化造成了学习结果的碎片化。

碎片化的学习结果势必是表浅化的学习。从学习目标上看，主要集中于"知道、理解"两个层面，涉及知识的简单描述和重复记忆，很少涉及"应用、分析、评价、创造"四个层面，而深度学习主要聚焦于高阶思维的发展。我们把深度学习和表浅学习做个归纳，如表7—2所示。

表7—2　　　　　　　深度学习和表浅学习特征比较

内容	深度学习	浅层学习
知识体系	新知识和原有知识之间建立联系，掌握复杂概念等非结构化知识	零散的、孤立的、当下所学的知识，且都是概念、原理等结构化的浅层知识
记忆方式	在理解的基础上学习	死记硬背、被动接受
关注焦点	关注解决问题所需的核心论点和概念	关注解决问题所需的共识公式和外在线索
学习者的学习动机	内部动机	外部动机
学习投入程度	主动学习	被动学习
学习者的反思状态	逐步加深理解，批判性思维、自我反思	学习过程中缺少反思
思维层次	高阶思维	低阶思维
学习结果的迁移能力	能把所学知识迁移应用到实践中	不能灵活运用所学知识
问题解决	关注问题的解决和结论	关注基本知识、技能的掌握

二　教师学习共同体存在问题反思

之所以教师学习共同体会具有如上表浅学习的特点，除了客观因素外，主要是主观因素造成的，归纳如下：

第一，教师在学习准备方面明显不足。教师平时的工作比较忙，还需要进行额外学习，这就需要在时间、工作、生活中做出安排，这考验着教师们的角色转化能力和各种活动的平衡能力。但现实是大部分教师还没有完全适应深度学习带来的这种挑战。

第二，教师们学习疲于应付，满足于浅层目标。深度学习需要教师们能从表浅的记忆学习中拓展，加深到自己的真实工作情境中，这需要大量的反思性互动和基于理论的建构互动。而教师们的日常工作繁忙，疲于应付，很难做到深入浅出、举一反三。

第三，教师们的整合学习能力不足。整合学习是将各种单面知识或者碎片化知识整合的能力，也是把过去经验和浅表经验集合起来的学习。教师们长期从事单一学科知识，缺少知识能力。

第四，教师们信息技术能力不强。教师的信息技术能力是教师利用各种数字技术和资源顺利完成学习、交流和教学等一系列生存行为的能力。信息化背景下,深度学习要求教师们能提高自己的数字化水平,能熟练掌握信息技术,能有意识地将信息技术渗透到教学和生活中。

第五,教师们特别是乡村教师们普遍存在自我设限。调查表明,大部分发展一般的教师,特别是乡村教师都不同程度地存在自我设限现象(Self-Handicapping),即由于先前经验导致的自我发展心理否定现象。许多对乡村教师发展的研究也佐证了这一点。

第四节 城乡教师学习共同体深度学习运行的特点和策略[①]

一 城乡教师协同学习共同体深度学习的运行特点

为了克服实践中城乡教师协同学习共同体出现的"理论概念不清,随意泛化运用;运行动力偏失,学习效能不高"等问题,我们有必要认真探究城乡教师协同学习共同体深度学习的运行特点。

(一)结构组织的多元性和互主体性

从组织结构上讲,城乡教师协同学习共同体是由城市教师和乡村教师两大主体组成的虚实结合的协同学习共同体组织,这两大主体具有共质+异质的特征。从共质分析,他们都属于承担教书育人的专业人员,具有基本的教师专业信念、动机、能力素养。换言之,他们对技术认知旨趣、实践认知旨趣和解放认知旨趣都趋之若鹜,既希望追求教育逻辑上的真,也希望追寻道德实践中的善,更希望体验教育生活情境中的美。有研究认为,教师的解放认知旨趣是最纯粹的兴趣,是"教师不断超越个体教师生活,转向集体教师生活的过程,是教师从自然世界达到教师文化世界的过程。"[②] 从异质分析,他们在信念效能、动机强度、能力素养结构方面存在着显著差异。我们的研究表明,农村教师的自我效能感普遍低于城市教师,他们的教育动机更多属于生活动机和外在动

[①] 王淑莲,金建生:《教师协同学习共同体深度学习:问题、特点、策略》,《教育发展研究》2018 年第 8 期。本节内容已经发表在上述期刊。

[②] 金建生:《教师领导研究——基于教师发展的视角》,中国社会科学出版社 2016 年版,第 25 页。

机,没有或者很少享受到教育生活过程中"流畅感"涌现的自我实现的状态。而城市教师面对农村教师时则表现出显著的认知自豪感,同时也羡慕乡村教师的丰富实践知识。从交往方式上看,城乡教师协同学习共同体具有交互主体的意蕴。这两类教师具有强烈的面对真实问题、实施直诚对话、具有正当性理由的交往行为特征。调查表明,95.7%的城市教师愿意与乡村教师结成学习共同体,而乡村教师持有这种意愿的则高达98.6%。双方除了都愿意向对方学习外,也都表达了向对方抛出自己"个人经验"的想法,说明这样的"学习体"具有双向学习的互主体性或主体间性(inter-subjectivity)特点。所谓交互主体性意指通过将"客观他人"(objectual other)转换为"另一个自我"(another self),从而成功地将我与他的关系转化为主体与主体之间的互动关系,也就是一个"自识—他识—互识—共识"的关系。这种主体关系实质是一种交往行为关系,按照哈贝马斯的理论,"把以符号为媒介的相互作用理解为交往行为"[①],也就是主体之间通过语言为媒介、对话为手段达到人与人之间的相互理解和一致的行为。城乡教师协同学习共同体在组成结构上的共性使他们有了交往的基础、差异性有了交往的潜能、互主体性有了交往的人格前提。

(二)功能的时代性和价值的共享性

城乡教师协同学习共同体在功能的发展上体现了强烈的时代背景,具有形成的内需性、发展的共享性的时代特征。从形成的内需性上看,城乡教师协同学习共同体是时代哲学的体现,也是时代实践的要求。时代呼唤发展,国家发展既包含了城市的发展,也包含了乡村的发展,尤其是在当代中国乡村振兴战略背景下,乡村教育的振兴显得尤为重要。早在2015年,教育部就出台了《乡村教师支持计划》,从全面建成小康社会、基本实现教育现代化的高度确立了"发展乡村教育,教师是关键,必须把乡村教师队伍建设摆在优先发展的战略地位"的价值,提出了"全面提升乡村教师能力素质"的举措。虽然教师发展的理论颇多,从伊老特(Erant)补短取向、成长取向、变革取向、问题解决取向,到哈格瑞夫斯(Hargreaves)的专业主义取向,再到富兰(Ful-

---

① [德]哈贝马斯:《交往行动理论》,曹卫东译,重庆出版社1994年版,第121页。

lan）的文化取向，① 但其实践路径都严重依赖个人主义，效果不佳。在合作、互助、共享的哲学理念下，"学习共同体"②，特别是城乡教师协同学习共同体既是城市教师发展的需要，也是乡村教师发展的需要。从发展的共享性来看，中国传统教育倡导共享理念，《礼记·礼运》的"大同思想"、三人行则必有吾师的"向学思想"，"人人参与、人人尽力、人人享有"的分配观念都具有朴素的共享概念。我国新时代不忘初心的发展观更体现出马克思和恩格斯在《共产党宣言》中所说的"代替那存在着阶级和阶级对立的资产阶级旧社会的，将是这样一个联合体，在那里，每个人的自由发展是一切人的自由发展的条件，"（《马克思恩格斯选集》第 1 卷，第 294 页）的共享观。共享发展也是党的十八届五中全会提出的五大发展理念的核心概念，植根于历史唯物主义的人民主体观集中体现了历史唯物主义正义观，③ 是新时代的哲学思维和行为要求。这些时代精神强化了城乡教师协同学习共同体的学习共享功能。

（三）运行动因的内在深刻性

动因是促进系统运行的内外动力和原因，一般说来，可以从内外两个维度分析系统的运行动因。从外部看，主要是他组织的促进，包括时代哲学的引导、行政组织的干预等；从内部看，主要是共同体内部的特点，如平行领导、共享知识所带来的自组织特性，以及共同体所寻求"1+1>2"的协同效应。对于城乡教师协同学习共同体这一比较特殊的联盟，互主体性带来的人的主观能动性，特别是教师们的知能互补、对深度学习的追求所形成的专业自尊是主要动力。教师专业自尊是教师对自我所从事的职业的价值与能力被他人与社会认可的一种主观需要，既具有深厚情感，也包括成熟的理性光辉。苏霍姆林斯基认为，自尊感好比一个人的精神核心，是一个人的荣誉感、名誉感、健康的自爱心的最

---

① 金建生：《教师领导研究——基于教师发展的视角》，中国社会科学出版社 2016 年版，第 3 页。
② 薄存旭：《当代中国中小学组织变革的价值范式研究》，教育科学出版社 2016 年版，第 128 页。
③ 李红松：《共享发展理念的哲学基础与落实路径》，《求实》2016 年第 9 期。

强大的源泉之一。① 教师是专业人员，其自尊主要来自专业效能感，比如对教学情境的掌控与预期。由于城乡教师协同学习共同体内每个教师所处的教育教学情境不同，面对的教育教学问题不同，教师形成的内在实践智慧也不同，这就给共同体交往带来了真实的问题空间和弹性论题，促使每个成员都从专业的角度提出自己对教育情境的独特看法。访谈表明，城市教师的实践知识不一定比乡村教师的实践知识高明和有效，同样，乡村教师的实践智慧也具有独特的情境型价值。这为城乡教师带来了交往的"专业自尊感"。这种自尊感是在需要和被需要、认可和被认可的过程中不断从已定走向生成的螺旋提升，对教师归属感和自我效能感等情感性提升、自我理想和自我认识的认知性提升都具有内源性动力。

二 城乡教师协同学习共同体深度学习的运行策略

从组成方式看，城乡教师协同学习共同体具有多种外在形态，如基于虚拟社区的学习共同体、基于混合学习的虚实结合的共同体、基于县域行政主导的教研共同体、基于项目合作的行动研究共同体。从运行方式看，城乡教师协同学习共同体具有多种驱动方式：有任务驱动的学习共同体、有核心成员驱动的学习共同体、有自我驱动的学习共同体等。但从协同学习共同体的本质特征看，要想不仅形式上成为、实质上也成为城乡协同教师学习共同体，而不是前文所述的泛化共同体，需注意如下事项：

（一）在组成方式上，采用基于线上线下虚实结合、外驱内发、形散核实的学习共同体形态

从时空视角看，城乡教师协同学习共同体跨度较大，即便是县域内也存在空间与时间距离，为了学习方便，必须采用线上线下、虚实结合的组织方式。特别是教师学习极具个人性质；同时，教师工作琐碎，责任重大，教育教学情境强，教师生发的教育思考短暂，不稳定，又不易离岗。通过网络平台的交流更适合教师即时抛出问题，记录思维的火

---

① ［苏］瓦·阿·苏霍姆林斯基：《给教师的建议》，杜殿坤译，教育科学出版社1984年版，第421页。

花。但线上学习的碎片化、其他教师应答的继时性、不流畅性等又使学习显得浅显，就需要定时的线下会面，锁定一个学习主题，开展比较深入的探索活动。从国际经验看，澳大利亚的智能教室项目（smart classroom）、智能教研室项目（smart teacher office），新加坡的教师网络项目（teachers' network）都属于线上线下学习的共同体项目。他们一般的做法是：线上自由论坛—主题慢慢聚焦—主题漫谈；线下情境展示—分享经验—激励评价—发展自尊。城乡教师协同学习共同在本质特征上秉持共同体特征，强调自组织性。但由于城乡教师差异性较大、空间距离较远，需要借助混合学习，就需要外驱内发、形散核实的组织方式。我们的经验是：在建立共同体之初，需要借助外力的推动，如城乡教育行政机构的协调、项目负责人撮合等。例如，我们依托国家教育科学规划项目《基于混合学习的城市中心学校与乡村学校协同实施机制研究》组织的城乡教师协同学习共同体就是依托项目，由项目负责人联系，城市中心学校和乡村学校组成学习共同体，这是外部驱动。但是任务一经明确，学习框架一经搭好，共同体成员的内在动机、共同的价值观、共同的信念、力求自我改进的愿望等内发力量就显得更加重要。佐藤学教授把"公共性的哲学""民主主义的哲学""卓越性的哲学"视为"学习共同体"的三个"哲学"基础，把事例学习作为教师发展共同体的基本学习方式。他的这些看法对促进共同体深度学习很有启发意义。①

（二）在学习方式上，采用混合学习、真实情境、行动探究的深度学习方式

由于城乡教师协同学习共同体的时空关系，要想达成有效学习就必须采用深度学习哲学及其具体方法来指导。从目前的研究来看，哲学意义上的深度学习是一种观念，追求的是创新、迁移和最近发展区的引领。从具体的学习方式考察，深度学习走过了学习方式说、学习过程说和学习结果说三个阶段。学习方式说强调学习是主动的认知加工，具有批判性理解，以问题为导向；学习过程说则注重学习的真实性、迁移性

---

① 佐藤学，于莉莉：《基于协同学习的教学改革——访日本教育学者佐藤学教授》，《外国中小学教育》2015 年第 7 期。

和问题解决性；学习结果说认为高阶学习目标、元认知、情感投入、创新理解等是深度学习的特征。美国 NRC 项目将深度学习能力分成三个维度：认知领域、人际领域和个人领域，① 其中人际领域中的团队学习、有效沟通和个人领域的学会学习、学习毅力等维度的划分对教师学习具有重要启示。

从具体学习方法分析，混合学习、真实情境、行动探究等是达成深度学习的有效途径。混合学习强调学习方法、学习手段的多元化，一般狭义指线上线下、虚拟、实体、自主、互动、人机交互以及人际交互的学习。真实情境的学习假设教师知识都是具有社会文化以及具体情境脉络的学习，具有具身学习性。这种学习机制已被神经现象学研究证实：具身学习强调身心不分，身体本身的镜像神经元网络系统是学习的基础，具有具身认知性。有效的教师教育教学知识具有强烈的隐喻学习的特征，也就是借助言语以一种事物的名称替换另一种事物名称的概念转换形式。教师在教育活动中采用最多的教育教学方法就是讲解，简明的讲解需要隐喻，或者说打比方、举例子。具身认知论认为，好的比喻和例子可以唤起情绪、激活认知。这些研究成果都充分表明教师的深度学习需要问题的真实性、知识的体验性，而这样的学习方式主要是合作、探究、制作（learning by making）、项目等社会性和体验性学习。佐藤学教授给了我们一个很好的教师协同学习的解释。他认为，深度的协同学习包括三个学习要素：一是符合学科本质的学习，二是构建相互倾听关系，三是设立挑战性课题展开高层次的思考与探究。这样的学习效果可以通过"主题—表现—探究"的方式获得，通常的步骤是：首先是模仿他人的思考；其次是将其他人的思考作为一个"脚手架"，来达到更高的程度。②

（三）在动力驱动上，采用发展性评价、他组织与自组织协调、教师领导的方式驱力是共同体运行的内外部动力

如前所述，城乡教师协同学习共同体主要依靠外驱内发的方式运

---

① NRC., *Education for Life and Work: Developing Transferable Knowledge and Skills in the 21st Century*, Washington: National Academy press, 2013. pp. 12-15.
② 佐藤学，于莉莉：《基于协同学习的教学改革——访日本教育学者佐藤学教授》，《外国中小学教育》2015 年第 7 期。

行。其中他组织是外部动力，自组织是内部动力。就内组织的活动看，由专业自尊提升的自发协作，由教师信念、专业知能促成的直觉协作和由共同体价值、系统促成的制度化协作是主要的协作动力。具体到直接驱力上则由协同学习共同体特有的教师领导方式以及涉及专业自尊的评价方式为核心动力。

教师领导理论认为，在学校这样的学习型组织中总会自发地产生领导行为，这些领导行为不是由某个特定的个人承担，而是随着任务情境自然地由具有某一特定知识情境的专家们轮流发出，具有参与式、平行性、分布式和厚度。在城乡教师协同学习共同体中，要想发生深度学习，每个人都必须认同共同体的价值，[1] 倾注真诚和能力，极力去影响他人，建立我、我们之间的互主体关系。这种互主体强调，"领导并不是一个职位，而是一个行动者，一种重要的实践过程，组织中的每个成员都是领导的实践者，都要既作自己的领导，也作他人的领导"[2]。萨乔万尼认为共同体以价值、情感和信念为核心，这些因素的存在和培育创造出一种"我们"的感觉。相对"组织"对层级体制、角色、期望的强调，共同体更多地依靠规范、目的、价值、协同自治、社会化，以及天然的相互依赖关系。[3] 当然，这不是说不要外部组织的力量，而是需要他组织与自组织协调，否则就远离了协同共同体的旨趣。

---

[1] 薄存旭：《当代中国中小学组织变革的价值范式研究》，教育科学出版社2016年版，第267—268页。

[2] 金建生：《教师领导研究——基于教师发展的视角》，中国社会科学出版社2016年版，第28页。

[3] Sergiovanni T. J., *Building Community in Schools*, San Francisco: Jossey-Bass, 1994, pp. 1-40.

第八章 展望：从整体搭建到分类发展
——城乡教师共同体的区域深化推进策略

第一节 城市中心学校与乡村学校协同实施的探索与反思：来自全国的经验

在政府与教育行政管理部门整体性城乡学校协同政策的支持下，各地陆续搭建了城乡学校协同平台，主要从办学模式上、师资补充上、教育投入上以及乡村教师成长等方面不断推进城市中心学校与乡村学校协同实施，从而使得我国城乡教育一体化改革发展变成了可能。下面将介绍典型的城乡学校协同实施的实践案例。

一 从办学模式上推进城乡学校协同

为了促进城乡教育一体化，促使城乡教育均衡发展，不同省份采取不同的方法。例如，上海实施委托管理，即政府通过购买专业服务，委托优质学校或教育中介组织机构管理相对薄弱的农村中小学，不断激活这些薄弱学校自主发展的愿景和能力。北京推进高校支持中小学发展项目、教科研部门支持中小学发展项目、民办教育机构参与中小学学科教学改革项目以及外籍教师参与中小学英语教学改革项目，以帮扶郊区学校不断提升其教育质量。安徽推动以县为单位，由优质学校辐射教学点和薄弱学校的"在线课堂"常态化教学模式，解决教学点及农村偏远地区师资缺乏之难题。四川省成都市采取"以城带乡、整体推进、城乡一体、均衡协调"的城乡教育一体化发展机制，推行"一圈层（中心城区）给政策、二圈层（近郊）给补贴、三圈层（远郊）给倾斜"的"三圈层"项目经费分担支持机制[①]，逐步缩小中心城区、近郊、远郊三个圈层的差距，诸如此类。各地利用城区优质教育资源通过举办城乡一体化学校、学区化办学、集团化办学、教育联盟以及校际联盟等形式，减少城乡学校差距，带动乡村学校发展，其中，集团化办学实践最为常见。

（一）学区化办学或片区

（1）推行学区化办学模式，例如，北京市朝阳区为了减少城乡学校的差异，使每所学校都有鲜明的个性和特色，将9所城市学校和6所农村校组成了酒仙桥学区。广西壮族自治区梧州市万秀区以地理位置相近、教育资源便于整合为原则，采取"1+X+Y"的模式将全区43所小学分成六个学区，其中，"1"指1所教育质量好、规模大、择校和大班额现象较为严重的学校；"X"指城市片区（学区）学校，对其实行紧密型与一体化管理；"Y"是指农村片区（学区）学校，以"互动帮扶"方式与城市片区学校对口交流，该模式采取"教育局—片区—学校"三级管理网络，推行学区长负责、学区议事决策和视导员督导等三项工作机制。[②]（2）推行片区化管理办学模式，例如，吉林省长春市农安县自2011年起，把58所乡镇中小学和10所县城中小学划分为四片八区，分别按照质量型、特色型、均衡型、生态型、文化型、管理型等六种形态创建成一批新优质学校。坚持"龙头牵动、城乡互动、项目驱动、整体推动"的原则，要求每个片区至少有一所县城中小学，以"捆绑"合作模式和年终捆绑式考核办法，发挥优质教育资源和完善教育体系的辐射带动作用，提升片区内农村薄弱学校的办学水平，形成了"优质带动薄弱、后进学习先进"的合作共享良好局面。片区内成员学校实行设施资源共享，教育教学管理一体化，校长教师交流互助

[①] 赵婀娜，张烁：《让家门口的好学校多起来——来自县域内城乡义务教育一体化改革发展的报告》，《人民日报》2017年9月29日第19版。

[②] 教育部基础教育司：《广西壮族自治区梧州市万秀区：学区制打破城乡壁垒 一体化促进均衡发展》，http://www.moe.gov.cn/jyb_xwfb/xw_zt/moe_357/jyzt_2016nztzl/ztzl_xyncs/ztzl_xy_dxjy/201801/t20180109_324074.html.，2020年10月27日。

以及教研成果共享。① 福建省厦门市在市域内共建 30 多个城乡校际合作关系,将义务教育学校划为 88 个小片区,以优质学校为龙头,推行"师资互派、资源共享、统一教学、捆绑考核"的"小片区"管理模式,带动片区内的乡村学校、薄弱学校共同发展。②

(二) 集团化办学

在实施城乡教育一体化建设过程中,许多省份都以推行集团化办学为主要的城乡协同实施模式。例如,天津市蓟州区将同乐小学、公乐小学、山倾城小学、第八小学 4 所新建学校和第一小学"捆绑"成立第一小学教育集团,在教育理念、管理办法和教育资源方面实行合理共享,拉动新建学校快速发展。内蒙古自治区兴安盟乌兰浩特市在"片区办学联合体"的基础上实施集团化办学,以城区优势学校为龙头,整合农村中小学校和城区薄弱学校的教育资源组建了 10 个"片区联合办学体"(也称联盟校),联盟校之间通过挂职培训、研训联动、"校长+教师""骨干+新秀"的师徒结对、外出培训、同频互动教研等实现师资、文化、管理等优质教育资源共享,同时实行"教师统一调配,经费统一使用,制度统一制定,业务统一管理,考评统一进行"等"一体化"管理。③ 辽宁省大连市甘井子区的集团化办学是组建了 9 个特色发展联盟,22 个中小发展联盟,2 个紧密型教育集团和 4 个联盟型教育集团,在学校管理、队伍建设、德育管理、课堂教学、特色建设、中小衔接等方面开展交流研讨与实施资源共享。④ 湖北省武穴市是以"名校+郊校"为途径,引导城区名校武师附小、小桥小学、东风小学

---

① 教育部基础教育司:《吉林省长春市农安县人民政府:点亮村小 抬升底部 城乡教育共同发展》,2018 年 1 月 9 日,http://www.moe.gov.cn/jyb_xwfb/xw_zt/moe_357/jyzt_2016nztzl/ztzl_xyncs/ztzl_xy_dxjy/201801/t20180109_324074.html.,2020 年 10 月 27 日。

② 教育部基础教育司:《福建省厦门市教育局:统筹全市资源 提升教育品质》,2018 年 1 月 9 日,http://www.moe.gov.cn/jyb_xwfb/xw_zt/moe_357/jyzt_2016nztzl/ztzl_xyncs/ztzl_xy_dxjy/201801/t20180109_324074.html.,2020 年 10 月 27 日。

③ 教育部基础教育司:《内蒙古自治区兴安盟乌兰浩特市:让每个孩子享受公平有质量的教育》,2018 年 1 月 9 日,http://www.moe.gov.cn/jyb_xwfb/xw_zt/moe_357/jyzt_2016nztzl/ztzl_xyncs/ztzl_xy_dxjy/201801/t20180109_324074.html.,2020 年 10 月 27 日。

④ 教育部基础教育司:《辽宁省大连市甘井子区:统筹兼顾 扎实推进区域义务教育均衡发展》,2018 年 1 月 9 日,http://www.moe.gov.cn/jyb_xwfb/xw_zt/moe_357/jyzt_2016nztzl/ztzl_xyncs/ztzl_xy_dxjy/201801/t20180109_324074.html.,2021 年 7 月 27 日。

等 5 所学校兼并城郊 8 所薄弱学校,组建了 5 个"一校制"教育集团,并实行"联校制"管理。① 湖南省永州市东安县以城乡结合与区域就近的原则,实行"1+X"捆绑,以 1 所优质学校为龙头,以"强"带"弱"方式,根据高中、初中、小学三个类别将全县 68 所中小学校组建成 13 个教育集团(每个教育集团包含 3—8 所学校),组建"连锁型"的协作教育联盟,实行管理互通、师资共享、教学教研"齐步走"、资源共享一体化,同时实施"捆绑式"考核。② 四川省成都市以"名校+弱校""名校+新校""名校+农校"等方式,将 22 个区(市)县共组建名校集团 115 个,成员学校 191 所(其中,义务教育段名校集团 56 个,成员学校 112 所),在市域内推行城乡学校管理、教师队伍、学生成长以及教育质量等方面共同发展与进步。③ 青海省西宁市也整合城乡教育资源,不断打破校际间、城乡间、区域间、管理层级等多重界限,组建"西宁模式"城乡跨界教育集团,自 2016 年来建立了涉及 27 所城区优质中小学、15 所乡村中心学校和 48 个教学点的三大教育集团(下属 12 个子集团),"以管理重构、资源重组、办学一体、质量共进、捆绑发展的途径和资源、成果、品牌共享的方式",探索"一个集团、多个校区、统一管理、均衡发展"的运行模式,建立了集团总校上级党组织领导下的理事会制度和集团理事会领导下的校长负责制;通过"管理互融、师资互派、教学互通、学生互动、资源共享、文化共育、党建共抓、质量共评"的"四互四共"运行模式,以集团捆绑发展有效落实学校管理融合、课程教学互通、师资培训统筹、学生培养衔接的改革实践。④

---

① 教育部基础教育司:《湖北省武穴市教育局:以"县管校聘"管理改革为抓手推进城乡义务教育一体化发展》,2018 年 1 月 9 日,http://www.moe.gov.cn/jyb_xwfb/xw_zt/moe_357/jyzt_2016nztzl/ztzl_xyncs/ztzl_xy_dxjy/201801/t20180109_324074.html.,2020 年 10 月 27 日。

② 教育部基础教育司:《湖南省永州市东安县人民政府:推行集团化办学促进城乡义务教育一体化发展》,2018 年 1 月 9 日,http://www.moe.gov.cn/jyb_xwfb/xw_zt/moe_357/jyzt_2016nztzl/ztzl_xyncs/ztzl_xy_dxjy/201801/t20180109_324074.html.,2020 年 10 月 27 日。

③ 教育部基础教育司:《四川省成都市教育局:深化市域统筹机制推进城乡教育融合发展》,2018 年 1 月 9 日,http://www.moe.gov.cn/jyb_xwfb/xw_zt/moe_357/jyzt_2016nztzl/ztzl_xyncs/ztzl_xy_dxjy/201801/t20180109_324074.html.,2020 年 10 月 27 日。

④ 教育部基础教育司:《青海省西宁市教育局:以集团化办学促城乡义务教育一体化发展》,2018 年 1 月 9 日,http://www.moe.gov.cn/jyb_xwfb/xw_zt/moe_357/jyzt_2016nztzl/ztzl_xyncs/ztzl_xy_dxjy/201801/t20180109_324074.html.,2020 年 10 月 27 日。

（三）教育联盟

由上述可知，教育联盟与集团化办学性质相类似，有的地区也并未将这两者办学模式进行明确的区分，甚至常混合使用，但有的地区专门以创建教育联盟模式推行城乡教育协同，其典型案例如四川省成都市21个区（市）县建立11对区域教育联盟，以此为框架，促进区域教育整体联动，进一步缩小区域和城乡之间差距，以实现"全域成都"教育均衡、优质发展。其具体做法是，以学校结对发展为基础，促进联盟学校互动；以干部教师交流为核心，促进区域间人员互派交流；以优质资源辐射为重点，促进优质资源以城带乡、圈层共享；以现代信息技术为支撑，促进优质资源共建、远程共享[1]。而北京市顺义区也推行城乡教育联盟（联盟内共有小学37所，其中农村学校31所；中学34所，其中农村学校30所），通过开展跨校教研以及分享讲座等活动，促进联学校共同成长。其具体做法是，联盟内每月开展学科共赛、课题开题、课改讲座等活动；实施"1+X""自主、合作、探究""小组合作学习"等课堂教学模式的交流研讨；区教委通过课题申请、年报制等方式跟踪帮扶城乡联盟，支持每所学校利用自身优势特色发展[2]。四川省广元市推进"同质横向联盟"和"异质纵向联盟"，促使乡村学校间、城乡学校间抱团式或捆绑式发展，将县域内规模相近、问题类似、发展目标相同的乡村小规模学校组建成14个同质横向联盟，实施"问题共研""资源共享""模式共建"。"问题共研"是指探究小规模学校生源萎缩、留守儿童多、教师自主发展欠缺、心理健康教育滞后等问题；"资源共享"是指通过小规模学校联盟网络互动直播课堂，组织名师讲解示范，师生同堂学习；"模式共建"是指实践优化小班教学组织形式，增加阅读课教学时间，发挥劳动实践活动功效，完善学生综合素质评价体系等。同时，将该县域内的城镇优质学校同3—5所乡村小规模学校组成16个异质纵向联盟，推行"学校管理一体化""教师发展一体化"和"考核评价一体化"。"学校管理一体

---

[1] 教育部：《成都市加强区域教育联盟建设 促进城乡一体融合发展》，http://www.moe.gov.cn/jyb_xwfb/s3165/201508/t20150831_204185.html.，2020年10月27日。

[2] 赵正元，沈谦：《北京顺义城乡联动促教育均衡》，《中国教育报》2012年5月14日第2版。

化"是指联盟学校互派管理干部交流学习并参与成员学校的管理工作，优质学校从办学理念、师资培养、文化建设、特色培育等方面帮扶成员学校，促进成员学校规范管理；"教师发展一体化"是指城乡学校在教师交流、学科建设、课题研究等方面相互帮助，构建教师成长共同体；"考核评价一体化"是指建立统一的教育教学质量监测和反馈体系，定期分析研究教育教学质量，并对联盟学校进行捆绑考核，① 促进联盟学校教育质量共建共进。陕西省宝鸡市创设"宝鸡市城乡教育联盟"，打破县域边界，推动优质学校同山区县、农村和薄弱学校结对组建县区联盟4个、学校联盟121个，实行捆绑式发展，② 推动联盟学校协同发展。

（四）城乡学校共同体建设

部分地区推进城乡学校共同体建设，不断促使城乡教育一体化发展，例如，浙江省嘉兴市南湖区自2009年始全面实施城乡教育共同体建设，以作为集团化办学的补充。每个共同体由一所核心学校、一所社区学校、一所农村学校或新居民子女学校等三所不同类型的学校组成。共同体内按"不同法人单位、联校协调管理"的原则建立管理委员会，协同制定共同体三年联动发展规划、拟定学年工作计划，定期开展教学研讨、名师结对指导、干部交流任职等活动，核心学校在管理经验输出、优质资源共享等领域承担主体责任。该区第一轮城乡学校共33所中小学组建了11个城乡学校"共同体"，实现了城乡学校间管理理念的初次"碰撞"和优质教育资源的共享。2012年启动的第二轮城乡教育共同体建设中重新组合为10个城乡学校共同体，以项目合作的形式推进城乡教育共同体研训一体发展。2016年启动的第三轮城乡学校共同体建设则在城乡教师流动上实现了突破，以"大小循环"实现校际

---

① 教育部基础教育司：《四川省广元市教育局：创新机制 创设联盟 创建品牌全面提高农村小规模学校办学水平》，2018年1月9日，http://www.moe.gov.cn/jyb_xwfb/xw_zt/moe_357/jyzt_2016nztzl/ztzl_xyncs/ztzl_xy_dxjy/201801/t20180109_324074.html.，2020年10月27日。

② 教育部基础教育司：《陕西省宝鸡市教育局：重点突破 持续发力全面推进城乡义务教育一体化发展》，2018年1月9日，http://www.moe.gov.cn/jyb_xwfb/xw_zt/moe_357/jyzt_2016nztzl/ztzl_xyncs/ztzl_xy_dxjy/201801/t20180109_324074.html.，2021年7月27日。

师资优质均衡。[①] 山东省济南市天桥区将黄河南 15 所城区优质学校与黄河北 15 所乡村薄弱学校结成"城乡紧密型教育共同体",实施"一所学校,两个校区,统一管理,捆绑评价",即由城区学校校长任总校长,全面负责"一校两区"各项工作,由原乡村学校校长任分校执行校长,并在总校长领导下负责分校工作;"一校两区"由总校统一调度教职工,统一管理经费,由区教育局捆绑考核评价。该共同体通过城区优质学校不断"输血",促使乡村学校"造血",探索形成了总校菜单式输出——分校科学接纳——分校在融合中再生——总校分校和谐共生的发展路径。2016 年,该共同体开始以"纵向分层、横向联盟,纵横结合、多维并进"为发展思路,并根据学校发展需求实现转型升级,根据 15 个共同体的发展状况,纵向上将共同体分为"自主型发展"和"引领式发展"两种类型。前者类型的共同体学校"突出自主发展,强化造血功能";后者的共同体学校"继续发挥总校的引领作用,在输血的同时逐步强健分校的造血功能"[②]。重庆市云阳县将 16 所城区学校与同类农村学校结成"城乡教育共同体",采取领导对接、教师对接、学生对接的方式,开展干部互派挂职、教师互派锻炼、优生异校培养等活动。[③] 河北省武安市创新实施了城乡教育发展共同体战略,于 2016 年初由城区 11 所学校牵头成立 11 个城乡学校发展共同体,每个共同体由 1 所城区优质学校引领带动 2—3 所乡村中心校,再由乡村中心校向下延伸、辐射到一般小学及教学点,实现"三化五统一"。"三化"即"共同体硬件建设一体化、师资交流常态化、教育科研网络化";"五统一"即"共同体管理上统一组织、统一计划、统一研修、统一考核、统一奖惩"。通过捆绑考核实现城乡共同体"五个互助",即"学校管

---

① 教育部基础教育司:《浙江省嘉兴市南湖区教育文化体育局:"双"路径,构建城乡一体"立交桥"》,2018 年 1 月 9 日,http://www.moe.gov.cn/jyb_xwfb/xw_zt/moe_357/jyzt_2016nztzl/ztzl_xyncs/ztzl_xy_dxjy/201801/t20180109_324074.html.,2020 年 10 月 27 日。

② 教育部基础教育司:《山东省济南市天桥区教育局:实城乡紧密型教育共同体建设推进区域城乡义务教育一体化进程》,2018 年 1 月 9 日,http://www.moe.gov.cn/jyb_xwfb/xw_zt/moe_357/jyzt_2016nztzl/ztzl_xyncs/ztzl_xy_dxjy/201801/t20180109_324074.html.,2020 年 10 月 27 日。

③ 重庆市人民政府教育督导室:《重庆云阳县"四抓四促"加快城乡教育均衡发展》,2011 年 10 月 8 日,http://www.moe.gov.cn/s78/A11/moe_767/201110/t20111008_125409.html.,2020 年 10 月 27 日。

理互助""教学研究互助""教师素质提升互助""课堂教学互助""学生素质提高互助"。①

（五）线上城乡协同教育

线上城乡协同教育是将"信息+教育"模式与城乡教育协同相结合，建成线上城乡学校协同教育。有的地区以此作为推进城乡学校协同实施办学的补充模式或者推行协同的辅助手段之一，而有的地区将其作为推行城乡协同实施的主要手段。例如，清华大学附属小学（以下简称清华附小）利用清华大学教育扶贫网络（即清华大学在全国1000多个县级教育机构、3000多个乡镇中小学建立起来的3800多个远程教学站）将其课堂及知识讲座面向贫困地区进行直播；利用该大学"学堂在线"项目建设"清华附小互联网学校"，并向社会开放；建立直播课堂，面向全国教学点每周直播5节清华附小实时课程（含语文、数学、英语、音乐、美术、舞蹈、体育与信息等课程）；通过组建微信群、QQ群等新媒体平台，为贫困地区与清华附小教师搭建课后交流互动平台；建立了三所分校，实现"一校四址"办学，在教育教学及管理方面，通过网络直播平台使四校教师共同备课、教研、听课和讨论，在实现四校联动的同时把清华附小的办学理念及课程体系传播至各地。② 华南师范大学研发的"手机教师网"信息平台，通过手机直播与实时交互将优质教育教学资源（内容包括大学教授和优秀教研员专题讲座、中小学优秀教师教学案例以及各类优质教学案例等）传递给乡村师生；"手机教师网"不仅覆盖广东、广西、福建、安徽、新疆等地乡村教学点直播现场教学活动，各市县中心学校与当地村小、农村教学点实现协同备课与协同教学，而且还创新跨校校本研修模式等③。湖北省恩施市创造性地建设"农村网校"，并提炼出"恩施三式"：其一是"同体式"

---

① 周洪松，刘先辉：《城乡教育一体化迈出"武安步伐"——河北武安打造城乡学校发展共同体纪实》，《中国教育报》2018年1月30日第1版。

② 教育部科学技术与信息化司：《清华附小：以"空中课堂"打造区域、城乡学习共同体》，http://www.moe.gov.cn/s78/A16/s5886/xtp_left/s5890/201701/t20170116_294968.html.，2020年10月27日。

③ 教育部科学技术与信息化司：《华南师范大学："手机教师网"实现协同备课、协同教学、资源共享》，http://www.moe.gov.cn/s78/A16/s5886/xtp_left/s5890/201701/t20170116_294967.html.，2020年10月27日。

同步课堂：将一个教学点的一个班与中心学校或优质学校相同年级的一个班级结为共同体，通过网络同时备课、上课、作业、考试；其二是"支教式"同步课堂：针对农村薄弱学校缺乏师资，音乐、美术、英语等薄弱学科开课困难，将优质学校与农村学校结对，利用优质学校的优秀教师通过同步互动教学，支持农村学校发展；其三是"协作式"同步课堂：学校间利用互动同步课堂，共同开展教学研究、教学管理、教师培训、师生交流等活动，促进城乡学校之间优质教师资源共享。[1] 江苏省泰州市通过"泰微课"（泰州市中小学微课程的简称）加强城乡教育协同。基础教育各学段教师根据自身学科知识体系，针对各学科核心内容和学生学习过程中的难疑点与易错点制作成3—5分钟的讲解微视频，并提供配套的微测试题，为学生提供微视频学习资源和网络学习空间，使得所有乡村学校学生也能享受到本地最优质的教育资源。[2] 湖南省株洲市天元区以线上联盟实施城乡协同，主要有三种方式：一是按"同质搭配、规模匹配"的原则，将城乡学校组成"七大盟校"，利用网络互动平台将结盟校的学校管理、教育活动、教研教改、队伍交流和教师培训等方面联结，实现了盟校内教学教研全方位同步互动；二是推行"中心小学+村小"的"1+N"模式，将片区内的村小网络教研推向了常态化、序列化；三是推行城区多所强校对口多所村小的"N+N"模式，以网络教学教研为切入点，实现网络大联盟。[3]

总之，城乡学校在办学模式上实施协同，通过"城乡联动、资源共享、辐射带动、共同发展"模式，在一定程度上使乡村学校在办学思想、教育管理、教育质量、教师成长等方面实现了内涵式发展，最终也推动了区域城乡教育协调发展及城乡教育质量的整体提升。

二 从师资补充上推动城乡学校协同实施

师资是推动城乡学校均衡化发展的重要保障。为了使乡村学校师资

---

[1] 袁作森：《"农村网校"让教育变模样》，《中国教育报》2017年5月9日第6版。
[2] 潘玉娇、陈昌华：《金湖："县管校聘"激活教师新动能》，《中国教育报》2019年1月31日第1版。
[3] 教育部基础教育司：《湖南省株洲市天元区人民政府：三增三提三变 全力破解大班额》，http：//www.moe.gov.cn/jyb_xwfb/xw_zt/moe_357/jyzt_2016nztzl/ztzl_xyncs/ztzl_xy_dxjy/201801/t20180109_324074.html.，2020年10月27日。

得到一定程度的补充,各区不断加强全科教师的定向培养、公费师范生培养,不断实施定岗招聘录用,实施"特岗教师"招聘,将新进教师安排到乡村学校任教,鼓励优秀退休教师下乡兴教,等等。与此同时,各省市围绕着师资管理方式改革,推进城乡教师交流、城市优质学校教师帮扶乡村学校发展、骨干教师下乡走教、送教等支教方式,推动城乡学校协同实施,并不断补充乡村师资,从而推动城乡学校师资不断均衡发展。

(一) 师资管理方式上推动

为解决乡村教师结构性短缺和城镇师资缺乏等问题,教育部按照教师职业特点和岗位需求,不断完善教师招聘机制,统筹配置编内教师资源,推进教师"县管校聘"改革。"县管校聘"改革促进了教师交流轮岗,将教师关系归于县级教育局,由学校聘任,打破教师交流轮岗的管理体制障碍。[①] 在这种师资管理政策的引导下,各地纷纷推进"县管校聘"改革,例如,山东省青岛市于 2015 年印发实施《关于推进青岛市中小学教师县管校聘管理改革的实施意见》,统筹区域内教师岗位和编制。四川省成都市在全市所有区县内推行教师"县管校聘",使名优教师变成"行走的智囊",教师队伍实现区域、城乡全流动,并实现城乡教师统筹管理,消除教师流动的制度障碍。广东省于 2017 年底开始全面推进中小学教师"县管校聘"管理制度改革。浙江省到 2018 年 89 个县(市、区)中有 33 个县(市、区)推行中小学教师"县管校聘"管理改革。还有很多地区将"县管校聘"进行创新性的运用,或者实施其他师资管理模式改革以推动城乡师资均衡,例如,安徽省蚌埠市蚌山区完善区聘校用管理机制,出台了《蚌山区人民政府关于"区聘校用"教师无校籍管理的实施意见(试行)》,把优秀教师资源作为共享资源,打破校际界限,实施名优教师城乡间、集团内合理流动,逐步缩小城乡间、校际间、区域间教师队伍的差距。山东省济南市天桥区在城乡紧密型教育共同体建设中,不断深化"区管校用"管理机制,通过补充新教师、统筹调配、城乡交流、优质教师农村支教和挂职锻炼以及

---

① 余靖静:《浙江:33 个县市区实行"县管校聘"教师由"学校人"变为"系统人"》,http://www.moe.gov.cn/s78/A10/moe_601/201802/t20180209_327193.html.,2020 年 10 月 27 日。

选派城区优秀校长到乡村校任职等措施不断补充乡村师资。北京市门头沟区不断丰富"区管校聘"的有效实现形式,推行"共享教师"制度,在城区学校和山区学校教育集团或发展共同体中,以教育集团或学校共同体的名义统一招聘教师,而教师在城乡学校间的流动就成为集团内部的轮岗。该制度促进了优质教育与教师资源的有效流动,突破了学校管理的体制限制,并在岗位待遇、职称评定、评优评先等方面实施倾斜,消除了教师们向山区校、薄弱校流动的顾虑。[1] 陕西省咸阳市长武县通过大学区制把教师由"学校人"变为"系统人",中小学教师打通使用,以对口交流、走教等方式逐步推进优质教师资源共享,从而有助于城乡教育一体化发展。

(二)以城乡教师交流推进

全国各省市大多建立起了城乡教师交流机制,以城乡交流的方式促进乡村师资补充,且提升乡村教师教学水平,从而促进城乡师资均衡发展,同时也有助于城乡学校协同实施。例如,浙江省嘉兴市于2013年下发了《关于进一步推进义务教育学校教师校长轮岗交流工作的实施意见》,建立义务教育学校教师校长轮岗交流机制,把校长选拔和教师评优、评先与教师校长轮岗交流工作有效地结合。该意见明确要求新任校长应有在2所及以上学校工作的经历,在每所学校任职时间不少于3年;教师自2016年起在参评浙江省特级教师、县级及以上名师名校长和申报高级教师职称时,须具有2所学校的任职经历,且在每所学校任职时间不少于3年,或在农村学校有6年及以上的工作经历。该市教师校长轮岗交流分为四种形式:一是指导型交流,重点是鼓励城区优质学校的名师、骨干教师和校长向农村学校、城区薄弱学校流动,指导农村学校、薄弱学校的学科建设、队伍建设;二是合作型交流,以"名校集团化""城乡互助共同体""联盟学校"等形式进行轮岗交流,实现资源共享;三是顶岗型交流,建立农村新教师培养基地,既促进新教师培养,又缓解城区学校因选派教师参与轮岗交流而产生的任课教师不足的问题;四是优化型交流,推动特长教师向特色学校流动,超编学校教

---

[1] 施剑松,范千:《北京门头沟:"教师共享"打破城乡学校"隔墙"》,《中国教育报》2018年5月25日第3版。

师向缺编学校流动。通过城乡校长教师轮岗交流，该市有效促进了城乡学校的骨干教师合理分布，并有效推进乡村学校师资得以补充。① 天津市蓟州区将城区教师至农村学校教学的经历作为其晋职晋级必需条件之一，并创新了城乡教师交流方式，主要采取县内交流、镇内交流、学区内交流等方式，推动义务教育学校干部教师交流轮岗制度化。② 黑龙江省牡丹江市穆棱市采取了市直学校教师县镇内交流，乡镇直教师向村级学校和教学点交流，农村学校优秀特岗教师向县镇学校交流，乡镇直小学富余教师跨乡镇交流等方式，从而补充乡村师资。③ 江苏省如皋市实施了"三步走"即行政推动、制度推进与联盟学区内团队式交流，以推动城乡师资实现优质共生。行政推动即是在市教育局宏观调控下，城区优秀教师下乡任教，将先进教学思想和方法辐射至乡村学校；农村骨干教师进城顶岗学习，三年回乡反哺乡村学校；制度推进是指要求教师凡需晋升职称、竞聘岗位、评优评先、提拔任用，须有相应规定的流动经历，鼓励符合交流条件的教师主动提出交流申请，同时建立教师交流公示制度；联盟学区内团队式交流是指在全市8个联盟学区内由领盟学校派出团队（初中不少于10人，小学不少于6人）前往联盟镇校任职，后者以接受与派出教师数量相对等与学科相调剂的原则，安排派往领盟学校顶岗学习教师，并进行属地考核，市教育局通过开展问卷调查、质量监测和绩效考核等方式，对交流教师的教育教学情况实施动态监督与管理，④ 从而加强城乡交流教师的管理，有助于保障交流师资工作质量。为鼓励城市教师积极参与到乡村学校交流活动，浙江省嘉兴市

---

① 朱振岳，蒋亦丰，顾朝渔：《浙江嘉兴教师校长城乡大轮岗》，《中国教育报》2013年8月18日第1版。
② 教育部基础教育司：《天津市蓟州区教育局：推进城乡义务教育一体化发展努力办好老百姓家门口每一所学校，2018年1月9日，http：//www.moe.gov.cn/jyb_xwfb/xw_zt/moe_357/jyzt_2016nztzl/ztzl_xyncs/ztzl_xy_dxjy/201801/t20180109_324074.html，2020年10月27日。
③ 教育部基础教育司：《黑龙江省牡丹江市穆棱市人民政府：用标准化带动均衡化 统筹推进城乡义务教育一体化改革发展》，2018年1月9日，http：//www.moe.gov.cn/jyb_xwfb/xw_zt/moe_357/jyzt_2016nztzl/ztzl_xyncs/ztzl_xy_dxjy/201801/t20180109_324074.html.，2020年10月27日。
④ 教育部基础教育司：《江苏省如皋市教育局："分开来""走下去""捆起来"组合出击强师资 力促城乡义务教育一体化发展》，http：//www.moe.gov.cn/jyb_xwfb/xw_zt/moe_357/jyzt_2016nztzl/ztzl_xyncs/ztzl_xy_dxjy/201801/t20180109_324074.html.，2020年10月27日。

海盐县实施的"教师轮岗交流制度",鼓励县城学校教师到农村学校进行带编制的轮岗交流,随迁人事关系享受农村教师津贴和农村教师特岗津贴。重庆市沙坪坝区的城乡交流取得了一定进展,该区采取"由城到乡—由乡返城""由乡进城—由城返乡"的城乡干部教师"双向两轮"交流方式,10年累计交流城乡校级干部263人(次)、城乡学校教师9538人(次)。①

(三) 以城市学校帮扶推进

在城乡学校协同实施过程中,很多地区将城市学校对乡村学校结对帮扶作为推进城乡学校协同的重要举措,这也在一定程度上有助于推动乡村学校师资补充,更有助于推动乡村师资质量提升。例如,河南省许昌市开展"百校千师"帮扶活动,三年来学校结对480个,教师结对4300名,以名校优质教育资源带动薄弱学校快速发展。②甘肃省兰州市西固区不断探索和拓展结对帮扶形式,由城市学校帮扶农村学校、市属学校帮扶区属学校、优质学校帮扶薄弱学校,实现了校际之间在师资配置等方面的共建共享。③新疆维吾尔自治区库克县积极推进"组团式教育援疆",出台了《库车县深入推进教育人才"组团式"援疆工作实施方案》,以第二中学为援疆平台,与宁波镇海中学等重点中学实行联合办学,建立结对帮扶工作机制,与石河子8所学校、宁波市62所学校建立帮扶关系④。江苏省扬州市也建立城乡教师结对帮扶策略,2006年起在全市组织城镇学校与农村学校结对,开展千名城乡教师结对交流活动;2009年起开展城乡学校网上结对,校长和教师围绕备课、教研、

---

① 教育部基础教育司:《重庆市沙坪坝区教育委员会:十年不坠青云志 方得城乡霞满天》,http://www.moe.gov.cn/jyb_xwfb/xw_zt/moe_357/jyzt_2016nztzl/ztzl_xyncs/ztzl_xy_dxjy/201801/t20180109_324074.html.,2020年10月27日。

② 教育部基础教育司:《河南省许昌市教育局:实施基础教育提升三年攻坚计划 推进城乡义务教育一体化发展》,http://www.moe.gov.cn/jyb_xwfb/xw_zt/moe_357/jyzt_2016nztzl/ztzl_xyncs/ztzl_xy_dxjy/201801/t20180109_324074.html.,2020年10月27日。

③ 教育部基础教育司:《甘肃省兰州市西固区.坚持优先发展 锐意改革创新全力推进城乡义务教育一体化改革发展》,http://www.moe.gov.cn/jyb_xwfb/xw_zt/moe_357/jyzt_2016nztzl/ztzl_xyncs/ztzl_xy_dxjy/201801/t20180109_324074.html.,2020年10月27日。

④ 教育部基础教育司:《新疆维吾尔自治区库克县:落实教育优先发展 提升教育发展质量》,2018年1月9日,http://www.moe.gov.cn/jyb_xwfb/xw_zt/moe_357/jyzt_2016nztzl/ztzl_xyncs/ztzl_xy_dxjy/201801/t20180109_324074.html.,2020年10月27日。

教师培训、德育等进行网上互动交流，有助于提升乡村师资水平。[1] 重庆市第一中学先后帮扶市内外 26 所城乡学校，将优质数字教育资源共享平台面向帮扶学校全面开放，并在教案课件、学习资料、考试试卷、成绩动态分析等方面实现资源共享；建立学校与帮扶学校在不同年级、不同学科之间的网络互动平台，确立结对帮扶关系，形成随时提问、解答、互动的模式；建立学校与各学校联合教研、网络教研、视频直播、评课赛课等活动，推进教研合作等，带动被帮扶乡村学校师资质量进一步提升。

（四）以送教、走教等支教活动推进

与城乡教师交流、城市学校结对帮扶等活动联系较为紧密的是，城市学校以送教、走教等支教活动也推进乡村师资得到了补充，并改变乡村师资结构性短缺的困境。例如，重庆市每年选派优秀音乐、英语等教师到乡村小学"巡回走教"，破解乡村小学教师"一人包班"的困局；该市梁平区坚持城区学校教师到乡镇学校、中心小学（完小）本部教师到村小教学点巡回走教，积极开展领导蹲点式、教师轮岗式、教研移动式等多种形式的走教活动，有效缓解农村学校教师学科性缺编等难题。广东省惠州市惠城区开展教育精准扶贫，从中心区学校选派骨干教师到农村学校支教，组织城镇教师定期到农村学校开展"送教下乡"活动，促进 100% 农村学校及教学点接受市区学校结对帮扶，实现同城、同教、同效。西藏自治区山南市启动教育系统"二下二上"组团式支教交流工作，即从市直学校选派骨干教师及管理人员到各县城所在镇的学校支教；县镇中小学选派骨干教师到乡村学校支教；乡村教师到县镇学校交流；县镇教师到市直学校交流，从而缓解基层学校师资结构性紧缺的问题[2]。甘肃省平凉市实施"双百双十"计划，区县每年选派 100 名城区教师到农村学校开展支教活动，农村学校选派 100 名教师到

---

[1] 教育部教师工作司：《扬州市多措并举加强农村中小学教师队伍建设》，2011 年 11 月 25 日，http://www.moe.gov.cn/s78/A10/s4882/s4883/201111/t20111112_126986.html.，2021 年 7 月 27 日。

[2] 教育部基础教育司：《西藏自治区山南市教育局：改革创新促发展 砥砺前行谋实效》，2018 年 1 月 9 日，http://www.moe.gov.cn/jyb_xwfb/xw_zt/moe_357/jyzt_2016nztzl/ztzl_xyncs/ztzl_xy_dxjy/201801/t20180109_324074.html.，2020 年 10 月 27 日。

城区进行跟班、跟师交流培训；开展"联校走教"制度，采取"学生不动、教师动"的办法，把音体美等专业教师从"学校人"变成"学区人"①，从而改变农村教师结构性短缺问题。有的地区还不断优化支教活动，如湖南省泸溪县首先开展"捆绑式"支教活动，实行支教方与受援方帮扶责任的"四捆绑"，即工作目标、领导责任、工作职责以及考核奖罚捆绑；其次是开展"送教下乡"活动：组织州县学科带头人、优秀骨干教师，分片区对全县中小学校教师进行每学期 4 次的全员轮训②。以上不同类型的支教活动成效明显，例如，新疆维吾尔自治区库克县截至 2017 年下乡轮岗支教的城区教师达 567 名，有效缓解了农村教师不足的问题③；湖南省湘西土家族苗族湘西州推行的"千名教师下村支教"活动，全州共有 719 名城镇教师参与，其中 323 人在教学点支教，至 2018 年湘西州实现了最后 49 个深度贫困乡镇、101 个深度贫困村的 102 个教学点实现了公办教师执教全覆盖④，3000 余名贫困学生受益。

三　从教育投入上促进城乡学校协同实施

从教育投入上加强了城乡学校协同实施，主要表现在加强信息校园建设、加大乡村教师工资福利待遇投入以及实施教育资源公共服务平台建设等方面。

（一）加强信息校园建设

加强城乡学校信息校园建设，可以借助互联网信息技术以及相关教育平台实现优质教学资源城乡学校共享，而且有助于缩小城乡教育差

---

① 教育部基础教育司：《甘肃省平凉市教育局：培基固本 办好乡村小规模学校》，2018 年 1 月 9 日，http://www.moe.gov.cn/jyb_xwfb/xw_zt/moe_357/jyzt_2016nztzl/ztzl_xyncs/ztzl_xy_dxjy/201801/t20180109_324074.html.，2020 年 10 月 27 日。

② 教育部司局机构：《湖南省泸溪县创新农村教师队伍建设措施 促进城乡义务教育均衡发展》，2011 年 10 月 10 日，http://www.moe.gov.cn/s78/A10/s4882/s4883/201110/t20111010_126138.html.，2020 年 10 月 7 日。

③ 教育部基础教育司：《新疆维吾尔自治区库克县：落实教育优先发展 提升教育发展质量》，2018 年 1 月 9 日，http://www.moe.gov.cn/jyb_xwfb/xw_zt/moe_357/jyzt_2016nztzl/ztzl_xyncs/ztzl_xy_dxjy/201801/t20180109_324074.html.，2020 年 10 月 27 日。

④ 赖斯捷，刘芳：《教育精准扶贫的"湘西路径"》，《中国教育报》2018 年 10 月 20 日第 1 版。

距。各省市区在这方面投入较多,且建设成效明显,例如,山西省运城市中小学完成"三通两平台"建设,使得98.4%的中小学接通了互联网,91.2%的教学班配备了多媒体,58.6万名师生开通了个人网络学习空间;部分农村学校和城镇学校安装了29个录播教室。通过教育信息化装备配置,解决了部分农村学校薄弱学科师资匮乏的问题,使农村边远山区学校学生和城里学生同步享受到优质教育资源①。内蒙古自治区兴安盟累计投入2.1亿元中小学信息化建设资金,使得全盟教育城域网、同频互动教室做到了校点全覆盖,班班通设备做到了班级全覆盖,加强了农村中小学的信息化建设,到2016年9月引进全国首台数字化探究流动实验室(车)专门服务于边远农村牧区学校、教学点,缩小了城乡之间学校的差距。② 该盟乌兰浩特市到2017年农村中小学实现多媒体教室全覆盖、录播教室投入使用、百兆光纤宽带接入率100%,按照"互联网+教育"的思维和村校实际,建设了基于"三通两平台"架构的教育管理云平台、"同频互动课堂"、微课等信息技术在农村教育教学和管理应用领域及范围不断扩展,各种优质教育资源沿着"信息高速公路"直达农村小学,实现了资源互通共享、同频共振,提高了农村及薄弱学校的教学水平,加快了城乡教育一体化的进程。黑龙江省牡丹江市穆棱市投入2585万元提高教育信息装备水平,使城乡学校宽带网络"班班通"工程覆盖率达到100%,有7所学校建成集控录播系统,11所教学点实现了网上同步课堂。③ 该省伊春市铁力市力推进"三通两平台"建设,城乡学校已100%实现了网络化和数字化;加大财政投入组建教育信息平台,其中"智慧录播教室"实现了城乡学校

---

① 教育部基础教育司:《山西省运城市教育局:公平与质量并重 推进城乡一体化 促进全市基础教育均衡科学协调发展》,2018年1月9日,http://www.moe.gov.cn/jyb_xwfb/xw_zt/moe_357/jyzt_2016nztzl/ztzl_xyncs/ztzl_xy_dxjy/201801/t20180109_324074.html.,2020年10月27日。

② 教育部基础教育司:《内蒙古自治区兴安盟:同享一片蓝天 共沐万缕阳光》,2018年1月9日,http://www.moe.gov.cn/jyb_xwfb/xw_zt/moe_357/jyzt_2016nztzl/ztzl_xyncs/ztzl_xy_dxjy/201801/t20180109_324074.html.,2020年10月27日。

③ 教育部基础教育司:《黑龙江省牡丹江市穆棱市人民政府:用标准化带动均衡化 统筹推进城乡义务教育一体化改革发展》,2018年1月9日,http://www.moe.gov.cn/jyb_xwfb/xw_zt/moe_357/jyzt_2016nztzl/ztzl_xyncs/ztzl_xy_dxjy/201801/t20180109_324074.html.,2020年10月27日。

课堂教学高效互动、资源实时共享。① 四川省成都市在二、三圈层农村学校和薄弱学校推进成都七中东方闻道网校、成都石室祥云项目、成都市实验小学东方闻道网校远端学校建设,成都市实验小学、成都市七中育才学校、成都市七中3所名校的网校(网班)分别覆盖区(市)县24所小学的33个年级,56所初中学校的107个年级,36所普通高中的165个班,建成了覆盖全市所有中小学的数字化图书管理平台,推进图书资源共享②。甘肃省平凉市投入3.12亿元中小学数字校园建设资金,为农村学校配备上万台计算机,为所有10人以上农村小规模学校连接宽带网络,每所学校至少建成1个"班班通"教室,全市"班班通"教室总数达7368个,覆盖率达72.7%;对配置有困难的教学点、10人以下一生和一师校,采取"计算机+显示设备"的模式配置信息化设备,设置"班班通"电子白板公用教室,配送人教版电子教材开展教学,基本实现优质教育资源城乡学校共享。③

(二)加大乡村教师工资福利待遇投入

一般来说,从加强乡村教师周转房建设、解决其交通问题,给予经济补贴和提高待遇工资标准等方面加大乡村教师工资待遇投入,解决教师食宿问题,改善其工作生活环境,解决其上下班交通问题,提高乡村教师职业的吸引力,从而保持乡村教师队伍的稳定,也有助于加快城乡教育一体化建设的进程。例如,天津市蓟州区于2014—2015年先后投资1118万元,为44所乡村学校新建或提升改造食堂餐厅、煊饭间,以重点解决边远乡村教师就餐和休息问题。到2017年使全区所有镇乡学校教师都能在学校解决午餐和午休问题,从而达到城区学校教师生活环

---

① 教育部基础教育司:《黑龙江省伊春市铁力市人民政府:立足公平 注重质量 高水平推动城乡义务教育一体化发展》,2018年1月9日,http://www.moe.gov.cn/jyb_xwfb/xw_zt/moe_357/jyzt_2016nztzl/ztzl_xyncs/ztzl_xy_dxjy/201801/t20180109_324074.html.,2020年10月27日。

② 教育部基础教育司:《四川省成都市教育局:深化市域统筹机制推进城乡教育融合发展》,2018年1月9日,http://www.moe.gov.cn/jyb_xwfb/xw_zt/moe_357/jyzt_2016nztzl/ztzl_xyncs/ztzl_xy_dxjy/201801/t20180109_324074.html.,2020年10月27日。

③ 教育部基础教育司:《甘肃省平凉市教育局:培基固本 办好乡村小规模学校》,2018年1月9日,http://www.moe.gov.cn/jyb_xwfb/xw_zt/moe_357/jyzt_2016nztzl/ztzl_xyncs/ztzl_xy_dxjy/201801/t20180109_324074.html.,2020年10月27日。

境均衡。① 内蒙古自治区兴安盟乌兰浩特市将提高农村教师待遇作为稳定农村教师队伍的重要手段，先后建成 4250 平方米教师周转房，解决了 121 名农村教师、支教教师的居住问题；免费为 9 所较偏远的农村学校开通教师日通勤专线，切实解决了农村教师及支教教师上下班交通难的问题；认真落实连片特困地区乡村教师生活补助等政策。② 浙江省景宁畲族自治县每年安排 1500 万元专项资金建立农村教师、名优教师、名校长等津贴，设立教育质量成果奖。根据地域远近、教龄长短、职称高低，每位乡镇学校教师每月可享受 610—1300 元不等的农村教师任教津贴、农村教师特岗津贴等，而在乡镇学校每工作 8 年教师薪级工资可上浮一级。③ 安徽省宣城市广德县将符合条件的乡村学校教师纳入政府住房保障体系，2013 年以来共新建、改建教师周转宿舍 248 套，有效改善了艰苦边远地区教师居住环境④。福建省厦门市统一教师工资标准，从 2010 年实现全市教师同城同薪，城市学校教师与海岛、山区等农村地区的教师工资待遇标准统一，并提高农村教师岗位津贴标准，对山区海岛乡村教师按每人每月 800 元标准予以生活补助，调动了岛外广大农村教师的积极性。江西省吉安市吉州区全面实施"7 个一百万"和"7 个一"工程，每年投入 165 万元于全区教师培训并优先保障农村教师培训，投入 197 万元于发放边远中小学教师特殊津贴和乡镇工作生活补贴，190 万元用于农村教师周转房（公租房）设备设施添置；投入 100 万元发放村小炊事员工资、农村寄宿制学校教师晚值班补贴以及班主任津贴；为农村教师住宿免费提供"一套房、一张床、一套厨具、

---

① 教育部基础教育司：《天津市蓟州区教育局：推进城乡义务教育一体化发展努力办好老百姓家门口每一所学校》，2018 年 1 月 9 日，http：//www.moe.gov.cn/jyb_xwfb/xw_zt/moe_357/jyzt_2016nztzl/ztzl_xyncs/ztzl_xy_dxjy/201801/t20180109_324074.html.，2020 年 10 月 27 日。

② 教育部基础教育司：《内蒙古自治区兴安盟乌兰浩特市：让每个孩子享受公平有质量的教育》，2018 年 1 月 9 日，http：//www.moe.gov.cn/jyb_xwfb/xw_zt/moe_357/jyzt_2016nztzl/ztzl_xyncs/ztzl_xy_dxjy/201801/t20180109_324074.html.，2020 年 10 月 27 日。

③ 教育部基础教育司：《浙江省景宁畲族自治县教育局：十年磨一剑 打造农村小规模学校小班化教育的浙江样板》，2018 年 1 月 9 日，http：//www.moe.gov.cn/jyb_xwfb/xw_zt/moe_357/jyzt_2016nztzl/ztzl_xyncs/ztzl_xy_dxjy/201801/t20180109_324074.html.，2020 年 10 月 27 日。

④ 教育部基础教育司：《安徽省宣城市广德县：统筹推进县域内城乡义务教育一体化改革发展实施情况》，2018 年 1 月 9 日，http：//www.moe.gov.cn/jyb_xwfb/xw_zt/moe_357/jyzt_2016nztzl/ztzl_xyncs/ztzl_xy_dxjy/201801/t20180109_324074.html.，2020 年 10 月 27 日。

一个热水器、一个电视机、一台电脑、一套办公桌椅""7个一"服务,等等;教师绩效工资与公务员副科级干部津补贴标准持平,高于公务员平均收入水平,农村教师不受职称限制,工资高套一档①。湖南省资兴市新建农村教师周转房1470套,实施村小教师"四个一工程",即为每位村小教师配备"一套炊具、一套现代办公用具、一套取暖和降温用具、一套卧室用具",使乡村教师住有所居且安稳舒适。同时市财政保障乡村教师津贴、山区人才津贴、乡村学校班主任津贴,同岗位乡村教师比城区教师每月多1000余元。②湖南省泸溪县实施农村教师经济待遇倾斜政策,优先全额落实农村教师绩效工资每人每年14140元,实行农村教师岗位津贴制度,推行"三项工程"改善农村教师工作生活条件:一是实施农村教师公转房建设工程;二是实施农村教师周转房建设工程;三是实施校安工程,维修、新建教师宿舍等。③

（三）实施教育资源公共服务平台建设

与加强信息校园建设密切相关联,教育资源公共服务平台建设是城乡学校协同实施的重要内容,也是城乡学校教育教学质量均衡的重要保障。例如,广西壮族自治区梧州市万秀区教育局建立了"万秀教育公共服务平台"等教育资源库,逐步建设了网络教室与录播教室,可供各学区开展"异地同时研训",充分利用各学区优秀教师资源,选派他们担任农村"全科教师培训"项目的主讲、主培导师,学区内开展跨校的"青蓝工程"师徒结对活动。陕西省宝鸡市在教育信息化工程中加快建设云平台和数据库,投资1200多万元建成宝鸡市教育云平台,

---

① 教育部基础教育司:《江西省吉安市吉州区:主动作为推进城乡义务教育一体化发展》,2018年1月9日,http://www.moe.gov.cn/jyb_xwfb/xw_zt/moe_357/jyzt_2016nztzl/ztzl_xyncs/ztzl_xy_dxjy/201801/t20180109_324074.html.,2020年10月27日。

② 教育部基础教育司:《湖南省资兴市人民政府:让城乡孩子站在同等起跑线上》,2011年10月10日,http://www.moe.gov.cn/s78/A10/s4882/s4883/201110/t20111010_126138.html.,2020年10月7日。

③ 教育部基础教育司:《湖南省泸溪县创新农村教师队伍建设措施 促进城乡义务教育均衡发展》,2011年10月10日,http://www.moe.gov.cn/s78/A10/s4882/s4883/201110/t20111010_126138.html.,2020年10月7日。

搭建起公益课堂、资源平台等模块,让山区孩子也能参与"直播课堂"①,以扩大向农村学校输送优质课程资源。杭州市教育局投入1400万元,推进以名师公开课、网上名师工作室、"一师一优课"、微课学习在线点播系统等为代表的教育视频公共服务平台建设,到2017年全面实现从小学到高中全学段各学科名师公开课微课学习网上点播服务②。

四 乡村教师成长方面推动城乡学校实施协同

城乡学校教师交流活动、城市学校对乡村学校帮扶活动以及支教活动有助于改善乡村学校师资结构不合理问题、解决乡村师资短缺问题,同时也有助于提升乡村师资水平,但要从根本上解决乡村师资数量短缺和质量不高等难题,就需要促使在职乡村教师成长。通过师资训练、各类工作室创建以及线上资源等促进乡村教师成长,同时也以此推动城乡学校协同实施。

(一)师训推动乡村教师成长

各地都注重以乡村教师培训促进乡村教师成长,例如,重庆云阳县充分发挥校本培训的主体作用、县级片区级培训的中坚联动作用和市级国家级培训的引领作用,按照"推出一批、提高一批、带动一批"的思路,激励农村教师由"教书匠"向"教育者"转变,并启动了名师高端培训,培养造就一批在全国或全市有一定影响力的教育教学专家、学科带头人、名师、特级教师和骨干教师,发挥他们在教育教学中的示范引领作用。甘肃省平凉市的乡村教师培训主要有,省教育厅"国培""省培"农村骨干教师培训计划培训了数千名农村小规模学校教师;省教育厅分别在市召开的全省基础教育课程改革工作现场会与推进县域义务教育均衡发展工作现场会等会议,通过以会代训的形式培训近千名校长、教师;与21世纪教育研究院合作培训农村小规模学校教师、校长

---

① 教育部基础教育司:《陕西省宝鸡市教育局:重点突破 持续发力全面推进城乡义务教育一体化发展》,2018年1月9日,http://www.moe.gov.cn/jyb_xwfb/xw_zt/moe_357/jyzt_2016nztzl/ztzl_xyncs/ztzl_xy_dxjy/201801/t20180109_324074.html.,2021年7月27日。

② 李萍、储召生、蒋亦丰:《名校跨域突破 教育"时差"归零》,《中国教育报》2018年7月25日第1版。

和学区主任；该市华亭县被中央教科院、兰州大学、兰州教育学院作为"同静同动"复式教学的研究基地，培训农村小规模教师，等等。① 宁夏回族自治区石嘴山市逐步建立起以骨干教师为龙头、以农村教师为重点的培养培训体系，市、县（区）每年安排经费1000万元，采取"送出去、请进来"、远程培训、校本研修、组织名师讲学团等途径对教师进行全员培训；推进"三名"工程，加大对义务教育阶段农村和边远地区学校校长、班主任、教师的培训力度，为农村和薄弱学校培养"本土化"师资力量。② 宁夏回族自治区银川市兴庆区按照侧重农村薄弱学校、倾向一线特岗教师的思路，每年在做好教师常规培训的同时，还针对农村学校教师进行单项培训，先后开展了"乡村教师访名校"研修活动③。陕西省宝鸡市推行师训创新工程，实施农村教师全员培训改革，开办"宝鸡教育大讲堂"，推动联片教研和校本研修，探索浸入式与菜单式培训。④ 有的地区还关注到了紧缺学科教师培训问题，如河北省唐山市丰南区建立农村紧缺学科教师培训机制，带动教师培训均衡。到2017年先后为农村薄弱校培训英语、科学、音体美等教师600多人，并通过中心校内紧缺学科教师巡回授课、组织农村教师外出学习、全员培训等措施，有效缓解了音乐、美术等学科教师不足的问题。江苏扬州市还开展农村英语教师专项培训，对农村中小学英语教师进行全员培训。

---

① 教育部基础教育司：《甘肃省平凉市教育局：培基固本 办好乡村小规模学校》，2018年1月9日，http：//www. moe. gov. cn/jyb_xwfb/xw_zt/moe_357/jyzt_2016nztzl/ztzl_xyncs/ztzl_xy_dxjy/201801/t20180109_324074. html. ，2020年10月27日。

② 教育部基础教育司：《宁夏回族自治区石嘴山市教育体育局：统筹城乡义务教育均衡发为孩子们撑起公平优质教育的一片蓝天》，2018年1月9日，http：//www. moe. gov. cn/jyb_xwfb/xw_zt/moe_357/jyzt_2016nztzl/ztzl_xyncs/ztzl_xy_dxjy/201801/t20180109_324074. html. ，2020年10月27日。

③ 教育部基础教育司：《宁夏回族自治区银川市兴庆区：完善四项工作机制 补齐乡村学校短板 助推城乡义务教育一体化发展》，2018年1月9日，http：//www. moe. gov. cn/jyb_xwfb/xw_zt/moe_357/jyzt_2016nztzl/ztzl_xyncs/ztzl_xy_dxjy/201801/t20180109_324074. html. ，2020年10月27日。

④ 教育部基础教育司：《陕西省宝鸡市教育局：重点突破 持续发力全面推进城乡义务教育一体化发展》，2018年1月9日，http：//www. moe. gov. cn/jyb_xwfb/xw_zt/moe_357/jyzt_2016nztzl/ztzl_xyncs/ztzl_xy_dxjy/201801/t20180109_324074. html. ，2021年7月27日。

（二）各类工作室创建带动城乡教师共发展

"名师工作室"以及类似的城乡教师学习共同体是促进城乡教师共同成长的重要平台，也是城市教师尤其优秀教师、骨干教师发挥示范、引领以及辐射乡村教师发展的平台。例如，黑龙江省双鸭山市宝清县推行"3+11以强带弱帮扶"计划，成立3个"名师工作室"、11个教研联合体，组织"名师送教下乡"366人次，"联片教研"66次，每年"名师工作室"成员每人下乡送教10节以上，累计下乡指导教学1300余人次，有效以城镇优秀教师带动乡村教师共同发展。[1] 安徽省宣城市广德县组建城乡学校"研训共同体"，将全县义务教育学校的9个大片教研组成立县级、片级、校级三级骨干教师团队，以城区学校教师为带动并深入推动课堂教学改革，提升学生综合素质，促进城乡教师协同发展。[2] 湖北省武穴市实施了农村教师专业提升计划，建立5个黄冈市级以上名师工作室和10个武穴市名班主任工作室，每年开展教研活动60余场次，建立了农村校长队伍后备人才库。[3] 杭州市从2017年起推出了"名师乡村工作室"计划，至2019年共建立了119个"名师乡村工作室"，覆盖了全市60%的乡镇中小学。每位名师原则上带10个徒弟，在名师的带领下开展专业成长培训和教科研等活动。[4] 云南省普洱市到2019年共评选110名基础教育领域教学名师，建立2个国家级名校长工作室，带领16名校长共同成长；建立200个省级中小学名师工作室，培养培训农村骨干教师逾万人；组建192个名师工作坊、30个名校长工作坊，由名师、名校长任坊主带领以乡村教师、校长为主要成员的团

---

[1] 教育部基础教育司：《黑龙江省双鸭山市宝清县人民政府：城乡一体 统筹推进 全力促进义务教育均衡发展》，2018年1月9日，http://www.moe.gov.cn/jyb_xwfb/xw_zt/moe_357/jyzt_2016nztzl/ztzl_xyncs/ztzl_xy_dxjy/201801/t20180109_324074.html.，2020年10月27日。

[2] 教育部基础教育司：《安徽省宣城市广德县：统筹推进县域内城乡义务教育一体化改革发展实施情况》，2018年1月9日，http://www.moe.gov.cn/jyb_xwfb/xw_zt/moe_357/jyzt_2016nztzl/ztzl_xyncs/ztzl_xy_dxjy/201801/t20180109_324074.html.，2020年10月27日。

[3] 教育部基础教育司：《湖北省武穴市教育局：以"县管校聘"管理改革为抓手推进城乡义务教育一体化发展》，2018年1月9日，http://www.moe.gov.cn/jyb_xwfb/xw_zt/moe_357/jyzt_2016nztzl/ztzl_xyncs/ztzl_xy_dxjy/201801/t20180109_324074.html.，2020年10月27日。

[4] 李平，蒋亦丰：《杭州：乡村学校"校校有名师"》，《中国教育报》2019年1月15日第1版。

队开展专业研修①，从而促进乡村校长和教师不断成长。

（三）线上资源推动乡村教师成长

线上资源及其相关平台也是乡村教师成长的重要渠道，例如，江苏扬州市利用网络让农村教师共享优质教育资源，举办全市特级教师专题讲学活动，进行网上直播使农村教师可同步或过后点击收看；在扬州教育网开设同步课程栏目，制作300多节"骨干教师新课改示范课"，供全市中小学教师收看以推动乡村教师专业成长②。华南师范大学在"县域名师工作坊"建设工程中，建设1600多个网上"教师工作坊"，累计上传移动终端微课31362个，使得农村及边远山区教师随时享受优质资源。③ 该校还利用"手机教师网"创新跨校校本研修模式，教师可利用手机在线开展"磨课、评课、议课、晒课、还课"等校本教研活动，提升自身课堂教学能力。广州市天河区与新疆喀什地区结对开展东西部跨校校本研修活动时，两地教师和教研员也借助"手机教师网"分享最新教改成果、相互观摩教学活动，探索了线上线下精准帮扶新模式。各市县中心学校也依托"手机教师网"与当地村小、农村教学点实现协同备课与教学④，推动乡村教师成长，促进城乡学校协同实施。

五 总结与分析

为了推动城乡学校一体化发展，各省市（区）通过从办学模式上实施灵活多样的城乡协同，促进城乡学校从管理模式上、师资补充上、教育投入以及考评等方面联动式、捆绑式，或者一体化发展，促使城乡学校教育资源共享，最终推动城乡教育不断均衡。师资是乡村教育发展

---

① 刘博智：《云南：乡村教师素质强了地位高了》，《中国教育报》2019年1月5日第1版。

② 教育部教师工作司：《扬州市多措并举加强农村中小学教师队伍建设》，2011年11月25日，http：//www.moe.gov.cn/s78/A10/s4882/s4883/201111/t20111112_126986.html.，2021年7月27日。

③ 教育部科学技术与信息化司：《华南师范大学："手机教师网"实现协同备课、协同教学、资源共享》，2017年1月16日，http：//www.moe.gov.cn/s78/A16/s5886/xtp_left/s5890/201701/t20170116_294967.html.，2020年10月27日。

④ 教育部科学技术与信息化司：《华南师范大学："手机教师网"实现协同备课、协同教学、资源共享》，2017年1月16日，http：//www.moe.gov.cn/s78/A16/s5886/xtp_left/s5890/201701/t20170116_294967.html.，2020年10月27日。

的重要保障,在城乡协同实施中,从区域师资管理模式改革、推动城乡教师交流、加大城镇学校教师对乡村学校的帮扶、开展走教、送教等各种形式支教活动,在一定程度上推动乡村师资得到补充,改善乡村师资结构不均衡问题。从经费投入方面加大了信息校园建设,实施乡村教师周转房、食堂建设或修缮以缓解乡村教师食宿难问题,同时缓解乡村教师上下班交通不便问题,采取各种措施提高乡村教师工资福利待遇等。与此同时,实施教育资源公共服务平台建设等等,从教育投入上进一步促进城乡学校协同实施。乡村教师成长对于推动乡村教育发展、提高乡村学校教师教学水平、促进城乡教育质量均衡发展具有重要的作用,各地区主要从师资培训、城市学校开展各类工作室以及利用线上资源促进乡村教师不断进步和发展。目前,推动城乡学校协同实施,促进城乡学校一体化发展成效明显,但同时也存在一些问题。

(一)城乡学校协同实施办学的困境

第一,办学模式名称上五花八门,实质内容均大同小异。这是目前全国各地域的普遍现象,即城乡学校实施协同在办学模式上多注重名称"改革",在具体协同方式和内容方面的创新不足。无论是学区化办学、集团化办学,还是教育联盟,抑或是城乡学校共同体建设,或联合体办学,其内容均是促进城乡学校捆绑式或抱团式发展,最终推动城乡一体化发展,其实际性质并无差别,但不同省份有不同的城乡协同办学模式,同一省、市也有多种协同模式,例如,北京顺义区有城乡"组团式发展"、密云县是城乡"区域统筹模式"、房山区是"城镇化模式"[1];即便是同一区域的协同模式也是多种多样,如北京门头沟区的城乡协同主要通过城乡学校集团化办学、城乡校学校共同体发展(或称际间捆绑发展)、新优质学校集群发展以及城乡学校携手共进计划,等等,这些名称上的变化给人耳目一新之感的同时,也让人感到无所适从。有的地区在名称上并未有特定的区分,甚至多个称呼同时并用,例如,内蒙古自治区兴安盟乌兰浩特市在"片区办学联合体"的基础上实施的集团化办学,其集团化办学称为"片区联合办学体",也称"联

---

[1] 教育部:《北京市区县义务教育均衡发展形成特色模式》,2011年11月29日,http://www.moe.gov.cn/jyb_xwfb/s5989/s6635/201111/t20111129_139288.html.,2020年10月27日。

盟校";又如辽宁省大连市甘井子区的集团化办学,其中既包含了"特色发展联盟""中小发展联盟",又设置了"紧密型教育集团"和"联盟型教育集团",等等。有些区域对"城乡一体化"理解不到位,或者应付了事,城乡协同办学仅仅是名称上的变化,而实质内容与协同之间并无多大改变,城市学校和乡村学校仍各行其是,各自发展,而且各地区城乡学校协同实施也是各行其是,"既没有运用城乡一体化的策略建设教育体系,也没有建成城乡一体化的教育体系。没有从功能区划上、空间布局上统筹规划城乡教育体系,而是分开规划、区别对待,把城乡教育作为两个分离的子系统"[①]。由此,城乡学校协同实施变得杂乱无章,毫无秩序可言,对教育效率和效果产生不良的影响。

第二,城乡学校协同实施过程中,因以城市化为教育评价标准,导致乡村学校始终处于弱势地位,是被帮扶的对象,很难获得独立地位,更难得到特色发展。一直以来,因为我国城乡二元结构现象突出以及学术认知和公共政策中"重城轻乡"的城市中心的发展观和价值论占主导地位,导致城乡学校协同实施过程中,始终以城市化为教育评价标准。因此,城乡协同实质上更多与城市帮扶农村发展相挂钩,并没有实现城乡教育的优势互补和双强共荣,也非真正意义上的抱团发展,这种发展尽管能带动乡村学校得到质量提升,但在这种捆绑式办学模式中城市学校和乡村学校的地位始终不是对等的,也并非为城市学校和乡村学校的共同发展服务,不仅对城市学校有失公平,同时也意味着乡村学校失去了自身独立的地位和发展特色。而实际上在城乡学校一体化和城乡教育均衡发展中,城市学校固然有其责任,但乡村学校以及乡村教育自身应有一定的价值和使命,其也应有自身的发展走向和路径。

第三,对于城乡学校协同发展的效果缺乏有效的评价标准,且目前还没有充足的数据来研究评价城乡协同发展实质状况,也无法科学地评估城乡学校发展的成效。尽管国务院《关于统筹推进县域内城乡义务教育一体化改革发展的若干意见》于2016年得以发布,但是很多区域早在这之前就已开展城乡学校协同实践,目前各区域关于城乡学校协同

---

① 褚宏启:《城乡教育一体化:体系重构与制度创新——中国教育二元结构及其破解》,《教育研究》2009年第11期。

实施相关文字描述性的报告和介绍缺乏相关数据以供学术实证性的研究，因此，目前对于城乡学校协同实施相关成效是很难用科学的方法来加以验证和评估。

（二）城乡学校协同实施师资补充上存在的不足

第一，城乡教师交流存在着明显的形式化和"功利化"特征。城乡教师在不同学校的合理流动可以在一定程度上促进乡村师资不断补充，并提升乡村师资质量。然而，在现行的教师交流制度中，城乡教师交流是被当成一项行政任务来加以执行，城市教师多不愿前往乡村学校，前往交流者或者多是为了实现职称晋升和评优而不得不完成相关工作条件指标，因此很多人在交流学校后并不能全力以赴从事教学工作。而有些城市学校为了完成这项任务，派遣的交流教师并非是骨干教师或优秀教师，反而将原单位工作的问题教师派至乡村学校。与此同时，农村学校教师则大多愿意前往城市学校交流，因为他们一方面可以向城市教师取经；另一方面也增强了自身留在城市学校工作的机会。而且，还有一种现象是，有些乡村优秀教师、骨干教师以交流的名义长期或者永久性被借调至城市学校工作，这种形式化、功利化的城乡教师交流并不能很好改善城乡师资不均衡状况，反而使得城乡义务教育不均衡状况加剧。

第二，城市学校的帮扶与支教等活动是城乡学校协同实施的主要内容和重要环节，尽管在一定程度上也对乡村师资进行补充，但这种补充只能发挥短暂的作用，暂时缓解乡村师资不足，因此，帮扶和支教等活动只是治标不治本的工作，并不能从根本上解决乡村教师师资缺乏、乡村教师结构性不足，教学水平不高等乡村教师队伍建设中长期以来存在的这些普遍问题。乡村学校的帮扶和支教活动参与者良莠不齐，有些参与者并不以乡村教育发展为基础，也未能全身心投入乡村教育教学工作，也不能发挥参与教师的优秀模范带头作用。帮扶和支教活动中教师流动较为频繁，也会对学生心理产生冲击和对学生学习产生不良影响，其带来的弊端甚至超过正面效益。

（三）城乡学校协同实施中教育投入上的局限

加大教育投入也是城乡学校实现一体化发展、教育质量均衡发展的重要手段。从当前投入对象上来看，更偏重硬件设施建设投入，如加强互联网、电脑设备、多媒体、智慧教室、云平台以及录播室等配置,而相关专业的技术管理人员以及专业教师配备不足。很多地区信息校园建设速度较快,网络覆盖面积较广,建设成效较为明显,但因为使用不当,使用率不高影响了投入的产出效益,使得增加经费投入推动城乡学校一体化建设仅停留在表面,也使增加经费投入推动城乡教育均衡发展的效果大打折扣,这是其一。其二,乡村教师工资福利待遇并非都得到了落实。2015 年国务院办公厅印发了《乡村教师支持计划(2015—2020 年)》,提出通过以下举措提高乡村教师生活待遇:一是全面落实集中连片特困地区乡村教师生活补助政策,并依据学校艰苦边远程度实行差别化的补助标准,逐步形成"越往基层、越是艰苦,待遇越高"的激励机制;二是要求各地依法依规落实乡村教师工资待遇政策,依法为教师缴纳住房公积金和各项社会保险费;三是做好乡村教师重大疾病救助工作;四是加快实施边远艰苦地区乡村学校教师周转宿舍建设,将符合条件的乡村教师住房纳入当地住房保障范围。[①] 在城乡教育一体化中,大部分由县级或区级财政承担各地义务教育经费拨款模式,以及各县或区经济发展存在不均衡以及较大差异,因此,在有些地区加大乡村教师工资福利待遇并非都得到了落实,或者提高乡村教师的福利待遇承诺并没有得到兑现,乡村教师仍旧处于工资菲薄、待遇低下的状况。

(四)城乡学校协同实施中乡村教师成长的困局

无论是通过师资培训、各类工作室还是通过线上资源以实现促进乡村教师成长,其是否真正发挥了较大作用,或者究竟发挥了多大的作用,这些都是值得进一步探讨。以各类工作室推动乡村教师成长为例,第一,城乡教师工作室基本上是城乡教师学习共同体的另一种形式,一类工作室是乡村教师向城市教师"取经学习",而城市教师向乡村教师传经送宝,在教育教学上进行指导,共享优质学校的教学和教师资源。这类工作室凝聚了城乡教师协同学习的兴趣和参与内发性上有着独特的优势,但可能因为其缺乏较强的干预性、淡化专家指导、缺乏充分的学习支持和系统的培训,"往往随着不可预期外部干扰或内部的不稳定因

[①] 教育部:《教育部有关负责人就实施〈乡村教师支持计划(2015—2020 年)〉答记者问》,2015 年 6 月 9 日,http://www.moe.gov.cn/jyb_xwfb/xw_fbh/moe_2069/xwfbh_2015n/xwfb_150605/150605_sfcl/201506/t20150609_189652.html.,2020 年 12 月 7 日。

素的出现,共同体发展的负荷较重,协调、维护需要大量的人力和财力而逐渐消亡"①。而且,城市中心学校教师单向向乡村学校教师输送"营养",后者基本是主动学习但却处于"失语"状态,其合作程度并不是很高。②再加上这种自发模式的学习共同体在实施过程中因缺乏一定的监督和评价机制,其随意性也较大,很难保障其质量。另有一类工作室基本上是在地方政府和教育行政主管部门的行政指令式的干预下建立起来的,"具有行政他组织的科层运行动力性质。他组织强调由组织之外的力量推动组织过程,在社会组织中强调权威的力量"③。但是这类工作室往往忽视了城乡教师的学习基础、兴趣以及实际需求等方面的关注,漠视城乡教师主体参与意识,这种模式中的城乡教师"结对"或者"联盟"推动某地域城乡教育协同发展,尤其是促进乡村学校改造和教育质量提升。其中,地方政府成为城乡教育发展的责任主体,教育行政部门则是实施主体,而城乡教师则是在行政干预下就教育管理、教学教研、校园文化建设以及教师专业成长等方面开展结对和帮扶活动。由地方政府和教育行政主管部门根据其顶层设计的制度建设,对城乡教师共同体的各方权责、考评指标以及活动内容等方面都作出了规定,在一定程度上保障了学习共同体开展工作,但因其"行政指令性"干预不可避免造成教师被迫参与协同学习,将城乡教师自愿参与变成了应付式的"边缘性"参与,离城乡教师协同制度层面期待的"深度合作"尚有一段距离。正如有人指出:"一旦行政力量在场的时候,教师貌似进行着同事间的专业协作;但只要行政力量撤离,教师马上会陷入到常规化的工作中去。行政力量在合作伊始能够对教师专业合作起到推动作用,但是单纯依靠行政力量而罔顾教师内心的合作需求,会使教师专业合作流于形式"。④

---

① 赵健:《网络环境下城乡互动教师学习共同体构建与运行研究》,博士学位论文,西北师范大学,2011年,第28页。
② 袁强,余宏亮:《城乡学校共同体发展的隐性矛盾及其消解策略》,《中国教育学刊》2016年第7期。
③ 王淑莲,金建生:《城乡教师协同学习共同体深度学习:问题、特点及运行策略》,《教育发展研究》2018年第8期。
④ 牛利华:《教师专业共同体的实践焦虑与现实出路》,《外国教育研究》2013年第7期。

第二，在通常意义上的城乡教师工作室中，城市教师往往掌控着教育话语权，正如有人指出，"'城市主义'以其'现代化'的话语主导权，无视城乡教师的文化与历史差异，使城乡教师平等对话的基础丧失。"①而乡村教师对自身发展的定位、标准已与城市教师无异，从一个本该存在"和而不同"的生命共同体，演变为具有同质性的机械群体。

实际上，无论是从办学模式上，还是师资补充、教育投入以及乡村教师专业成长方面的城乡学校协同实施，大多缺乏实施效果评估标准和科学准确的评估数据，难以衡量这些协同实施的成效、实施的程度以及存在的具体问题，因此，开展这方面的研究目前还面临一些障碍。

第二节　城市中心学校与乡村学校协同实施的探索与反思：来自浙江丽水的经验

随着信息技术的蓬勃发展，"互联网+"这一新的经济发展模式引起了党和政府的重视。2015年3月李克强总理在《政府工作报告》中首次提出制订"互联网+"行动计划。同年7月，国务院《关于积极推进"互联网+"行动的指导意见》（简称《指导意见》）颁布实施，提出了"互联网+"创新创业、协同制造、现代农业、智慧能源、普惠金融、益民服务、高效物流、电子商务、绿色生态和人工智能11项重点行动，涵盖了社会生活的方方面面。《指导意见》明确提出"鼓励学校利用数字教育资源及教育服务平台，逐步探索网络化教育新模式，扩大优质教育资源覆盖面，促进教育公平。鼓励学校通过与互联网企业合作等方式，对接线上线下教育资源，探索基础教育等教育公共服务提供新方式"②。随着我国教育技术学学科的发展以及MOOC（大规模网络开放课程）的兴起，教育学界也开始了关于"互联网+教育"的大讨论。2015年5月24日，中国教育信息化产业技术创新战略联盟（英文简

---

① 唐松林，魏婷婷，张燕玲：《媚俗：城乡教师均衡不能承受的生命之轻》，《湖南师范大学教育科学学报》2016年第15期。
② 《国务院关于积极推进"互联网+"行动的指导意见》，http://www.gov.cn/zhengce/content/2015-07/04/content_10002.htm.，2021年8月10日。

称：CEIIA）围绕"互联网+教育"开展了激烈的讨论，触及了互联网情境下教育产业模式、学习模式、平台建设等互联网与教育结合的核心内容。①

《指导意见》提出以来，浙江省迅速行动，立即将"互联网+"应用于教育领域，在全省范围内实施"互联网+义务教育"实验区建设，"互联网+义务教育"有效地助推了浙江省义务教育均衡发展。浙江省教育厅印发了《"互联网+义务教育"1000所中小学校结对帮扶民生实事工作方案》《关于做好"互联网+义务教育"实验区建设和城乡学校结对帮扶扩面提质工作的通知》等多个推动"互联网+义务教育"的政策文件，在全省范围内推动"互联网+义务教育"结对帮扶工作。"互联网+义务教育"采取"省级统筹，市县落实；县域为主，鼓励跨区；重点突出，精准帮扶；因地制宜，各具特色"的工作原则，结对形式主要包括县域内城乡学校结对、设区市域内城乡学校结对、省域内城乡学校结对三种，具体内容包括城乡同步课堂、远程专递课堂、教师网络研修、名师网络课堂等。为了有效推进"互联网+义务教育"结对帮扶工作，浙江省教育厅对各级教育局、相关结对学校作出了任务安排，下达了结对指标，规定了时间节点，明确了考核要求。

浙江省作为东部经济发达省份，省域内教育整体发展水平领先于全国平均水平，但以山地居多的丽水市是浙江省教育均衡发展的短板。据《浙江统计年鉴2020》和《丽水统计年鉴2020》相关数据可知，自1978年以来，丽水的学校数量在全省学校数量占比中持续减少。例如，1978年，全省共有4.45万所小学，当时丽水有5359个小学，占比12.04%；2019年，全省共有3300个小学，丽水的小学数降至205个，占比下降到6.21%。丽水市教育局曾在《人民教育》刊文指出丽水教育的特点是"市域广、人口稀，学校少、布局散""丽水教育在浙江长期处在'跟跑'的位置""除了硬件条件的先天不足，理念观念落后、

---

① 《智慧融合，协同创新——中国教育信息化产业技术创新战略联盟CEIIA（简称联盟）成立大会 暨"互联网+"时代的教育信息技术与教育变革研讨会在穗举行》，《中国电化教育》2015年第6期。

改革意识不强也是制约丽水教育的'硬伤'"①。从丽水全市小学分布及校均学生数来看，也存在"城市挤，乡村散；城市强，乡村弱"的情况。2019年，丽水市全市小学校均学生数为773人，其中莲都区校均学生数高达1983人，而相对偏远的遂昌县、龙泉县的小学校均学生数仅为444人和527人，作为丽水城市代表的莲都区的小学校均学生数是其他偏远县校均学生数的4倍之多。由于丽水城乡教育差距大，乡村学校生源不断外流，增加了乡村学校的办学成本，进一步阻滞了乡村学校的发展，加剧了社会的不公平。省市两级教育主管部门都意识到城乡教育差距继续扩大的不利后果，制定了一系列政策文件推动城乡教育均衡发展，其中"互联网+义务教育"是助力丽水城乡教育均衡发展的有效策略之一。

政府主导是推动"互联网+义务教育"在丽水落地生根的主要特征。当前"互联网+教育"助力丽水教育均衡发展主要在三个方面着力：一是深入贯彻落实国家、省市关于教育均衡发展的政策文件精神，秉持"加快发展地区也要办出好教育"的工作理念，从战略高度重视并优先发展教育，深化市域内教育综合改革，推进教育现代化建设，探索山区教育改革发展的新路子，努力实现丽水教育由"跟跑"到与全省"并跑"的转变；二是按照省教育厅统一部署，由市教育局全域统筹，扎实做好"互联网+义务教育"改革各项工作，打造城乡教育共同体，提高教育教学质量，促进丽水城乡教育均衡发展；三是以"互联网+义务教育"为载体，积极落实丽水高质量教育对口支援工作，帮扶带动新疆等全国其他教育欠发达地区教育加快发展。

一 "互联网+教育"助力丽水城乡教育均衡发展的政策背景

城乡教育均衡发展是衡量社会公平的重要标尺，各级党委和政府始终将促进城乡教育均衡发展作为教育领域的重要工作之一。国家以及省市各级政府制定并推进实施的系列政策文件是推动城乡教育均衡发展的主要推力。浙江省委省政府一贯重视教育均衡发展工作，2011年推出

---

① 浙江省丽水市教育局：《丽水高中教育：从"跟跑"到"并跑"的秘密》，《人民教育》2018年第15—16期。

了《浙江省义务教育标准化学校基准标准》，2012 年其推进义务教育均衡发展的工作经验获教育部在全国推广，2020 年其大力推进基础教育信息化建设的工作经验再次获得教育部推广。

  2016 年以来，浙江省继续深入推进城乡教育均衡发展，制定了系列促进城乡学校教育均衡发展的政策文件。这一时期，浙江省推进城乡学校教育均衡发展的典型做法是统筹推进县域内城乡义务教育一体化改革发展，采取结对帮扶的方式，引入"互联网+"技术，以"互联网+义务教育"为抓手，创设"互联网+义务教育"实验区，在全省范围内实施"互联网+义务教育"工程，推动城乡教育共同体建设，促进城乡学校均衡发展。相关政策文件有《关于统筹推进县域内城乡义务教育一体化改革发展的实施意见》《"互联网+义务教育" 1000 所中小学校结对帮扶民生实事工作方案》《关于做好"互联网+义务教育"试验区建设和城乡学校结对帮扶扩面提质工作的通知》等，主要政策文件及推动作用见表 8—1，这基本形成了较为完善地推动浙江省丽水市城乡教育均衡发展的政策体系。通过对具体政策文件文本进行内容分析以及对丽水全市教育改革发展实绩考察后发现，2016 年以来"互联网+义务教育"对于推动丽水城乡教育均衡发展来说，发挥了十分重要的作用，取得了明显成效，形成了"互联网+教育"助力丽水城乡教育均衡发展的"丽水模式"。

表 8—1   "互联网+教育"助力丽水城乡教育均衡发展的相关政策文件

序号	发文日期	文件名称	主要推动作用
1	2017 年 6 月	浙江省人民政府关于统筹推进县域内城乡义务教育一体化改革发展的实施意见	提出"重点支持浙西南地区及农村偏远地区发展义务教育。"
2	2018 年 12 月	浙江省人民政府办公厅关于全面加强乡村小规模学校和乡镇寄宿制学校建设的实施意见	提出"提升'互联网+教育'水平，开展全省义务教育学校'城乡携手同步课堂'工作试点。"
3	2018 年 12 月	浙江省教育信息化三年行动计划（2018—2020 年）	提出"鼓励基于网络的校际教学交流与结对，促进教育均衡，提升乡村学校教育质量。"

续表

序号	发文日期	文件名称	主要推动作用
4	2018年1月	丽水市委办公室丽水市人民政府办公室关于深化教育综合改革的实施意见	提出"加快教育信息化、数字化建设。安排教育信息化发展资金,为教育信息化建设提供资金保障。"
5	2019年3月	浙江省教育厅办公室关于印发《"互联网+义务教育"1000所中小学校结对帮扶民生实事工作方案》的通知	提出"全面推进'互联网+义务教育'。2019年实现全省城乡义务教育学校结对帮扶达到1000所以上的工作目标。"
6	2019年9月	丽水市教育提质行动计划（2019—2022年）	提出以优质小学为龙头,推动集团化办学工作思路;通过"互联网+教育",推进城区学校与农村小规模学校结对帮扶
7	2020年4月	浙江省中小学教育技术装备标准	该标准为浙江省中小学教室、实验室、场所和信息化环境建设提供了具体而明确的参考依据
8	2020年5月	浙江省教育厅办公室关于做好"互联网+义务教育"试验区建设和城乡学校结对帮扶扩面提质工作的通知	将丽水市作为浙江省"互联网+义务教育"实验区。要求实验区要全面推进信息技术与教育教学深度融合
9	2021年1月	浙江省教育厅等四部门关于新时代城乡义务教育共同体建设的指导意见	提出"通过教共体建设将城镇优质教育资源下沉到乡村义务教育学校,实现乡村学校与城镇学校基本达到同一教育质量水平"目标

二 "互联网+教育"助力丽水城乡教育均衡发展的实施过程

"互联网+义务教育"助力丽水城乡教育均衡发展的实施过程由三个部分组成：一是根据上级有关文件精神，制定丽水市贯彻落实"互联网+义务教育"的政策文件，政策文件的制定既要无缝对接上级政策要求，又要切合丽水教育发展实际，注重政策文件的可实施性。二是根据丽水市推进"互联网+义务教育"的政策文件规定，召开思想动员会、任务布置会，明确工作要求，落实工作责任，明晰时间表，推进任务落实。三是对照工作要求,加强监督检查和督导,做好典型案例的宣传、推广,材料报送及总结表彰等。具体实施过程如下:首先,制定"互联网+义务教育"工作实施方案并做好统筹安排。根据浙江省教育厅《关于做好省"互联网+义务教育"实验区推荐遴选工作的通知》《"互联网+义务教育"1000所中小学校结对帮扶民生实事工作方案》《关于做好"互联网+义务教育"实验区建设和城乡学校结对帮扶扩面提质工作的通知》等文件精神,丽水市制定了《关于做好"互联网+义务教育"实验区建设和城乡学校结对帮扶扩面提质工作的通知》,成立了以丽水市教育局为主要牵头单位的"互联网+义务教育"结对帮扶民生实事项目专项工作领导小组,领导小组组长为市教育局局长,明确市教育局各处室(单位)推进"互联网+义务教育"的工作职责,全面推进"互联网+义务教育"结对帮扶工作。具体分工如下:

丽水市教育局办公室负责将"互联网+义务教育"项目纳入教育局重点工作和教育工作业绩考核,协调做好新闻宣传、典型推广、成果推介等。市教育局基础教育处牵头负责项目实施的协调、指导和统抓落实工作;牵头制订相关政策、实施方案,审核上报的重要信息、材料;召集项目推进工作例会等。市教育局教育技术中心负责提供技术指导和数字教育资源支持,研制结对帮扶技术环境指南;承担领导小组及办公室具体抓落实工作,包括实施方案制订、相关培训承办、实施管理指导、进度汇总分析、典型案例收集、工作总结等。市教育教学研究院负责指导各地结对学校教学教研业务的开展;指导乡村学校紧缺课程的教学设计和组织开发;研究总结"互联网+义务教育"的教研机制和教学模式。市教育局计财处负责"互联网+义务教育"有关规划和指导;提供学生人数在100人以下的乡村小规模学校(包括教学点)清单;统筹指导跨县(市、区)结对帮扶工作;负责项目的相关经费预算和落实工作。市教育局人事处负责研究制订配套的职称评审、评优评先等支持政策。市教育局督导室牵头组织对县(市、区)项目落实情况相关督导、通报工作;指导开展项目的绩效评估。

其次,推进"互联网+义务教育"工作部署落实并层层压实责任。由丽水市教育局牵头召开全市"互联网+义务教育"工作专题部署会,一是要求各县(市、区)高度重视"互联网+义务教育"工作,按照属地政府的统一部署原则，建立"互联网+义务教育"结对帮扶专项工作领导小组，统筹推进区域内结对帮扶工作，制定结对帮扶工作详细方案，及时研究破解结对帮扶工作中的难点。二是落实专项建设经费，相关信息化装备必要的经费主要由所属县（市、区）财政解决，切实保障结对学校具备远程实时交互、多媒体教学的基本条件，每所结对学校至少有2套设备，至少有2个班级（其中1个班级常态化开展，其他班级可轮流开展）能够实现城乡同步课堂，并逐年增加，争取较快实现所有班级全覆盖。三是完善基本硬件建设，使结对学校技术装备全面达标，校园无线网络全覆盖，千兆到校，百兆到班，网络环境满足同步课堂设备要求，音视频网络单向延时小于0.75秒，保证同步课堂教学需要。四是加强人员培训，在丽水学院教师教育学院专门开设"互联网+义务教育""精准教学"等专题培训，要求各地所有设备供应商对学校技术人员和授课教师进行专门的设备使用培训和信息化软件、课堂教学融合应用的培训，为授课教师提供"互联网+"的技术支撑。五是强化督导考核，将"互联网+义务教育"工作列入对县（市、区）的考核，加强过程性监督和专项督查调研，实行"互联网+义务教育"工作进展月报告制度，动态呈现项目推进过程和阶段性成果。

最后，做好"互联网+义务教育"典型案例总结并加强宣传推广。按照浙江省教育厅的统一部署，丽水市各相关部门和中小学校积极推进"互联网+义务教育"工作。2019年，丽水全市实际结对帮扶学校达到139所，其中支援学校50所、受援学校89所（小规模学校64所），完成省定任务数的239.7%，小规模学校实现100%结对，位列全省第一。另有杭州、宁波、嘉兴、湖州、绍兴、金华6市的优质学校对丽水市22所薄弱学校进行结对帮扶。2020年，丽水市结对帮扶学校数再次增加66所，总数达到205所。2021年，丽水全市所有公办义务教育学校结对帮扶将实现全覆盖。

据浙江省教育厅办公室《关于公布浙江省"互联网+义务教育"城乡学校结对帮扶2019年典型案例名单的通知》显示，2019年，丽水市共有12个（全省共157个）典型案例入选2019年度浙江省典型案例名单，占比7.64%，其典型案例个数和占比均超过了基础教育强市宁波市（11个）、绍兴市（11个）和湖州市（6个）。具体入选名单见表8—2。

表 8—2　　　　　　　　丽水入选典型案例名单

序号	案例名称	案例单位
1	云端牵手，智教慧研促成长——基于集团化的"城乡联动同步课堂"实践探索	云和县实验小学
2	您好，远方的"虚拟"老师	遂昌县实验小学
3	名师公益课堂，为教育均衡发展助力——《丽水市初中数学"空中课堂"直播活动》案例	莲都区教育局教研室
4	老师"陪"你回家，留守不再无助	丽水经济开发区中学
5	小微学校学科教师"线上+线下"联动走教，共享教师资源	遂昌县王村口镇中心小学
6	拥抱"互联网+义务教育"牵手优质教育资源	缙云县唐市小学
7	城乡同步，你我共享优质课堂	缙云县白竹小学
8	谁持彩练当空舞	青田县第二中学
9	城乡携手同步课堂让孩子们成为学习共同体	青田县华侨中学
10	开启智慧化托管新机制助推城乡教育均衡发展	遂昌育才中学、遂昌县万向中学
11	"互联网+义务教育"下的英语口语提升教与学探索实践	青田县油竹实验小学
12	如何开展有效的城乡同步课堂学习——从一堂音乐课想到	缙云县紫薇小学

各级媒体广泛地关注了丽水市推进"互联网+义务教育"的工作情况，除新浪网、搜狐网等媒体报道外，据不完全统计，截至 2019 年 12 月，关于丽水市"互联网+义务教育"的新闻报道中，省级新闻 15 篇次、市级新闻 14 篇次、县级新闻 252 篇次、校级新闻 945 篇次，形成了良好的"互联网+义务教育"的舆论氛围。

三 "互联网+教育"助力丽水城乡教育均衡发展的实施效果

丽水市"互联网+义务教育"在助力城乡教育均衡发展方面取得了良好的实施效果，体现在以下几个方面：一是增强了丽水市基础教育整体实力，缩小了丽水市与浙江省基础教育平均水平之间的差距。丽水与浙江省同步开展了省教育强县、全国义务教育基本均衡县、省教育基本现代化县等创建工作，目前丽水市已创成省教育基本现代化县 6 个（松阳、云和、景宁、龙泉、庆元、遂昌），创建率达到 2/3，跟上了浙江省的创建步伐。2020 年，丽水市小学入学率、巩固率分别为 100%、

100%，初中入学率、巩固率分别为100%、100%，义务教育三类残疾儿童少年入学率为98.68%，全市初升高比例98.64%，15年教育普及率达98.54%。二是倒逼地方政府加大了教育投入，改善了基础教育办学条件。2018年丽水市教育经费总投入93.4亿元，比2012年翻了近一番。财政性教育经费占地方生产总值的比例已连续4年达到5%以上，2018年达到5.78%。全市义务教育标准化学校比例达到92.28%。近5年，丽水市累计实施教育项目293个，累计完成投资79.25亿元，全市学校校舍总面积增加了近100万平方米，中小学教室空调安装覆盖率达到84.53%，建设录播教室286个，办学条件大为改善。三是增强了广大教师"互联网+教育"的信息融合意识，提升了城乡学校教师的素质。丽水全市教师参与"互联网+义务教育""精准教学"等专题培训170余场，参与人数达12560余人次。结对学校教师采取"互联网+"方式共同备课、共同上课、共同批改作业和辅导学生、共同进行质量检测，无形中提升了城乡教师信息技术融合背景下实施教学的素质与能力。四是共享优质教育资源，保障了山区孩子平等接受教育的权利。实施"互联网+义务教育"结对帮扶工作以来，丽水全市城乡同步课堂活动次数达到2379次、参与师生76485人次，远程专递课堂189次、参与师生9800人次，名师网络课堂131次、参与师生52298人次，教师网络研修1171次、参与师生11964人次，涉及语文、数学、英语、科学、道德与法治、音乐、美术等课程，其中初中数学"空中课堂"直播课91节，学生收看人数达126.358万人次，使广大乡村学校的学生也能享受到优质的教育资源。五是政府牵头，加强了城市学校与乡村学校之间的联系。实施"互联网+教育"结对帮扶之前，城市学校与乡村学校之间是一种激烈的竞争关系，结对帮扶后城乡学校通过同步课堂、远程专递课堂、教师网络研修和名师网络课堂等方式开展结对帮扶活动，让结对学校的学生实现同步上课、同步作业、同步接受辅导，实行管理共进、教学共研、资源共享、信息互通、师生互动、差异互补，使城乡学校融为一体，重构了城乡学校之间的关系。六是形成了"互联网+教育"的丽水模式，实施了"丽水·新疆"教育结对帮扶项目。由于"互联网+义务教育"结对帮扶工作在丽水进行了成功的实践，逐步形成了"政府主导，学校主体，网络联结，资源共享"的"互联网+教育"丽水模式。2020年丽水市实验学校（初中部）与新疆新和县第二中学签订了《丽·新同步课堂包联帮扶协议》。丽水市实验学校（初中部）运用远程数字技术实施了同步课堂教学等系列活动，该活动得到了新疆新和县第二中学伍守华书记和丽水市援疆指挥部的高度认可。丽水市教育局2021年工作要点中明确提出要"深化丽疆'互联网同步课堂+互动教研'空中课堂项目，提高丽水与新和两地中小学校结对数量，助推西部地区教育发展"。

四 "互联网+教育"助力丽水城乡教育均衡发展存在的问题及反思

"互联网+教育"助力丽水城乡教育均衡发展取得了显著成效，但也存在一些问题：一是基础设备方面的问题。由于丽水市不同县（市、区）采取单独招标采购的方式购买录播教室设备，部分设备类型不同，导致部分设备不能直接进行对接直播，需另配转换器，增加了设备购置成本和同步课堂的实施难度，减弱了直播的视听效果。受制于设备限制，直播过程中存在板书不清晰、声音不同步现象。另外，设备的后期维修、更新、替换等也需进行规范。二是师生接受度方面的问题。"互联网+教育"是新兴教学模式，部分教师与学生的教育观念没有完全转变，有的教师认为"互联网+教育"中看不中用，有的教师认为实施"互联网+教育"增加了工作量，甚至出现对"互联网+教育"的抵触情绪。另外，部分农村教师电脑网络使用不多，信息技术能力不足，不具备直播课堂设备的操作能力和设备小故障的维修能力等，影响了"互联网+教育"的实施。三是奖惩机制方面的问题。"互联网+教育"的实施需要各结对帮扶学校的积极配合与支持，在教育主管部门宏观政策引导下，各学校应尽可能优化相关奖励措施或职称评定倾斜政策，给予教师更多自由发挥的时间和空间，激励优秀教师录制优秀网络公开课，更大程度地实现知识开放共享，引导更多优秀教师参与到"互联网+教育"中去。

不可否认的是，"互联网+教育"虽然能够实现优质教育资源共享，助力城乡教育均衡发展，但是，我们也清晰地发现浙江省的"互联网+义务教育"是由政府主导的。政府主导型"互联网+教育"模式在政府重视时，该项工作能够得到大量资源支持，得以快速、高效地顺利推进，但是当政府注意力发生转移时，"互联网+教育"是否还能继续深入推进则引人深思。"让每个孩子享受公平而有质量的教育"是每个人的愿望，城乡教育均衡发展是我们追求的目标，"互联网+教育"作为一种新兴的教育模式或者技术手段，究竟能够在多大程度上助力城乡教育均衡发展，值得我们继续深入探讨。

第三节 反思与展望[①]

从政策视角观察可见，我国城乡教育走过了从城乡义务教育均衡发展到城乡义务教育统筹发展。当下，如何实现城乡义务教育一体化发展，落实城乡教育均衡、特色、高质量发展，努力让每个孩子都能享有公平而有质量的教育，成为新时代教育研究的主题。当然，城乡教育一体化发展是镶嵌在城乡政治经济文化一体化发展的时代背景中的，是城乡多种因素相互作用的结果。历史看，我国城乡教育二元结构的形成更多的是政策和制度安排的结果，城乡教育一体化建设更大程度上是属于政府主导的强制性制度变迁。[②] 目前我国城乡一体化发展的基本制度安排是两翼齐飞、共同发展：一是进一步促进城市化发展，二是乡村振兴。在此背景中，就催生出三种发展模式：融入城市化、就地城镇化、农村现代化。总体看，这种制度安排走的是以整体搭建的"行政授权"式的行政管理制度，特别是基于城市教师帮助乡村教师发展价值取向的城乡教师共同体建设，从原发处就内在地存在着教育供给的激励优势和推进困境。

一 整体性政策平台搭建：城乡教师共同体建设的成就与困局

整体性政策平台搭建就是从国家、省市全域角度建构制度与政策框架，需要域内社会在执行中创造性地填补缺陷的政策策略。就推进县域内城乡义务教育一体化改革政策背景下的城乡教师共同体建设而言，显

---

① 王淑莲：《从整体搭建到分类发展：城乡教师共同体区域推进策略转换》，《教育研究》2019 年第 6 期。
② 杨卫安、邬志辉：《移植与创新——城乡教育一体化与城乡经济一体化的差别研究》，《教育理论与实践》2014 年第 10 期。

现的好处是容易发挥制度的顶层设计功能,在研究、舆论、实践推进层面效能最大化。内隐的困局是难以在学校内的教师发展、课程与教学建设、共同体文化价值增值和具体推进策略层面满足各方诉求。

（一）整体性政策平台搭建对城乡教师共同体建设的促进作用

所谓整体搭建即在消除城乡二元壁垒的机会到来时,国家从制度和政策的高度做出整体规划,有计划地从县域再到省域搭建城乡教师发展的平台。整体搭建城乡教师协同共同体是自上而下的宏观策略,也是世界各国在消除城乡二元壁垒中的成功经验之一。就我国整体搭建的政策形成看,其基本理路是学界提出、政治舆论造势、政策执行、实践评估。这样的实践路径极大地在政策支撑、师资平衡、模式形成方面促进了城乡共同体建设的发展。

首先,形成了许多研究热点,并为整体搭建政策体系提供了决策支持。早在20世纪90年代圣吉（Senge）的学习型组织理论、博伊尔（Boyez）的学习共同体理论、霍德（Hord）的专业学习共同体理论相继介绍到我国的共同体研究情况,在教育领域迈克尔·富兰的《教育变革新意义》极大地影响了我国的教师学习共同体建设。此后,我国学者的研究也逐渐从共同体研究聚焦到城乡教师共同体研究上来,形成了许多研究热点。纵观我国学界共同体研究的主题脉络,呈现出从共同体研究到某某同质共同体研究再到某某异质共同体研究,最后到"某某协同共同体"研究的现象,说明研究者越来越强调了共同体协同的意蕴。从主题词看,共同体研究聚焦内涵、特征、场域空间、结构要素、组织原则、深度学习、课堂教学、教师发展等方面。从研究热点看,城乡教育共同体、城乡教师协同学习共同体呈现显性热点。这些热点研究带动社会舆论导向,对政府的整体政策出台起到了决策支撑作用。

其次,整体搭建的城乡教师共同体建设策略在一定程度上促进了城乡师资交流,尤其有助于解决乡村学校师资不足的困境。第一,城乡教师共同体建设有助于扩展城乡教师发展的空间。无论是名师送教或走教下乡、城乡教师结对帮扶,还是名师轮岗交流、派驻名师跟踪指导等等,都在一定程度上推动城市优秀教师加入城乡义务教育均衡的行列,同时也拓展了城乡教师尤其乡村教师的发展空间。第二,有助于乡村学校补充师资的不足。各地开展"县管校聘"改革不仅健全了教师交流机制，同时也为乡村学校师资得到了一定程度的补给，推动城乡师资均衡配置，特别是弥补了乡村音、体、美等学科专业教师的不足。

最后，在整体搭建的城乡教师共同体实践中，探索出许多模式，一定程度上推动了城乡教师共同体建设的发展，如"支教送教""互动发展联盟""一对一"城乡学校发展共同体"教学师资一体化""校际会课、教学互访""城乡学校网上结对""支教轮岗""远程同步课堂""U-S 附属学校联盟""UGS"三方合作等模式。从联结的动力讲，这些城乡教师共同体模式要么从政府教育局层面搭建，要么走大学主导路径，要么依靠城乡学校校长个人影响促成。从组织的方式看，主要有友谊松散型、政策促进型、网络联结型、传经送宝型。比较成功的案例有上海青浦地区实施的"联片教研，连环跟进"中的校际会课、教学互访以及同伴结对等方法。[①] 例如，江苏省扬州市的城乡学校网上结对，校长和教师网上互动交流，多措并举加强农村中小学教师队伍建设；[②] 浙江师范大学主导的附属学校联盟；辽宁大连甘井子区城乡教育联盟集团内开展结拜师徒对子、挂职学习、同课异构、网上教研等活动。[③]

（二）整体性政策平台搭建背景下城乡教师共同体建设面临的困局

虽然整体搭建极大地促进了城乡教师共同体的发展，但也存在一定的局限，阻碍了城乡教师共同体的深化发展。

首先，整体搭建的策略不能解决学校"课程与教学"的深化问题。已有的世界历史经验表明，无论是西方产业发展被动促进的城乡教育一体化，还是我国城镇化主动促进的城乡教育一体化，其中，外在的一体化，如"学校建设标准一体化、教师编制标准一体化、教育经费基准定额一体化、基本装备配置标准一体化"，都可以凭借制度与政策的力量"由外而内"得到合理破解。但是，外在一体化可能解决的只是

---

① 李永元：《联片教研连环跟进》，《教育发展研究》2004 年第 3 期。
② 教育部教师工作司：《扬州市多措并举加强农村中小学教师队伍建设》，2011 年 11 月 25 日，http://www.moe.gov.cn/s78/A10/s4882/s4883/201111/t20111112_126986.html.，2021 年 7 月 27 日。
③ 教育部基础教育司：《辽宁省大连市甘井子区：统筹兼顾 扎实推进区域义务教育均衡发展》，2018 年 1 月 9 日，http://www.moe.gov.cn/jyb_xwfb/xw_zt/moe_357/jyzt_2016nztzl/ztzl_xyncs/ztzl_xy_dxjy/201801/t20180109_324074.html.，2021 年 7 月 27 日。

"公平的入口"问题,其公平的过程、结果的公平还是需要乡村"每个学校的教师"在"课程与教学的过程中""由内而外"地实现。因为"教育的发生就植根于当时当地的人民实际生活的需要。"① 其教育主体、教育情境、教育内容、教育契机、教育反馈等所构成的复杂且结构不良领域的随机展现,都决定了每一个教育问题的独特性与唯一性,需要教师的教育智慧决策。

其次,整体搭建的策略不能解决"城乡教师共同体内部的深度学习"问题。由于整体搭建的策略是在区域教育宏观政策的视域内,抽离了教育活动本身具有的地域性、丰富性、情境性的特征,导致搭建的城乡教师学习共同体的行政化执行,具有从组织、运行、评价、结构、结果运用的单一性特征,很难触及教育的微观真实有效层面,形成了维特福尔德(Whitford)所谓的"协同合伙"关系。即教师间的合作变成了单向的信息流动,变成了少数积极分子单方面地奉献自己的教育思考和教学思想的过程,其他的成员则充当着"沉默的大多数"。② 有研究表明:目前的城乡教师学习共同体往往是城市学校教师或"重点校"教师就教育教学"如何做"传经送宝;就行政感兴趣的普遍性问题如"精准教学"开展"主题发言"式学习;就乡村教师的教育困境展开"群对点"式的指导学习。③ 这样的城乡教育学习共同体学习只能停留在"公共知识"的传输上,既不能促进乡村教师的发展,往往还导致乡村教师的"本土知识"和"实践性知识"祛魅,成为城市教师的单向度表演。当然,对城市教师而言,基于外在的政策导向,其"单向优越感"也不利于本身的进一步成长。

最后,整体搭建的策略不能解决"城乡教师共同体内部的学习动力"问题,造成城市路径依赖,农村教师发展自我设限。学习动力是促进一个组织学习的内外动因,是决定组织学习效能的关键指标。在笔者所观察的一个县域搭建的中心镇与农村小学共同教研活动中,从学习

---

① 杨贤江:《杨贤江教育文集》,教育科学出版社1982年版,第413页。
② 牛利华:《教师专业共同体的实践焦虑与现实出路》,《外国教育研究》2013年第7期。
③ 王淑莲,金建生:《城乡教师协同学习共同体深度学习:问题、特点及运行策略》,《教育发展研究》2018年第8期。

任务的发布、人员签到、学习内容、学习成果的交流与评价都是由县教研室主任牵头。活动以行政文件推动、中心镇"优秀"教师单向度传输"优秀经验",农村小学教师们记笔记,回去模仿实践。这种由外在指令推动的组织学习往往会造成组织内学习繁荣的假象,造成场面热烈,实效缺失,更甚者造成乡村教师的学习效能感低下,自我发展设限,城市发展路径依赖等问题。而一个真正的学习共同体需要"理念共享、知识融合与创生、平行与分布式领导、场动力、职业锚"等组织学习的内部推动力。因为"发展不是一个由规划者和学者从外部解决问题的过程,而是唤醒、激发、释放社会大多数成员个体作用的过程"。①

二 区域分类发展：城乡教师共同体推进的新方向

区域分类发展就是以区域为单位、以类别为特征的发展策略。这种发展策略可以考虑到国家城乡一体化发展中融入城市化、就地城镇化、农村现代化不同发展路径的特点、不同城乡地域发展水平差异、本土文化特色、城乡教师共同体模式、发展阶段与水平、功能、组织、运行、评价方式的不同,具有针对性、内生性强的特点,能有效地消解整体搭建所具有的内生困局,有利于推进城乡教师共同体的深化发展。

（一）区域分类发展之于城乡教师共同体深化推进的价值

首先,区域分类发展的策略可以摆脱整体搭建的樊笼,有利于城乡教师共同体回归共同体"本真"。城乡教师共同体是以促进教师专业发展为共同愿景,围绕教育实践活动,通过身份建构和文化共享,协同实现知识创生的自组织系统。② 城乡教师共同体的"本真"是"一个浑然天成的整体",而不仅仅是"多个个体之间的简单组合"。区域分类发展因根据实际差异,让现实的困难和长期的任务,依托教师强健内心世界,真正成为"滋养教师专业成长的共同体的灵魂",③ 有效避免了整

---

① Ribes B., *Domination or sharing?: endogenous development and the transfer of knowledge*, Unesco Press, 1981. pp. 65—73.
② 吴国珍:《为农村教师持续成长发育城乡统筹教师共同体》,《教师教育研究》2013年第1期。
③ [德] 斐迪南·滕尼斯:《共同体与社会》,林荣远译,商务印书馆1999年版,第48—76页。

体搭建容易产生的"行政指令下貌似神离"状况。从共同体实践脉络看，共同体建设也是走过了共同体理想意向阶段、外力组织的多元时代和分类发展的内生阶段。共同体理想意向阶段指的是德国社会学家滕尼斯（Ferdinad Tonnies）community 概念，他的共同体强调血缘、地缘、精神属性。① 随后，在吉登斯（Anihony Giddens）提出了"脱域"共同体概念后，共同体实践走向多元时代。这时的共同体形态往往是"+共同体"，如波兰尼（Michael Polany）的科学共同体（Scientific Community）、萨·乔万尼的"学习共同体"（Learning Community）、莱芙和温格（Lave & Wenger）的实践共同体（Practice Community）、约翰·拉吉（John Cerard Ruggie）的知识共同体（Episteme Community）等。这种共同体实践其实是他组织共同体，强调专业合作的利益，具有利益博弈的特点。后来，随着《协同学：大自然构成的奥秘》的出版，强调系统之间的关联性、系统由无序到有序、由解构到建构的协同变化自组织性，成就了当下的协同共同体，具有回归到滕尼斯"不仅仅是部分之和，也是有机浑然的整体"这样的共同体"本真"意蕴。

其次，区域分类发展有利于城乡教师学习共同体共创"本土实践知识"，消除整体搭建政策的"水土不服、无处着力、落实缺失"的深层次问题。有效教育知识的研究表明，只有教育公共知识的教师还不能有效促进学生的发展，只有具备本土实践知识创新的教师才能有效地适应学校文化并引导学生发展。城乡一体化发展的政策制定假设是城市教育水平高于乡村，城乡教师共同体建设的初衷也是让城市教师带动乡村教师发展。这样的安排在教育硬件水平的提高上的确有效，但带来的隐性影响就是本土知识和实践智慧的失落。本土知识即以"本土"（indigenous）和祖先领地（ancestral territory）和共同文化（share culture）为核心内涵的知识，具有地方性、习得性、经验性、试错性、非理论性、重复性、分散性、功能性等特征。历史上，本土知识在促进农业发展、维护生物多样性、治疗疾病、知识创新等方面起到不可磨灭的贡献。当下，受到确定性、规律性、普遍性等客观知识观的影响，本土知

---

① ［英］安东尼·吉登斯：《现代性与自我认同：现代晚期的自我与社会》，赵旭东，方文译，生活·读书·新知三联书店，1998 年版，第 17—21 页。

识在教育实践中普遍祛魅,造成农村教育"泛城市化"。但镶嵌在"本土"地域的乡村学校,如果不讲"家乡话",其教育效能无处着力。乡村振兴也要求乡村教育必须做到"离土"与"向土"的结合,① 而分类发展在城乡教师共同体建设时就是考虑到本土文化特色和农村发展阶段水平以及发展路径,因而共同体教师在知识结构、文化互建的过程中能较好体现共创、共建、共生原则,让本土知识得到提炼、继承、发扬。同样,就教师效能看,缺乏实践性知识的教师也生不出实效的实践智慧,其城市教师的同伴经验也无处落实。教育是一门精微的实践艺术,即便是普遍性的原则和规律,当面对个性化的学生、多元化的社群以及变动不居的社会历史情境时,也都会失去效力。② 而区域分类发展考虑了地域本土特色,注重共同体成员间的经验交流、互动、文化构建、资源共享,③ 让"默会知识"在分享过程中变换为"明言知识",进而转换建构出新知识,④ 让城乡村教师的实践智慧得到落实、教育智慧萌生。

(二)区域分类发展之于城乡教师共同体建设的基本框架

毫无疑问,城市教育和农村教育的本体功能是一致的,都是为促进人的全面发展服务,区别在于教育工具性的差异上。因此,在搭建城乡教师学习共同体分类发展的制度与政策理论框架上首先要明晰以下几点:

一是在价值层面要明晰城乡共同体的内在逻辑。不是城市教育特征同化乡村特征,而是以城市和农村各自教育系统的专门化、差异化和独特化为前提,以城市和农村教育发展价值的平等观为指导,在尊重城乡经济一体化、建设一体化的基础上,建构教育政策思路。二是在路径层面要根据国家城市化进程中所形成的融入城市化、就地城镇化、农村现代化三条路径,发展出各自的城乡教师共同体分类指导策略。对于融入

---

① 张志远:《乡村教育既要"离土"又要"向土"》,《光明日报》2019年5月21日第13版。

② 魏戈,陈向明:《教师实践性知识研究的创生和发展》,《华东师范大学学报》(教育科学版)2018年第6期。

③ 吴秀圆:《信息化促进教学点质量提升与师生发展研究——以共同体构建为焦点》,博士学位论文,华中师范大学,2018年,第134页。

④ 钟启泉:《关注教师实践知识的形成》,《中国教育学刊》2018年第8期。

城市化的区域，需要在学校内涵发展上对标城市教育发展的标准；就地城镇化的区域需要首先对标城市教育外在发展的标准，走朝向城市教育特征的共同体方向之路。对于农村现代化的区域需要保留教育的乡土特色，走乡村教育特色的发展之路。三是在技术层面明晰城乡教育共同体建设不能搞城市教育领导乡村教育，也不是搞城市学校校本课程接管乡村学校校本课程，而是要认可两类学校课程的各自独特价值，特别要凸显乡村学校教师的乡土实践价值。同时要尊重城乡教师共同体组织运行的内在规律，合理引导基于地域类、实体类、虚拟类、学科类、管理类、混合类的乡村教师共同体建设。四是在评价的层面上注重引导与放权并立，充分发挥乡村本土领袖教师的作用。需要注意的是：无论在技术层面搭建哪种城乡教师协同共同体，都需要认真遵循城乡教师共同体的本质特征：理想的学习共同体在学习方式上秉持设计学习、体验学习、分布式学习、真实情境学习和混合学习等深度学习方式；在内部治理上强调平行领导、自组织和虚拟性；在学习动力上强调场动力和职业锚动力；在学习性能上体现深度学习和智慧生成，如图8—1所示。①

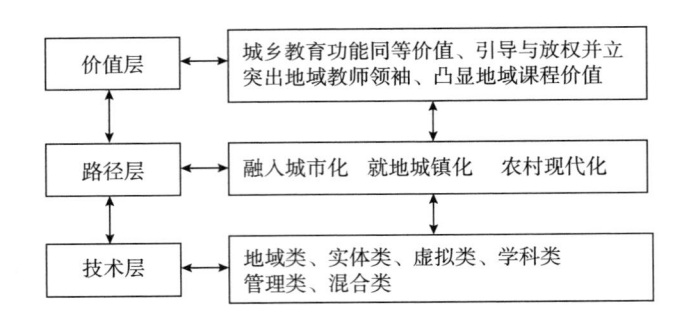

图8—1 城乡教师学习共同体建设分类发展框架图

三 区域分类发展视野下，城乡教师共同体深化推进的新举措

从形式教育本质看，教育本身就是一种制度建构，是影响教育的内

---

① 金建生，王淑莲：《发达国家中小学教师协同学习共同体实践特征探究》，《外国中小学教育》2017年第3期。

生变量因此，新举措首先就是要进行制度创新。新举措还要兼顾规范理想与现实约束之间的张力，讲究推进策略，实践模式创新，在国家、区域、共同体"三位一体"构建上进行实践。

（一）区域发展视野下，城乡教师共同体深化推进的制度创新

这里的制度包括政策在内，指的是一种系统化的行为规则。而制度创新强调的是一种正向的、积极的制度改善，包括新制度的制定和旧制度的改进。一般说来，制度的创新也是多种利益博弈的结果，其中，从制度制定的主体讲，有政府、市民、农民、教师等；从内容上涉及政治的、经济的、文化的力量；从制度内容看有管理制度、办学制度、财政制度、课程制度、人事制度、考试制度、程序制度等，因此，可以从以下几点推进制度创新。

第一，要强调制度制定的主体创新。以往，我国的制度供给方往往是政府，从制度主体创新看，应该采用多元参与、政府采纳的策略创新城乡教师学习共同体区域发展制度。比如，可以根据融入城市化、就地城镇化、农村现代化路径的不同区域的城乡教师学习共同体自己提供制度，政府审查认可；再比如，根据不同组织形态的地域类、实体类、虚拟类、学科类、管理类、混合类共同体自己提供制度，政府审查认可等。

第二，从制度的形式要件和制定制度的内外环境上创新。从制度的形式要件上创新就是要破除制度制定中存在的条款不具体，主体责任模糊、内容相互矛盾、缺乏可操作的实质性规定、缺失评估机制等问题，明晰责权利，明确内容可操作性，强调制度的执行力。从改善创新制度的环境上创新，就是要让制度相关利益各方都感到"有利可图"。因为相关研究表明"如果预期的净收益（即潜在利润）超过预期的成本，一项制度安排就会被创新。只有当这一条件得到满足时，我们才可望发现在一个社会内改变制度和产权结构的企图"[①]。

第三，在制度内容、制度创新的策略上以及制度本身的执行力上创新。制度的内容要破除单向度价值取向，强化城乡教师特有的情怀，强

---

① ［美］罗纳德·H. 科斯等：《财产权利与制度变迁——产权学派与新制度学派译文集》，刘守英等译，上海人民出版社 2014 年版，第 274 页。

调双向发展,因为"隐含的互利,是唯一能够确保一项改变有益的检验"。当然,在目前的态势下,应该强调通过城市反哺、经济刺激、专业帮扶、本土培养、特色课程与教学等内在制度积极促进乡村教育的特色化发展。就城乡教师共同体制度创新策略看,也需要创新,可以采用强制性改善、诱致性改善、渐进式改善、激进式改善、局部性改善与整体性改善等策略,不一定都搞"推倒重来"。最后是制度执行上要创新。因为,制度总是利益的博弈结果,总有受益大小等问题,在执行中会受到资源、权力、联盟力量、背景条件等因素的制约,形成政策执行阻滞。因此,需要明晰制度描述的发展愿景,使城乡教师共同体制度涉及的相关人员都有执行的愿望。美国学者沃伦·本尼斯(Warren G. Bennis)认为:"在人类组织中,愿景是唯一最有力的、最具激励性的因素,可以把不同的人联结在一起。"[①] 此外,还需消除制度执行时的内耗因素,强化制度执行的监督和评估,以"管办评分离、放管服结合"构建城乡教师共同体的评价机制。

(二)区域发展视野下,城乡教师共同体深化推进的实践探索

实践是理论的基本源泉,也是检验真理的唯一标准。在区域发展视野下,国家、地方、共同体本身都大有可为。

从国家教育制度宏观实践层面,可以分阶段、分区域推进。如我国教育制度改革就是在实践探索的过程中,历经"拨乱反正、恢复和重建教育制度,全面启动教育体制改革,探索以基于市场机制的制度变革促进教育事业发展,调整教育政策,从效率走向公平,深化教育领域综合改革、加快教育治理体系与治理能力现代化建设"[②]五阶段推进,同时在实践策略上搞试验区试点,经验总结,逐渐推进。

从区域分类发展的实践层面,可以采用点面结合、多元策略的方式推进。从大的区域实践看,如苏州市在推进教育现代化中创造性地运用国家、江苏省制定的各类办学标准,坚持城乡一个标准、一个规划、一套验收制度,以点带面,由乡镇到县域,由农村到城市进行分类创建,

---

① [美]戴维·W.约翰逊,罗杰·T.约翰逊:《领导合作型学校》,唐宗清译,上海教育出版社 2003 年版,第 52 页。

② 范国睿:《教育制度变革的当下史:1978—2018——基于国家视野的教育政策与法律文本分析》,《华东师范大学学报》(教育科学版)2018 年第 5 期。

取得了很大的成就；还有就是"成都教育试验区"的"全域视角、政府主导、一元标准、倾斜配置、优质共享"的实践也是分类推进的成功范例。从小区域看，笔者所在的丽水市景宁县乡村小而美学校建设项目，依托城乡教师专家智囊团创造出乡土味、小班味和家园味的乡村魅力学校，真正实现了滋养每一位、发展每一位、温暖每一位的教育目标。[①] 从具体的城乡教师共同体建设层面，可以采用模式移植与建构结合的方式推进。模式移植就是充分借鉴国内外成功经验，把成熟的适合的城乡教师共同体建设模式为我所用。模式建构就是在充分理解共同体建设的原理，了解本土实践需要，从理想高度建构适合地域、发展水平、本土文化的实践模式。笔者主持的国家社科基金"十三五"规划2016年度教育学一般课题《基于混合学习的城市中心学校与乡村学校协同实施机制研究》是一个本土建构的成功模式。该模式在组织运行上强调分类组建的思路，一是通过校长引领，自愿报名，实体组成；二是通过县域教研平台网络发布，匿名进群，自由组成；三是依托本地大学，虚实结合，不固定组成，目的就是打造线上线下、虚实结合、外驱内发、形散核实的学习共同体形态。在具体运行上，强调价值引领、本土中心、问题导向、真实描述、开放探究、具身实践等，目的就是形成团队深度学习方式。在具体管理上，奉行平行领导、教师领导、强化专业自尊、专业精神，目的是形成团队自组织体系。经过两年的实践，已经初步形成"共同体是一个'温馨'的地方，一个温暖而又舒适的场所。它就像是一个家（rood），在它的下面，可以遮风避雨；它又像是一个壁炉，在严寒的日子里，靠近它，可以暖和我们的手"[②] 的形态。其实，这种分类指导的城乡教师共同体实践模式在发达国家与地区也有许多成功案例，如澳大利亚的智能教研室项目（smart teacher office）、"教师发展与在线学习"（Faculty Development and Online Learning）、新加坡的教师网络项目（teachers' network）英国伦敦大学（University of London）等倡导的有效专业学习共同体项目（The Effective Professional

---

① 余靖静：《浙江景宁：变"撤"为"改"，办好小规模学校》，《丽水日报》2018年8月22日第A07版。

② ［英］齐格蒙特·鲍曼：《共同体》，高必玉译，南京江苏人民出版社2007年版，第2页。

Learning Communities）等都是分类发展的世界典范项目。

从区域分类发展的城乡教师共同体实践推进策略层面，可以分阶段或依据共同体建设水平分步实施。第一个阶段可以采用强干预策略，即在政府干预调控下建立和完善城乡教师共同体，走教育互动的制度保障，以实现城乡教育基本均衡与规范化的互动、帮扶与联结。第二个阶段采用弱干预策略，政府充分发展区域分类发展的城乡教师共同体，通过评估奖励等手段有效指导城乡教师共同体的深化发展。第三个阶段专业自治阶段，政府鼓励各类城乡教师共同体充分发挥自组织特性，维持与完善规范化的互动机制，实现高度自主、良性互动、共生共荣。当然，制度是相关主体有限认识和博弈的产物，特别是在转型期的时代背景下，在推进过程中要本着"实践是检验真理的唯一标准"，通过在部分区域、领域、类别、模式等开展局部尝试，既要发挥整体搭建的引领功能，也要按照"摸着石头过河"的方法来积累经验和争取共识。

参考文献

中文著作：

薄存旭：《当代中国中小学组织变革的价值范式研究》，教育科学出版社2016年版。

陈玉琨，田爱丽：《MOOC与翻转课堂导论》，华东师范大学出版社2014年版。

费孝通：《乡土中国·生育制度·乡土重建》，商务印书馆2011年版。

何克抗，郑永柏，谢幼如：《教学系统设计》，北京师范大学出版社2002年版。

黄荣怀，周跃良，王迎：《混合式学习的理论与实践》，高等教育出版社2006年版。

金建生：《教师领导研究——基于教师发展的视角》，中国社会科学出版社2016年版。

[美]罗纳德·H.科斯等：《财产权利与制度变迁——产权学派与新制度学派译文集》，刘守英等译，上海人民出版社2014年版。刘普寅，吴孟达：《模糊理论及其应用》，国防科技大学出版社1998年版。

杨贤江：《杨贤江教育文集》，教育科学出版社1982年版。

张康之，张乾友：《共同体的进化》，中国社会科学出版社2012年版。

赵健：《学习共同体》，华东师范大学出版社2005年版。

邹敏：《农村教育现代化》，西南交通大学出版社2011年版。

学位论文：

杜芳芳：《中小学教师教育技术能力培训中的混合学习模式研究》，硕士学位论文，华南师范大学，2007年。

高传南：《基于混合学习的有效教学研究——以中小学教师信息技术能力培训为例》，硕士学位论文，华东师范大学，2010年。

高峰：《混合学习模式下学生满意度影响因素全模型分析》，硕士学位论文，陕西师范大学，2018年。

冀赤江：《基于混合学习的小学教师培训研究》，硕士学位论文，华中师范大学，2011年。

李海龙：《网络学习影响因素及其评价模式研究》，硕士学位论文，河南师范大学，2010年。

李尉宁：《基于MOOC的混合学习应用研究——以广西五所高校为例》，硕士学位论文，广西大学，2018年。

刘文东：《基于Moodle的混合学习的设计与实践》，硕士学位论文，哈尔滨师范大学，2015年。

雒亮：《混合学习活动设计模型构建研究》，硕士学位论文，新疆师范大学，2011年。

孟琦：《课堂信息化教学有效性研究——教育技术之实用取向》，博士学位论文，华东师范大学，2006年。

苏丹蕊：《混合学习环境下大学生深度学习评价指标体系研究》，硕士学位论文，辽宁师范大学，2018年。

王彦群：《网络学习的发展性评价系统的研究与设计》，硕士学位论文，华中师范大学，2008年。

吴秀圆：《信息化促进教学点质量提升与师生发展研究——以共同体构建为焦点》，博士学位论文，华中师范大学，2018年。

赵健：《学习共同体——关于学习的社会文化分析》，博士学位论文，华东师范大学，2005年。

赵文霞：《基于多元智能理论的网络主题学习资源的设计与开发》，硕士学位论文，陕西师范大学，2008年。

赵健：《网络环境下城乡互动教师学习共同体构建与运行研究》，

博士学位论文，西北师范大学，2011年。

中文期刊：

艾贤明，陈仕品：《我国混合学习研究现状与问题分析——基于CNKI核心期刊文献计量和可视化分析》，《教育文化论坛》2019年第2期。

安富海：《学习空间支持的智力流动：破解民族地区教师交流困境的有效途径》，《电化教育研究》2017年第9期。

白晓晶：《从教育变革视角透视混合学习》，《中国现代教育装备》2018年第12期。

卜彩丽，冯晓晓，张宝辉：《深度学习的概念，策略，效果及其启示——美国深度学习项目（SDL）的解读与分析》，《远程教育杂志》2016年第34期第5卷。

曹斌，鲍明丽，何松：《中学混合学习研究综述》，《教育参考》2019年第1期。

曹莉，张芬：《学生网络自主学习中自我监控能力的培养》，《中国电力教育》2011年第17期。

柴少明，赵建华：《面向知识经济时代学习科学的关键问题研究及对教育改革的影响》，《远程教育杂志》2011年第2期。

陈静漪，宋晓华：《从城乡分立到城乡一体化：中国农村义务教育供给机制演进路径分析》，《西南大学学报》（社会科学版）2012年第9期。

褚宏启：《城乡教育一体化：体系重构与制度创新——中国教育二元结构及其破解》，《教育研究》2009年第11期。

戴文琛：《基于MOOC与翻转课堂的混合式教学模式构建研究》，《成才之路》2019年第4期。

戴珍明：《现代远程教育促进城乡教育一体化时代教育》，《时代教育》（教育教学）2011年第3期。

邓莎莎，兰亚佳，罗艳等：《农村教师职业紧张与抑郁之间的关系研究》，《现代预防医学》2010年第1期。

杜娟，李兆君，郭丽文：《促进深度学习的信息化教学设计的策略研究》,《电化教育研究》2013 年第 10 期。

段金菊:《e-Learning 环境下促进深度学习的策略研究》,《中国电化教育》2012 年第 5 期。

段金菊,余胜泉:《学习科学视域下的 e-Learning 深度学习研究》,《远程教育杂志》2013 年第 4 期。

段茂君,郑鸿颖:《深度学习:学习科学视阈下的最优整合》,《电化教育研究》2021 年第 6 期。

范国睿:《教育制度变革的当下史:1978—2018——基于国家视野的教育政策与法律文本分析》,《华东师范大学学报》(教育科学版)2018 年第 5 期。

冯艳玲:《城乡一体化背景下的现代远程教育改革创新对策》,《继续教育研究》2016 年第 6 期。

冯义东:《基于多元智能理论的网络学习评价》,《现代远距离教育》2007 年第 2 期。

甘辉兵,张均东,曾鸿等:《基于翻转课堂的轮机自动化混合式教学模式设计简》,《航海教育研究》2017 年第 4 期。

高莉,李刚:《城乡教育一体化背景下的办学体制改革研究》,《教育科学研究》2011 年第 6 期。

苟顺明,王艳玲:《论教师成为反思性实践者》,《学术探索》2013 年第 4 期。

关学增,许素梅:《县域城乡义务教育一体化实施路径探讨》,《许昌学院学报》2013 年第 6 期。

郭华:《如何理解"深度学习"》,《四川师范大学学报》(社会科学版)2020 年第 1 期。

郭华:《深度学习及其意义》,《课程·教材·教法》2016 年第 11 期。

国家教育监督团:《国家教育监督报告 2008(摘要)——关注义务教育教师》,《教育发展研究》2009 年第 1 期。

韩清林,秦俊巧:《中国城乡教育一体化现代化研究》,《教育研究》2012 年第 8 期。

何克抗:《建构主义——革新传统教学的理论基础》,《电化教育研究》1997 年第 3 期。

何克抗：《从 Blended Learning 看教育技术理论的新发展》，《电化教育研究》2004 年第 4 期。

何玲，黎加厚：《促进学生深度学习》，《现代教学》2005 年第 5 期。

黄荣怀，马兰，郑琴，张海森：《基于混合式学习课程设计理论》，《电化教育研究》2009 年第 1 期。

吉莹，刘红，孙含婷等：《基础教育信息化区域推进现状分析与对策研究——基于江苏省 N 市的调研》，《现代教育技术》2019 年第 29 期。

纪河，朱燕菲：《继承与创新：由共同体走向学习共同体》，《中国远程教育》2019 年第 10 期。

金建生：《当前中外教师培训的三维比较》，《中小学教师培训》2013 年第 1 期。

金建生，王淑莲：《发达国家中小学教师协同学习共同体实践特征探究》，《外国中小学教育》2017 年第 3 期。

李步升，胡静芳：《混合学习的多层次应用模式研究》，《办公自动化》2018 年第 17 期。

李逢庆：《混合式教学的理论基础和教学设计》，《现代教育技术》2016 年第 26 期。

李红松：《共享发展理念的哲学基础与落实路径》，《求实》2016 年第 9 期。

李克东，赵建华：《混合学习的原理与应用模式》，《电化教育研究》2004 年第 7 期。

李玲，宋乃庆，龚春燕等：《城乡教育一体化：理论，指标与测算》，《教育研究》2012 年第 2 期。

李玲，黄宸，薛二勇：《新阶段城乡义务教育一体化发展评估研究》，《教育研究》2017 年第 3 期。

李楼瑞，许典雄，董新年等：《协同学简介》，《黄石高等专科学校学报》1994 年第 1 期。

李晓，吴郑红：《基于智能代理的混合学习模式的设计》，《广东广播电视大学学报》2005年第1期。

李雁冰：《质性课程评价从理论到实践》，《上海教育》2001年第13期。

李永元：《联片教研连环跟进》，《教育发展研究》2004年第3期。

刘美平：《论中国特色城乡协同发展理论——兼评刘易斯二元结构理论》，《马克思主义研究》2008年第12期。

刘敏岚，刘经优，甘霖：《农村教师职业生涯发展初期的压力问题探讨》，《继续教育研究》2010年第3期。

卢春，邢单霞，吴砥：《城市和农村学校信息化应用水平发展差异及影响因素分析》，《现代远距离教育》2018年第6期。

罗生全，杨柳：《深度学习的发生学原理及实践路向》，《教育科学》2020年第12期。

马庆辉：《信息技术课程中混合学习案例设计》，《中国教育技术装备》2012年第20期。

马武林，张晓鹏：《大学英语混合式学习模式研究与实践》，《外语电化教学》2011年第5期。

苗艳侠：《继承与发展：互联网思维下的混合学习模式创新》，《中小学电教》2018年第12期。

牟智佳，张文兰：《对混合式学习文献研究的元分析——以我国教育技术核心期刊为样本》，《中国医学教育技术》2011年第5期。

南国农：《我国教育信息化发展的新阶段、新使命》，《电化教育研究》2011年第12期。

倪蓓蕾：《试论混合学习模式在信息技术课堂上的应用》，《成才之路》2016年第4期。

牛利华：《教师专业共同体的实践焦虑与现实出路》，《外国教育研究》2013年第7期。

戚万学，唐汉卫：《教师专业化时代的教师人格》，《教育研究》2008年第5期。

秦建平，张惠，李晓康：《现代化进程中的城乡教育一体化监测标准研究》，《上海教育科研》2014年第6期。

秦建平，张惠，李晓康：《现代化进程中的城乡教育一体化评价研究》,《教育发展研究》2015年第1期。

孙众,尤佳鑫,温雨熹,蓬征:《混合学习的深化与创新——第八届混合学习国际会议暨教育技术国际研讨会综述》,《中国远程教育》2015年第9期。

唐松林,魏婷婷,张燕玲:《媚俗:城乡教师均衡不能承受的生命之轻》,《湖南师范大学教育科学学报》2016年第15期。

仝囊华:《在建构主义学习理论下对网络教学评价策略的研究》,《新西部》2008年第4期。

万淼:《基础教育信息化城乡差异性及影响因素研究》,《现代远距离教育》2017年第6期。

王博:《基于翻转课堂的混合式教学模式应用研究》,《船舶职业教育》2019年第4期。

王飞军:《农村义务教育投入机制存在的问题与对策》,《农业考古》2006年第6期。

王皓磊,丁邠:《推进农村"互联网+"教育平台建设的政策思考》,《中国经贸导刊》2015年第27期。

王继新,吴秀圆,翟亚娟:《共同体视域下的区域基础教育均衡发展模式研究》,《电化教育研究》2018年第3期。

王克勤:《论城乡教育一体化》,《普教研究》1995年第1期。

王敏:《网络自主学习中自我监控能力的培养与自我评价体系的完善》,《科技资讯》2013年第13期。

王庆伟,罗江华:《论城乡教育一体化建设的若干模式——以成都市为例》,《教育学术月刊》2012年第2期。

王权,卢建青:《通过建构主义学习理论对远程教育评价的研究》,《科学之友》2009年第2期。

王淑莲:《从整体搭建到分类发展:城乡教师共同体区域推进策略转换》,《教育研究》2019年第6期。

王淑莲,金建生:《教师协同学习共同体:教师专业发展新范式》,《中国高教研究》2017年第1期。

王淑莲,金建生:《教师协同学习共同体深度学习:问题、特点、策略》,《教育发展研究》2018年第8期。

王元亮:《区域协同发展研究综述与展望》,《开发研究》2021 年第 2 期。

王正惠:《城乡义务教育一体化发展研究综述》,《上海教育研究》2015 年第 9 期。

王竹立:《如何看待混合学习模式下学生学习负担增加》,《现代教育技术》2009 年第 5 期。

魏峰:《城乡教育一体化:基于文化视角的分析》,《复旦教育论坛》2010 年第 5 期。

魏戈,陈向明:《教师实践性知识研究的创生和发展》,《华东师范大学学报》(教育科学版) 2018 年第 6 期。

吴国珍:《为农村教师持续成长发育城乡统筹教师共同体》,《教师教育研究》2013 年第 1 期。

吴南中,夏海鹰:《混合学习中"虚实互动"效果的影响因素研究》,《现代远距离教育》2019 年第 2 期。

肖婉,张舒予:《混合式学习研究领域的前沿、热点与趋势》,《网络教育》2016 年第 7 期。

谢登斌,王昭君:《新型城镇化进程中城乡义教育教师流动一体化机制及其构建》,《现代教育管理》2019 年第 11 期。

谢永朋:《教师信息技术应用能力的本质特征与培训策略》,《教学与管理》2020 年第 6 期。

谢芸,刘春艳:《混合学习在大学英语教学中的应用研究》,《赤峰学院学报》(汉文哲学社会科学版) 2010 年第 5 期。

徐琳:《混合学习:让课堂充满思想》,《新课程(综合版)》2014 年第 10 期。

薛桂琴:《多元智能理论视野下的教育评价策略探析》,《现代教育科学》2008 年第 3 期。

杨磊,朱德全:《教师信息化学习力测评模型的构建与应用》,《现代远距离教育》2019 年第 6 期。

杨卫安,邬志辉:《移植与创新——城乡教育一体化与城乡经济一体化的差别研究》,《教育理论与实践》2014 年第 10 期。

杨卫安:《城乡教育一体化:问题指向、内涵阐释与方法论选择》,

《湖南师范大学教育科学学报》2015年第5期。

叶忠，王海英：《教师城乡交流的成本收益分析》，《教育科学研究》2009年第2期。

尹世群：《基于模糊综合评判推理机制的学生素质评价系统的设计与实现》，《计算机应用》2002年第22期。

余胜泉，陈莉：《构建和谐"信息生态"突围教育信息化困境》，《中国远程教育》2006年第5期。

余胜泉：《推进技术与教育的双向融合——〈教育信息化十年（2011—2020年）发展规划〉解读》，《山西电教》2012年第3期。

袁涤非，郑燕洪，余剑波：《信息技术环境下课堂文化区隔的惯习分析——兼论"黑板搬家"的原因》，《湖南社会科学》2016年第4期。

袁强，余宏亮：《城乡学校共同体发展的隐性矛盾及其消解策略》，《中国教育学刊》2016年第7期。

张宝霞：《浅析混合学习在大学英语教学中的应用》，《兰州教育学院学报》2010年第3期。

张浩，吴秀娟：《深度学习的内涵及认知理论基础探析》，《中国电化教育》2012年第10期。

张莉莉，林玲：《城市化进程中乡村教师的境遇：倦怠与坚守——对97位村小、教学点骨干教师的调查》，《河北师范大学学报》（教育科学版）2014年第1期。

张倩苇：《信息素养与信息素养教育》，《电化教育研究》2001年第2期。

张晓峰：《对传统教育评价的变革》，《教育科学研究》2004年第4期。

张玉林：《关于当代中国乡村教师的边缘化问题》，《华南师范大学学报》（社会科学版）2006年第1期。

张志国，金建生：《基于大数据支持的乡村教师区域教研共同体模式构建初探》，《软件导刊（教育技术）》2019年第18期。

浙江省丽水市教育局：《丽水高中教育：从"跟跑"到"并跑"的秘密》，《人民教育》2018年第15—16期。

《智慧融合，协同创新——中国教育信息化产业技术创新战略联盟 CEIIA（简称联盟）成立大会 暨"互联网+"时代的教育信息技术与教育变革研讨会在穗举行》，《中国电化教育》，2015 年第 6 期。

钟启泉：《关注教师实践知识的形成》，《中国教育学刊》2018 年第 8 期。

周国梅，傅小兰：《分布式认知——一种新的认知观点》，《心理科学进展》2002 年第 10 期。

周晔，王晓燕：《城乡教育统筹治理：概念与理论架构》，《教育研究》2014 年第 8 期。

祝智庭，王佑镁，顾小清：《协同学习：面向知识时代的学习技术系统框架》，《中国电化教育》2006 年第 4 期。

祝智庭：《〈中小学教师信息技术应用能力标准（试行）〉解读》，《电化教育研究》2015 年第 9 期。

邹景平：《美国大学混合学习的成功应用模式与实例》，《中国远程教育》2008 年第 11 期。

佐藤学，于莉莉：《基于协同学习的教学改革——访日本教育学者佐藤学教授》，《外国中小学教育》2015 年第 7 期。

中文报纸：

耿道来：《以共享发展促进教育公平——五论牢固树立新的教育发展理念》，《中国教育报》2016 年 1 月 22 日第 1 版。

胡航宇：《以网络教育为抓手推进城乡帮扶》，《中国教育报》2017 年 10 月 21 日第 3 版。

赖斯捷：《建立十五年免费教育资助体系 教学点资源全覆盖教育精准扶贫的"湘西路径"》，《中国教育报》2018 年 10 月 22 日第 1 版。

李平：《建 119 个"名师乡村工作室"，名师效应覆盖全市乡村中小学——杭州：乡村学校"校校有名师"》，《中国教育报》2019 年 1 月 15 日第 1 版。

李萍：《杭州从供给侧改革入手推动新名校集团化办学名校跨域突破 教育"时差"归零》，《中国教育报》2018 年 7 月 25 日第 1 版。

刘博智：《统筹实施乡村教师工资待遇、奖励激励、编制职称等政策——云南：乡村教师素质强了地位高了》，《中国教育报》2019年1月5日第1版。

潘玉娇：《金湖："县管校聘"激活教师新动能》，《中国教育报》2019年1月31日第1版。

施剑松：《丰富区管校聘形式 优质师资流向薄弱点 北京门头沟："教师共享"打破城乡学校"隔墙"》，《中国教育报》2018年5月25日第3版。

余靖静：《浙江：33个县市区实行"县管校聘"——教师由"学校人"变为"系统人"》，《丽水日报》2018年2月10日第A02版。

余靖静：《浙江景宁：变"撤"为"改"，办好小规模学校》，《左江日报》2018年8月22日第3版。

袁作森：《"农村网校"让教育变模样》，《中国教育报》2017年5月9日第6版。

张志远：《乡村教育既要"离土"又要"向土"》，《光明日报》2019年5月21日第13版。

赵婀娜，张烁：《让家门口的好学校多起来（人民眼·义务教育均衡发展）——来自县域内城乡义务教育一体化改革发展的报告》，《人民日报》2017年9月29日第19版。

赵正元，沈谦：《北京顺义城乡联动促教育均衡》，《中国教育报》2012年5月14日第2版。

周洪松，刘先辉：《城乡教育一体化迈出"武安步伐"——河北武安打造城乡学校发展共同体纪实》，《中国教育报》2018年1月30日第1版。

朱振岳，蒋亦丰，顾朝渔：《浙江嘉兴教师校长城乡大轮岗》，《中国教育报》2013年9月3日第1版。

中文网络文献：

重庆市人民政府教育督导室：《重庆云阳县"四抓四促"加快城乡教育均衡发展》，2011年10月8日，http://www.moe.gov.cn/s78/A11/moe_767/201110/t20111008_125409.html.，2020年10月27日。

东北师范大学中国农村教育发展研究院：《中国农村教育发展报

告》，2019年1月13日，http：//www.360doc.com/content/19/0113/12/61492514_808554255.shtml，2021年7月24日。

国家网信办：《数字中国发展报告（2020年）》，http：//www.gov.cn/xinwen/2021-07/03/content_5622668.htm.，2021年7月3日。

《国务院关于积极推进"互联网+"行动的指导意见》，2015年7月1日，http：//www.gov.cn/zhengce/content/2015-07/04/content_10002.htm.，2021年8月10日。

教育部：《北京市区县义务教育均衡发展形成特色模式（北京市提供）》，2011年11月29日，http：//www.moe.gov.cn/jyb_xwfb/s5989/s6635/201111/t20111129_139288.html.，2020年10月27日。

教育部：《成都市加强区域教育联盟建设 促进城乡一体融合发展》，2015年8月31日，http：//www.moe.gov.cn/jyb_xwfb/s3165/201508/t20150831_204185.html.，2020年10月27日。

教育部：《教育部有关负责人就实施〈乡村教师支持计划（2015-2020年）〉答记者问》，2015年6月9日，http：//www.moe.gov.cn/jyb_xwfb/xw_fbh/moe_2069/xwfbh_2015n/xwfb_150605/150605_sfcl/201506/t20150609_189652.html.，2020年12月7日。

教育部基础教育司：《安徽省宣城市广德县：统筹推进县域内城乡义务教育一体化改革发展实施情况》，2018年1月9日，http：//www.moe.gov.cn/jyb_xwfb/xw_zt/moe_357/jyzt_2016nztzl/ztzl_xyncs/ztzl_xy_dxjy/201801/t20180109_324074.html.，2020年10月27日。

教育部基础教育司：《福建省厦门市教育局：统筹全市资源 提升教育品质》，2018年1月9日，http：//www.moe.gov.cn/jyb_xwfb/xw_zt/moe_357/jyzt_2016nztzl/ztzl_xyncs/ztzl_xy_dxjy/201801/t20180109_324074.html.，2020年10月27日。

教育部基础教育司：《甘肃省兰州市西固区．坚持优先发展 锐意改革创新全力推进城乡义务教育一体化改革发展》，2018年1月9日，http：//www.moe.gov.cn/jyb_xwfb/xw_zt/moe_357/jyzt_2016nztzl/ztzl_xyncs/ztzl_xy_dxjy/201801/t20180109_324074.html.，2020年10月27日。

教育部基础教育司：《甘肃省平凉市教育局：培基固本 办好乡村小

规模学校》，2018年1月9日，http：//www.moe.gov.cn/jyb_xwfb/xw_zt/moe_357/jyzt_2016nztzl/ztzl_xyncs/ztzl_xy_dxjy/201801/t20180109_324074.html.，2020年10月27日。

教育部基础教育司：《广西壮族自治区梧州市万秀区：学区制打破城乡壁垒 一体化促进均衡发展》，2018年1月9日，http：//www.moe.gov.cn/jyb_xwfb/xw_zt/moe_357/jyzt_2016nztzl/ztzl_xyncs/ztzl_xy_dxjy/201801/t20180109_324074.html.，2020年10月27日。

教育部基础教育司：《河南省许昌市教育局：实施基础教育提升三年攻坚计划 推进城乡义务教育一体化发展》，2018年1月9日，http：//www.moe.gov.cn/jyb_xwfb/xw_zt/moe_357/jyzt_2016nztzl/ztzl_xyncs/ztzl_xy_dxjy/201801/t20180109_324074.html.，2020年10月27日。

教育部基础教育司：《黑龙江省牡丹江市穆棱市人民政府：用标准化带动均衡化 统筹推进城乡义务教育一体化改革发展》，2018年1月9日，http：//www.moe.gov.cn/jyb_xwfb/xw_zt/moe_357/jyzt_2016nztzl/ztzl_xyncs/ztzl_xy_dxjy/201801/t20180109_324074.html.，2020年10月27日。

教育部基础教育司：《黑龙江省双鸭山市宝清县人民政府：城乡一体 统筹推进 全力促进义务教育均衡发展》，2018年1月9日，http：//www.moe.gov.cn/jyb_xwfb/xw_zt/moe_357/jyzt_2016nztzl/ztzl_xyncs/ztzl_xy_dxjy/201801/t20180109_324074.html.，2020年10月27日。

教育部基础教育司：《黑龙江省伊春市铁力市人民政府：立足公平 注重质量 高水平推动城乡义务教育一体化发展》，2018年1月9日，http：//www.moe.gov.cn/jyb_xwfb/xw_zt/moe_357/jyzt_2016nztzl/ztzl_xyncs/ztzl_xy_dxjy/201801/t20180109_324074.html.，2020年10月27日。

教育部基础教育司：《湖北省武穴市教育局：以"县管校聘"管理改革为抓手推进城乡义务教育一体化发展》，2018年1月9日，http：//www.moe.gov.cn/jyb_xwfb/xw_zt/moe_357/jyzt_2016nztzl/ztzl_xyncs/ztzl_xy_dxjy/201801/t20180109_324074.html.，2020年10月27日。

教育部基础教育司：《湖南省永州市东安县人民政府：推行集团化办学促进城乡义务教育一体化发展》，2018 年 1 月 9 日，http：//www. moe. gov. cn/jyb_xwfb/xw_zt/moe_357/jyzt_2016nztzl/ztzl_xyncs/ztzl_xy_dxjy/201801/t20180109_324074. html.，2020 年 10 月 27 日。

教育部基础教育司：《湖南省株洲市天元区人民政府：三增三提三变 全力破解大班额》，2018 年 1 月 9 日，http：//www. moe. gov. cn/jyb_xwfb/xw_zt/moe_357/jyzt_2016nztzl/ztzl_xyncs/ztzl_xy_dxjy/201801/t20180109_324074. html.，2020 年 10 月 27 日。

教育部基础教育司：《吉林省长春市农安县人民政府：点亮村小 抬升底部 城乡教育共同发展》，2018 年 1 月 9 日，http：//www. moe. gov. cn/jyb_xwfb/xw_zt/moe_357/jyzt_2016nztzl/ztzl_xyncs/ztzl_xy_dxjy/201801/t20180109_324074. html.，2020 年 10 月 27 日。

教育部基础教育司：《江苏省如皋市教育局："分开来""走下去""捆起来"组合出击强师资 力促城乡义务教育一体化发展》，2018 年 1 月 9 日，http：//www. moe. gov. cn/jyb_xwfb/xw_zt/moe_357/jyzt_2016nztzl/ztzl_xyncs/ztzl_xy_dxjy/201801/t20180109_324074. html.，2020 月 10 月 27 日。

教育部基础教育司：《江西省吉安市吉州区：主动作为推进城乡义务教育一体化发展》，2018 年 1 月 9 日，http：//www. moe. gov. cn/jyb_xwfb/xw_zt/moe_357/jyzt_2016nztzl/ztzl_xyncs/ztzl_xy_dxjy/201801/t20180109_324074. html.，2020 年 10 月 27 日。

教育部基础教育司：《辽宁省大连市甘井子区：统筹兼顾 扎实推进区域义务教育均衡发展》，2018 年 1 月 9 日，http：//www. moe. gov. cn/jyb_xwfb/xw_zt/moe_357/jyzt_2016nztzl/ztzl_xyncs/ztzl_xy_dxjy/201801/t20180109_324074. html.，2021 年 7 月 27 日。

教育部基础教育司：《内蒙古自治区兴安盟：同享一片蓝天 共沐万缕阳光》，2018 年 1 月 9 日，http：//www. moe. gov. cn/jyb_xwfb/xw_zt/moe_357/jyzt_2016nztzl/ztzl_xyncs/ztzl_xy_dxjy/201801/t20180109_324074. html.，2020 年 10 月 27 日。

教育部基础教育司：《内蒙古自治区兴安盟乌兰浩特市：让每个孩子享受公平有质量的教育》，2018 年 1 月 9 日，http：//www. moe.

gov. cn/jyb_xwfb/xw_zt/moe_357/jyzt_2016nztzl/ztzl_xyncs/ztzl_xy_dxjy/201801/t20180109_324074. html.，2020 年 10 月 27 日。

教育部基础教育司：《宁夏回族自治区石嘴山市教育体育局：统筹城乡义务教育均衡发为孩子们撑起公平优质教育的一片蓝天》，2018 年 1 月 9 日，http：//www. moe. gov. cn/jyb_xwfb/xw_zt/moe_357/jyzt_2016nztzl/ztzl_xyncs/ztzl_xy_dxjy/201801/t20180109_324074. html.，2020 年 10 月 27 日。

教育部基础教育司：《宁夏回族自治区银川市兴庆区：完善四项工作机制 补齐乡村学校短板 助推城乡义务教育一体化发展》，2018 年 1 月 9 日，http：//www. moe. gov. cn/jyb_xwfb/xw_zt/moe_357/jyzt_2016nztzl/ztzl_xyncs/ztzl_xy_dxjy/201801/t20180109_324074. html.，2020 年 10 月 27 日。

教育部基础教育司：《青海省西宁市教育局：以集团化办学促城乡义务教育一体化发展》，2018 年 1 月 9 日，http：//www. moe. gov. cn/jyb_xwfb/xw_zt/moe_357/jyzt_2016nztzl/ztzl_xyncs/ztzl_xy_dxjy/201801/t20180109_324074. html.，2020 年 10 月 27 日。

教育部基础教育司：《山东省济南市天桥区教育局：实城乡紧密型教育共同体建设推进区域城乡义务教育一体化进程》，2018 年 1 月 9 日，http：//www. moe. gov. cn/jyb_xwfb/xw_zt/moe_357/jyzt_2016nztzl/ztzl_xyncs/ztzl_xy_dxjy/201801/t20180109_324074. html.，2020 年 10 月 27 日。

教育部基础教育司：《山西省运城市教育局：公平与质量开重 推进城乡一体化 促进全市基础教育均衡科学协调发展》，2018 年 1 月 9 日，http：//www. moe. gov. cn/jyb_xwfb/xw_zt/moe_357/jyzt_2016nztzl/ztzl_xyncs/ztzl_xy_dxjy/201801/t20180109_324074. html.，2020 年 10 月 27 日。

教育部基础教育司：《陕西省宝鸡市教育局：重点突破 持续发力全面推进城乡义务教育一体化发展》，2018 年 1 月 9 日，http：//www. moe. gov. cn/jyb_xwfb/xw_zt/moe_357/jyzt_2016nztzl/ztzl_xyncs/ztzl_xy_dxjy/201801/t20180109_324074. html.，2021 年 7 月 27 日。

教育部基础教育司：《陕西省宝鸡市教育局：重点突破 持续发力全

面推进城乡义务教育一体化发展》，2018年1月9日，http://www.moe.gov.cn/jyb_xwfb/xw_zt/moe_357/jyzt_2016nztzl/ztzl_xyncs/ztzl_xy_dxjy/201801/t20180109_324074.html.，2021年7月27日。

教育部基础教育司：《四川省成都市教育局：深化市域统筹机制推进城乡教育融合发展》，2018年1月9日，http://www.moe.gov.cn/jyb_xwfb/xw_zt/moe_357/jyzt_2016nztzl/ztzl_xyncs/ztzl_xy_dxjy/201801/t20180109_324074.html.，2020年10月27日。

教育部基础教育司：《四川省广元市教育局：创新机制 创设联盟 创建品牌全面提高农村小规模学校办学水平》，2018年1月9日，http://www.moe.gov.cn/jyb_xwfb/xw_zt/moe_357/jyzt_2016nztzl/ztzl_xyncs/ztzl_xy_dxjy/201801/t20180109_324074.html.，2020年10月27日。

教育部基础教育司：《天津市蓟州区教育局：推进城乡义务教育一体化发展努力办好老百姓家门口每一所学校》，2018年1月9日，http://www.moe.gov.cn/jyb_xwfb/xw_zt/moe_357/jyzt_2016nztzl/ztzl_xyncs/ztzl_xy_dxjy/201801/t20180109_324074.html.，2020年10月27日。

教育部基础教育司：《西藏自治区山南市教育局：改革创新促发展砥砺前行谋实效》，2018年1月9日，http://www.moe.gov.cn/jyb_xwfb/xw_zt/moe_357/jyzt_2016nztzl/ztzl_xyncs/ztzl_xy_dxjy/201801/t20180109_324074.html.，2020年10月27日。

教育部基础教育司：《新疆维吾尔自治区库克县：落实教育优先发展 提升教育发展质量》，2018年1月9日，http://www.moe.gov.cn/jyb_xwfb/xw_zt/moe_357/jyzt_2016nztzl/ztzl_xyncs/ztzl_xy_dxjy/201801/t20180109_324074.html.，2020年10月27日。

教育部基础教育司：《浙江省嘉兴市南湖区教育文化体育局："双"路径，构建城乡一体"立交桥"》，2018年1月9日，http://www.moe.gov.cn/jyb_xwfb/xw_zt/moe_357/jyzt_2016nztzl/ztzl_xyncs/ztzl_xy_dxjy/201801/t20180109_324074.html.，2020年10月27日。

教育部基础教育司：《浙江省景宁畲族自治县教育局：十年磨一剑打造农村小规模学校小班化教育的浙江样板》，2018年1月9日，http：//www. moe. gov. cn/jyb_xwfb/xw_zt/moe_357/jyzt_2016nztzl/ztzl_xyncs/ztzl_xy_dxjy/201801/t20180109_324074. html. ，2020 年 10 月 27 日。

教育部基础教育司：《重庆市沙坪坝区教育委员会：十年不坠青云志 方得城乡霞满天》，2018 年 1 月 9 日，http：//www. moe. gov. cn/jyb_xwfb/xw_zt/moe_357/jyzt_2016nztzl/ztzl_xyncs/ztzl_xy_dxjy/201801/t20180109_324074. html. ，2020 年 10 月 27 日。

教育部教师工作司：《扬州市多措并举加强农村中小学教师队伍建设》，2011 年 11 月 25 日，http：//www. moe. gov. cn/s78/A10/s4882/s4883/201111/t20111112_126986. html. ，2021 年 7 月 27 日。

教育部基础教育司：《湖南省泸溪县创新农村教师队伍建设措施 促进城乡义务教育均衡发展》，2011 年 10 月 10 日，http：//www. moe. gov. cn/s78/A10/s4882/s4883/201110/t20111010_126138. html. ，2020 年 10 月 7 日。

教育部基础教育司：《湖南省资兴市人民政府：让城乡孩子站在同等起跑线上》，2011 年 10 月 10 日，http：//www. moe. gov. cn/s78/A10/s4882/s4883/201110/t20111010_126138. html. ，2020 年 10 月 7 日。

教育部教师工作司：《扬州市多措并举加强农村中小学教师队伍建设》，2011 年 11 月 12 日，http：//www. moe. gov. cn/s78/A10/s4882/s4883/201111/t20111112_126986. html，2020 年 10 月 27 日。

教育部科学技术与信息化司：《华南师范大学："手机教师网"实现协同备课、协同教学、资源共享》，2017 年 1 月 16 日，http：//www. moe. gov. cn/s78/A16/s5886/xtp_left/s5890/201701/t20170116_294967. html. ，2020 年 10 月 27 日。

教育部科学技术与信息化司：《清华附小：以"空中课堂"打造区域、城乡学习共同体》，2017 年 1 月 16 日，http：//www. moe. gov. cn/s78/A16/s5886/xtp_left/s5890/201701/t20170116_294968. html. ，2020 年 10 月 27 日。

人民湖北：《湖北一乡村教师从教 40 余年 1 人教 10 门课》，2018 年 7 月 24 日，https：//baijiahao. baidu. com/s? id = 1606856255527231007，2021 年 7 月 24 日。

《21岁女教师一人撑起乡村小学》，2020年7月20日，https：//baijiahao. baidu. com/s? id=1672699063601888469&wfr=spider& for=pc，2021年7月24日。

中国教育在线：《2018年基础教育发展调查报告》，https：//www. eol. cn/e_html/zxx/report/wz. shtml，2021年7月24日。

外文译文：

［英］安东尼·吉登斯：《现代性与自我认同：晚期现代中的自我与社会》，夏璐译，中国人民大学出版社2016年版。

［美］彼得·圣吉：《第五项修炼：学习型组织的艺术与实践》，张成林译，中信出版社2009年版。

［美］戴维·H. 乔森纳：《学习环境的理论基础》，郑太年等译，华东师范大学出版社2002年版。

［美］戴维·W. 约翰逊等：《领导合作型学校》，唐宗清译，上海教育出版社2003年版。

［德］斐迪南·滕尼斯：《共同体与社会》，林荣远译，商务印书馆1999年版。

［德］哈伯马斯：《交往行动理论》，曹卫东译，重庆出版社1994年版。

［德］赫尔曼·哈肯：《协同学：大自然构成的奥秘》，凌复华译，上海译文出版社2005年版。

［英］齐格蒙特·鲍曼：《共同体》，高必玉译，江苏南京人民出版社2007年版。

［苏］瓦·阿·苏霍姆林斯基：《给教师的建议》，杜殿坤译，教育科学出版社1984年版。

［美］Jensen, Nickelsen：《深度学习的7种有力策略》，温暖译，华东师范大学出版社2010年版。

外文著作：

Bransford J., Brown A., Cocking R., *How People Learn：Brain, Mind, Experience, and School*, Washington：National Academy Press, 2000.

Craig H. J. , Kraft R. J. , du Plessis J. *Teacher development: Making animpact*, Washington: World Bank, 1998.

Fellin P. , *The Community and the Social Workers*, Itasca: F. E. PEA-COCK, 2001.

Hargreaves A. , Goodson I. , *Teachers' Professional Lives: Aspirations and Actualities*, Canada: Falmer Press, 1996.

Kafai Y. B. , *Constructionism in Practice*, New York: Lawrence Erlbaum Associates, 1996.

NRC, *Education for life and work: Developing Transferable Knowledge and Skills in the 21st Century*, Washington: National Academies, 2013.

Polanyi M. , *The Logic of Liberty: Reflections and Rejoinders*, Londer: Rout lege and Kegan Paul Ltd, 1951.

Polanyi M. , *The Logic of Liberty: Reflections and Rejoinders*, Londer: Rout lege and Kegan Paul Ltd, 1951.

Ribes B. , *Domination or Sharing? Endogenous Development and the Transfer of Knowledge*, Unesco Press, 1981.

Sergiovanni T. J. , *Building Community in Schools*, San Francisco: Jossey-Bass, 1994.

Zeiser K. L. , Taylor J. , Rickles J. , *Evidence of Deeper Learning Outcomes*, Washington: American Institutes for Research, 2014.

外文期刊：

Barab S. A. , Duffy T. M. , "From Practice Fields to Communities of Practice", in Jonassen D. and Land S. , eds. *Theoretical Foundations of Learning Environments*. IN: Center for Research on Learning and Technology, 2000.

Beattie V. , Collins B. , Mc Innes B. , "Deep and Surface Learning: Asimple or Simplistic Dichotomy?", *Accounting Education*, Vol. 6, 1997, pp. 1-12.

Biggs J. , "Individual Differences in Study Processes and the Quality of Learning Outcomes", *Higher Education*, Vol. 8, No. 4, 1979.

Burnard P., "Experiential Learning: Some Theoretical Considerations", *Journal of Lifelong Education*, Vol. 7, No. 20, 1988.

Goddard B., "International Handbook on the Continuing Professional Development of Teachers", *Open University Press*, Vol. 30, No. 2, June 2004.

Greeno J. G., Collins A. M., Resnick L. B., "Cognition and Learning", *Handbook of Educational Psychology*, Vol. 77, 1996.

Grimes M., "Communities: A Survey of Theories and Methods of Research. by Dennis E. Poplin", *Contemporary Sociology*, Vol. 9, No. 4, 1980, pp. 526-527.

Hammerness K., Darling-Hammond L., Bransford J., Berliner D., Cochran-Smith M., M. cdonald M., Zeichner K., "Preparing Teachers for a Changing World: What Teachers Should Learn and Be Able to Do", *Jossey-Bass*, 2005.

Herrington J., Oliver R., "An Instructional Design Framework for Authentic Learning Environments", *Educational Technology Research & Development*, Vol. 48, No. 3, 2000.

Hord S. M., "Professional Learning Communities: Communities of Continuous Inquiry and Improvement", *Change Strategies*, Vol. 71, 1997.

Joplin L., "On Defining Experiential Education", *Journal of Experiential Education*, Vol. 4, No. 1, 1981.

Katzman N., "The Impact of Communication Technology: Promise and Prospects", *Journal of Communication*, Vol. 24, No. 4, 1974.

Koehler M. J., Punya M., "Teachers Learning Technology by Design", *Journal of Computing in Teacher Education*, Vol. 3, No. 12, 2005.

Kolodner J. L., Crismond D., Gray J., Holbrook J., Puntambekar S., "Learning by Design from Theory Topractice", *Proceedings of the International Conference of theLearning Sciences*, 1998.

Korthagen F. A., "Commentary Professional Learning from Within", *Studying Teacher Education*, 2009.

Laird T., Shoup R., Kuh G. D., "Measurideep Approaches to Learning using the National Survey of Student Engagement", *The Annual Forum of* the Association for Institutional Research. Chicago: Elsevier Ltd, 2006.

Laurillard D., Masterman E., "TPD as Online Collaborative Learning for Innovation in Teaching", in O. Lindberg & A. D. Olofsson, eds. *Online Learning Communities and Teaching Professional Development: Methods for Improved Educational Delivery*, 2009.

Mestre J., "Implications of Research on Learning for the Education of Prospective Scienceand Physics Teachers", *Physics Educucation*, Vol. 36, 2011.

Peng XU, Liu YH, Wang YN, "Future Ready Learning: Reimagining the Role of Technology in Education——An Analysis of 2016 U. S. National Educational Technology Plan", *e-Education Research*, 2016.

Salleh H., "Action Research in Singapore Education: Constraints and Sustainability", *Educational Action Research*, Vol. 14, No. 4, 2006.

Shulman L., "Knowledge and Teaching: Foundations of the Reform", *Harvard Educational Review*, Vol. 29, No. 7, 1987.

Shulman L., Shulman J., "How and What Teacher Learn: a Shifting Perspective", *Journal of Education*, Vol. 36, No. 2, 2004.

Tillem H., Van GJ., "Der Westhuizen. Knowledge Constructions in Collaborative Enquiry among Teachers", *Teachers and Teaching: Theory and Practice*, Vol. 12, No. 1, 2006.

Wasko M., Fara JS., "Why Should I Share? Examining Social Capital and Knowledge Contribution in Electronic Networks of Practice", *Mis Quarterly*, Vol. 29, No. 1, March 2005.

Wenger E., "Communities of Practice: Learning, Meaning and Identity", *Continuing Success in Knowledge Management Apqc International Benchmarking Clearinghouse*, Vol. 6, 1998.

外文网络文献:

Francesca Caena, "Educational Effectiveness Research and Teacher Professional Development: An Overview (European Commission)", (June 2011), (July 2021), http://ec.europa.eu/education/policy/strategic-framework/doc/teacher-development_en.

Patrick Pluscht, "Distributed Learning: The Wheels are Turning", http://www.unt.edu/UNT/department/CC/Benchmarks/jafbmr98/distlem.htm.

London: University and College Union, "UCU branch briefing on the FE White Paper, Further Education: raising standards, improving life chances", http://www.ucu.org.uk/media/pdf/6/o/ucu_fewhitepaper_branchbrief.pdf.